모두를 위한
비트코인

지금 시작해도 늦지 않은

모두를
위한
비트코인

나탈리 브루넬 지음

임지원 옮김

BITCOIN
IS FOR
EVERYONE

일러두기

- 본문에서 인용한 단행본은 《 》, 방송, 언론 등의 경우는 〈 〉로 표기했
  습니다.

- 옮긴이 주는 본문에 *로 표기했으며, 원문의 미주는 숫자로 표기했
  습니다.

서문

— 데이비드 포스터 월리스(David Foster Wallace)

누구에게나 길잡이가 필요하다

우리는 마치 물고기와 물의 관계처럼 돈과 떼려야 뗄 수 없이 엮인 세계를 헤엄치고 있다. 매일매일 돈을 벌고, 돈을 쓰고, 돈을 저축하고, 돈을 불리려고 하지만 막상 저 새끼 물고기처럼 멈춰 서서 질문을 던지지는 않는다. "돈이라는 게 도대체 뭐지?" 이것은 모든 것을 바꿔 놓을 수 있는 질문이다.

'돈을 어떻게 더 많이 벌까'가 아니라, '돈이란 무엇인가'를 스스로 묻는 순간부터 우리는 세상을 전혀 다른 눈으로 보기 시작한다. 이 책은 그 새로운 시각으로 당신을 초대한다.《모두를 위한 비트코인》은 그야말로 모든 이를 위한 책이다. 하루 벌어 하루 먹고사는 사람들부터 어느 정도 저축할 여유가 있는 가정, 심지어 수십억 원 규모의 자금을 운용하는 투자자에 이르기까지 우리는 모두 오늘날의 경제 시스템이 가져온 도전 앞에서 힘든 싸움을 벌이고 있다.

많은 이들이 틈새로 물이 차오르는 배의 키를 잡은 기분으로 하루하루를 버틴다. 한 번의 큰 파도만 밀려와도 완전히 가라앉아 버릴까 두려움에 차 있다. 다른 사람들은 물 위에 간신히 떠 있기 위해 끊임없이 발버둥 친다. 현명하게 투자하고, 빚을 내고, 복잡한 전략에 의존한다. 우리는 어느새 이런 현실을 '정상'으로 받아들이게 되었다. 하지만 한 번쯤 멈춰서 물어볼 만하다. 정말 꼭 이런 식이어야만 하는 걸까?

이 책은 우리가 어떻게 여기까지 왔는지를 살펴보고, 곧 설명하게 될 '고장 난 돈'이라는 개념과의 끝없는 싸움에서 벗어나는 해법으로 비트코인을 단순하고 이해하기 쉽게 소개하고자 한다. 이것은 우리의 배를 바로잡을 방법을 제시해 줄 것이다.

요즘 비트코인이 큰 주목을 받고 있다. 그리고 앞으로 다가올 수십 년 동안 비트코인이 세계 경제에서 차지하는 역할은 점점 더 중요해질 것이다. 비트코인에 관해 알아 가는 일은 흥미롭고 멋진 일이다. 그러나 한편으로는 조금 주눅이 들 수도 있다. 너무 많은 정보가 넘쳐 나기 때문에 혼란스럽고 막막하며, 어디서부터 시작해야 할지 모르겠다는 생각이 들 수도 있다. 내가 이 책을 쓴 이유가 바로 그것 때문이다.

비트코인의 잠재력을 이해하기 위해서 경제학이나 기술을 전공할 필요는 없다. 또는 나처럼 탐사 전문 저널리스트여야 할 필요도 없다. 여러분에게 필요한 것은 약간의 호기심과 열린 마음뿐이다. 비트코인의 세계를 탐험하는 우리의 여정은 먼저 오늘날의 금융 시스템의 초상을 그려 보는 데에서 출발할 것이다. 이 과정에서 극단적인 부의 집중과 여기에서 뒤처진 사람들이 느끼는 좌절감이 만연한 시스템의 결함을 파헤치고자 한다.

돈이 고장 난 세계를 직시하게 되면, 사람들은 비트코인을 단순한 기존 체제의 대안이 아니라 재정적 주체성과 역량을 확장해 주는 혁신적이고 변혁적인 도구로 바라보게 될 것이다. 우리는 이 도구를 분해하듯 들여다보며 비트코인이 무엇인지, 어디에서 왔는지, 어떻게 작동하는지를 하나하나 살필 것이다. 동시에 비트코인이 아초에 어떤 근본적인 문제를 해결하기 위해 만들어졌는지도 함께 짚어 볼 것이다.

마지막으로 금융적 억압이 오래도록 자유와 번영의 가능성을 막아 왔던 곳에서, 비트코인이 어떻게 새로운 가능성을 열어 주는지 살펴볼 것이다. 그리고 우리 각자의 삶에서 가치를 만들어 내고 경험하는 방식을 비트코인이 어떻게 바꾸어 놓는지도 다룰 것이다. 물론 비트코인을 매수하고 보관하는 방법 역시 함께 이야기할 것이다.

독자들에게 기존 질서를 당연하게 여겨 온 사고방식에 도전하라고 권하고 싶다. '주어진 모습'이 아니라 '달라질 수 있는 모습'을 상상해 보도록 우리를 이끄는 것이다. 여러분이 이 책을 덮을 때, 내게 보이는 것과 같은 풍경을 보게 되길 바란다. 비트코인은 재정적 자유를 향한 길에 놓인 장벽을 무너뜨리는 도구이며, 우리 같은 평범한 사람들이 휘몰아치는 금융의 격랑을 빠져나와, 참되고 오래가는 부를 쌓도록 돕는 나침반이라는 사실을 알아차리길 바란다.

나의 목표는 여러분에게 비트코인을 소개함으로써, 자신의 꿈을 다시 그릴 수 있도록 돕는 것이다. 왜냐하면 더 나은 미래는 그것이 가능하다고 믿는 것에서부터 시작되기 때문이다. 우리는 지금 그 여정에 발을 내딛고 있다.

BITCOIN

IS

FOR

EVERYONE

목차

서문   5

들어가는 글   13

1장   모두 문제를 느낀다   24

2장   모두 더 열심히 일할수록 더 가난해진다   35

3장   모두 학교에서 배웠어야 할 것들   50

4장   모두 돈 찍어 내기의 영향을 받는다   64

5장   모두 돈을 필요로 한다   84

6장   모두 신뢰하는 시스템   97

7장   모두 달러를 원한다   112

8장   모두 영향을 받는다   122

9장   모두 대가를 치렀다   139

10장 모두 묻는다 "비트코인은 대체 무엇인가?"   155

11장 모두 비트코인 코드를 검증할 수 있다   176

12장 모두 에너지가 필요하다   200

13장 모두 돈의 인터넷에 접속할 수 있다   220

14장 모두 희망이 필요하다   238

15장 모두 자신의 은행이 될 수 있다   259

16장 모두 가치 있는 삶을 원한다   276

맺음말   288

감사의 글   291

용어 해설   296

주   313

BITCOIN IS FOR EVERYONE

모두에게는 각자의 이야기가 있다

*"삶은 때로 감당하기 벅찬 거대한 어려움과 도전을
우리 앞에 가져다 놓습니다.
하지만 우리는 견딜 수 있고, 또 견뎌 낼 것입니다.
그러고 나면 우리의 삶은 목적을 갖게 됩니다."*

— 바버라 월터스(*Barbara Walters*)

자, 생각해 보자. 여러분이 오늘 하루 동안 일상에서 돈과 마주한 순간이 몇 번이나 되었을까? 혹시 출근길에 커피를 사지는 않았던가? 주유소에 들러 차에 기름을 넣지는 않았는지? 저녁거리 장을 보진 않았나? 지금 입고 있는 옷, 곁에 놓인 생수 한 병, 앉아 있는 의자까지 이 모든 것들이 돈과 연결되어 있다.

이처럼 돈은 우리의 일상 구석구석에 깃들어 있다. 아이를 재우고, 책을 읽고, 잠들기 전 스마트폰을 이리저리 넘기며 하루를 마무리하는 순간조차 그렇다. 주위를 둘러보면 이불과 베개, 잠옷, 벽의 페인트, 책 스마트폰, 와이파이, 아이가 껴안고 자는 봉제 인형, 그리고 마지막으로 불을 끄는 순간의 조명까지 이 모든 것에 번 돈, 쓴 돈, 때로는 새어 나간 것만 같은 돈이 깃들어 있다.

돈은 삶의 모든 틈새를 흘러 다니며 일상의 조각들을 한 땀, 한 땀 이어 붙여 매끈한 직물을 짜낸다. 그 작업을 너무나 유연하고 자연스럽게 해내기에 직물이 더 이상 이어지지 못하는 순간이 오기 전까지 우리는 돈의 존재를 거의 의식하지 못한다. 직장 업무, 아이 학교 상담, 엔진오일 교환, 치과 예약 등으로 빼곡한 일정 속에서 우리는 돈 자체의 본질을 곰곰이 생각해 볼 겨를이 거의 없다. 그저 돈이 무엇인지 안다고 믿을 뿐이다. 하지만, 정말 그럴까?

우리는 돈에 관해 생각하고 싶어 하지 않고, 돈에 관해 말하기는 더더욱 꺼릴지라도, 대부분 돈과 꽤 복잡한 관계를 맺고 있다. 형편이 어려운 시기에는 더욱 그렇다. 경제적 곤란은 우리를 모자라고, 부끄럽고, 취약하다고 느끼게 만든다. 그리고 결국 문제의 책임을 자기 자신에게서 찾곤 한다. 재정적 스트레스를 들키지 않으려고 안간힘을 쓰고, 누가 물어보기라도 하면 최대한 태연하게 "괜찮아!"라고 대답한다.

그러나 마음 깊숙이 스며드는 불안은 다른 말을 건넨다. 마치 나만 발버둥 치는 듯한데, 세상 사람들은 모두 어떻게든 해내는 것처럼 보인다. 정말 그런가? 이 책은 비트코인과 오래도록 흔들리지 않는 재정적 기반을 세우는 방법을 다루지만, 더 깊게 들어가면 '희망'에 관한 책이다. 여러 면에서 돈과 희망은 우리 삶을 앞으로 밀어주는 두 개의 힘이다. 나의 삶 역시 이 둘에 의해 빚어졌다.

나의 어머니가 어린 시절부터 품었던 꿈은 미국에 가는 것이었다. 부모님은 공산주의 체제의 폴란드에서 나고 자랐다. 전쟁의 상흔, 억압적 정부, 잇따른 침략으로 얼룩진 곳이었다. 그곳에서 경제적 기회나 스스로 삶을 끌어올릴 가능성은 거의 찾아볼 수 없었다.

지금도 어머니는 식료품을 사기 위해 어린 나와 오빠의 손을 잡고 끝도 없이 길게 늘어선 줄에 서 있던 기억을 생생히 떠올린다. 몇 시간을 기다려 드디어 계산대에 닿았을 때 우리 바로 앞사람이 마지막으로 남은, 내가 가장 좋아하던 작은 소시지 파루브키(parówki)를 사 갔다는 소식을 들었고, 나는 울음을 터뜨렸다. 어머니도 울었다. 그때 낯선 이가 자신의 파루브키를 조금 나눠 주었다. 공산주의 아래에서의 삶이었다.

돌아가신 나의 외할아버지는 어린 어머니에게 고전 미국 영화를 보여 주고, 라디오 프로그램을 들려주며 '철의 장막' 너머의 삶을 엿보게 해 주셨다. 미국에는 자유와 기회가 있고, 기본적인 생필품을 사기 위해 몇 시간을 줄 서지 않아도 되며, 아이들이 부모보다 더 큰 꿈을 꿀 수 있는 곳이라고 말씀하셨다.

우리 가족은 완전한 중앙 통제 아래에서 계속되는 물자의 부족 속에 살았다. 사람들은 먹고살기 위해서 창의력을 발휘해야 했고 종종 지하경제에 기대야 했다. 다른 선택지가 없었기 때문이다. 진부한 비유처럼 들릴지 모르지만, 우리에게 미국은 캄캄한 바다에서 한 줄기 빛을 비추는 등대와 같았다.

내가 다섯 살이 되던 해, 우리 가족은 폴란드에서 시카고로 건너왔다. 이때의 몇몇 기억은 나의 마음에 깊게 새겨졌다. 우리의 첫 아파트는 변두리에 있었다. 아주 작은 침실 두 개, 욕실 하나, 비좁은 부엌이 있는 소박한 아파트였다. 어머니는 일하느라 바쁜 와중에도 좁은 부엌에서 정성 가득한 폴란드 음식을 만들곤 했다. 부모님은 나와 오빠가 일상의 안정과 자기만의 공간을 누리길 바라며 두 개의 침실을 우리가 각각 쓰도록 내주셨다. 본인들은 거실의 값싼 소파베드로 침실을 대신했다. 부모님의 희생과 헌신의 무게를 제대로 이해하게 된 것은 그로부터 한참이 지난 후였다.

나는 부자의 기준을 차고가 있는 집이라고 생각했다. 전기 기사였던 아버지는 일주일에 6일을 일했다. 혹독한 시카고의 겨울이면 아버지는 매일 새벽 3시에 일어나서 차를 뒤덮은 얼음과 눈을 긁어 내야 했다. 그 모습을 날마다, 해마다 지켜보며 부모님이 내게 심어 준 확신은 더 단단해졌다. 바로 성실한 노동과 교육이 더 나은 삶으로 가는 길이라는 믿음이었다. 나는 부모님이 치른 희생을 헛되이 하지 않고, 내 앞에 다가오는 모든 기회를 놓치지 않겠다고 마음먹었다.

부모님은 내가 의사나 변호사, 공직자 같은 직업을 갖기를 바랐다. 부모님이 생각하기에 안정과 경제적 안전을 보장해 주는 길이었다. 하지만 내 마음은 다른 곳에 있었다. 우리 집에선 TV 뉴스를 항상 틀어 놓곤 했는데 세상 돌아가는 정보를 얻기 위해서뿐만 아니라, 영어를 배우는 데도 도움이 되었기 때문이다. 방송을 볼 때마다 의미 있는 이야기들을 사람들에게 전달하는 일에 마음이 끌렸다. 바버라 월터스나 오프라 윈프리처럼 각계각층의 다양한 사람들을 만나고, 그들의 이야기를 세상에 전하는 저널리스트가 되고 싶다는 확신을 느꼈다. 그러나 그 무렵 나는 알지 못했다. 곧 이어지는 10년을 뒤흔들 세계적 금융 대지진이 나의 사적인 삶과 직업적 커리어마저 송두리째 뒤집어엎을 준비를 하고 있었다는 사실을.

내가 고등학교에 들어설 무렵, 부모님은 새로 받아들인 미국식 생활 방식에 고무되어, 공산주의 아래서 수십 년간 몸에 밴 '현금 저축' 관습에서 벗어나 신용을 사용하기 시작했다. 은행에서 돈을 빌려 꿈을 좇는 방식이었다. 부모님 세대에게 이는 커다란 전환이었다. 부모님이 성장한 사회에서는 대출이라는 개념 자체가 없었다. 공산주의 폴란드에는 신용카드도, 모기지(Mortgage)*도 없었다. 주택은 대개 정부가 배정했

---

*　미국에서 주택을 구매할 때 가장 일반적으로 이용되는 장기 주택 담보 대출 제도로 대개 30년 고정금리로 원리금을 갚아 나가는 미국 고유의 주택 금융 제도를 말한다.

다. 어렵사리 집을 산다고 해도 현금을 한 번에 지불해야 했다. 빚을 내서 삶의 기반을 쌓는다는 발상 자체가 부모님에겐 생소했다.

그래서 부모님이 마침내 시카고 교외의 소박한 타운하우스를 모기지로 구입했을 때, 대출은 아메리칸드림을 향한 걸음일 뿐 아니라, 낯설었던 시스템에 대한 새로운 신뢰의 표시이기도 했다.

이때가 우리 가족에게는 작은 황금기였다. 부모님은 마침내 침실을 갖게 되었고, 믿기 어렵게도 차고 역시 있었다. 그로부터 몇 년 동안 미국식 생활 방식에 대한 부모님의 신뢰는 더욱 깊어졌다. 그러는 사이, 집값이 치솟기 시작했다. 2003년에서 2006년 사이에만 집값이 거의 35%가 올랐다.[1] 주변 친구들의 사례를 봐도 낮은 금리와 오른 집값을 활용하지 않는 쪽이 오히려 어리석어 보일 정도였다. 부모님은 끝내 망설임을 내려놓고, 어머니가 미국에 올 때부터 꿈꾸던 작은 폴란드식 식당 겸 식료품 가게를 열기 위해 주택 담보 대출을 추가로 받았다.

그러나 가게 문을 열고 진열대를 채우기 무섭게 2008년 글로벌 금융위기가 쓰나미처럼 닥쳤고, 이내 모든 것을 쓸어 갔다. 우리는 집을 잃었고, 부모님은 파산을 신청했다. 그 상처는 재정적으로도, 정서적으로도 결코 완전히 회복될 수 없었다. 재정 위기는 부모님의 노후 자금과 희망, 그리고 끝내는 관계까지 무너뜨렸다.

오늘날까지도 그때의 일을 글로 쓰거나 입 밖에 내는 것이 쉽지 않지만, 내 삶에서 분명한 전환점이 된 것은 사실이다. 거의 하룻밤 사이에 찬란한 미래를 꿈꾸던 천진난만한 어린 시절에서 도무지 이해할 수 없는 현실을 마주해야 하는 어른의 삶으로 내몰렸다. 부모님의 삶이 무너져 내리는 것을 목격하면서 내 안의 모든 것이 변화했다. 나는 배신감을 느꼈다. 어떻게 몸이 부서지도록 열심히 일하고 규칙을 지키며 살아온 착하고 성실한 사람들에게 이런 일이 벌어질 수 있단 말인가?

우리 가족이 겪은 갑작스러운 재정적 파국은 나의 내부에 불을 지폈고, 자연스럽게 나는 누군가 탓할 대상을 찾았다. 분노는 곧장 '부자들과 탐욕스러운 자들'을 향했다. 그들이 권력과 영향력을 이용해 정부를 움직였고, 수천억 달러에 이르는 구제금융을 받아 냈다고 생각했다. 우리 같은 사람들의 빠듯한 월급에서 조용히 빠져나간 세금이 그들에게 빨려 들어간 셈이었다.

나는 "월가를 점령하라(Occupy Wall Street)"라는 구호를 내건 시위에 공감했다. 시위대는 부자들에게 세금을 더 매기고, 그 돈을 도움이 필요한 우리 같은 사람들에게 재분배하자고 주장했다. 나는 언제나 권력을 가진 자들에 유리하게 짜인 시스템 아래 짓눌리는 '작은 사람들(Little guys)'에게 마음이 갔다. 그리고 그들을 위해 무언가를 하겠다고 결심했다. 그래서 어린 시절 꿈꾸었던 나의 우상들처럼 탐사 전문 기자가 되기로 결심했다. 수많은 사람들이 잠자코 견디고 있는 불공정과 부패에 조명을 비추고 싶었다.

그로부터 10년 동안 나 자신을 사명에 쏟아부었다. 미국 전역을 종횡무진 누비며 기사에 담을 '작은 사람들'을 찾아다녔다. 그들은 나의 부모님과 다를 바 없는 평범한 사람들, 자신에게 불리하게 기울어진 시스템 속에서 길을 찾으려 애쓰는 사람들이었다. 나는 공공 부패, 치솟는 생활비와 교육비, 이미 공동체를 갈가리 찢기 시작한 정치적 양극화를 고발했다.

나는 내 일을 사랑했다. 취재는 매혹적일 정도로 흥미로운 동시에, 가슴이 미어지는 일이었다. 내가 만난 사람들은 더 많은 것을 누릴 자격이 있었다. 우리 모두가 그랬다.

나는 보도 기사로 상도 받고 인정도 받았다. 하지만, 10년 동안 내 몫의 고생을 할 만큼 했음에도 생계만 간신히 유지할 만큼 벌었다. 미래를 위한 저축은 꿈도 못 꿨다. 뱃속 깊숙이 자리 잡은 불안은 사라지지 않았다. 매번 기사를 쳐낼 때마다, 해가 바뀔 때마다, 같은 느낌이 날 괴롭혔다. 분명히 뭔가 잘못되어 있다. 한때 상상만 해도 가슴이 뛰던 미래가 이제는 숨 막힐 만큼 답답하게 느껴졌다. 그것은 내가 믿어 온 아메리칸드림, 열심히 일하고 버티면 더 나은 삶이 보장된다는 약속과 정반대의 모습이었다.

그때는 알지 못했지만, 험난한 시기들은 언젠가 내 삶을 바꿀 발견을 알아볼 수 있도록 나를 준비시키고 있었다. 다만 많은 통찰이 그렇듯, 그 의미를 온전히 깨닫기까지는 시간이 필요했다. 2016년쯤 지인들을 통해 처음 비트코인을 접했다. 이듬해 캘리포니아 새크라멘토의 지역 방송 TV[2]에서 비트코인을 잠깐 다루기도 했다. 그 무렵 비트코인을 확신의 대상이 아니라 일종의 복권처럼 여기며 조금 사 두었다.

당시에 나는 망가진 기존 시스템의 관점에 여전히 갇혀 있었고, 비트코인을 그저 한번 찔러 보는 투기 정도로 생각했다. 비트코인이 내가 벗어나고 고발하려 했던 문제들의 가장 강력한 해법이 될 수도 있다는 사실을 그때는 전혀 알지 못했다.

몇 년이 흐른 뒤, 재정 상태를 제대로 관리해 보려고 시도할 때야 멘토가 줄곧 읽어 보라고 권하던 비트코인 관련 책들을 집어 들었다. 책을 읽어 내려가자 퍼즐 조각들이 하나둘씩 맞아떨어지기 시작했다. 마치 눈앞을 가리고 있던 베일이 걷히는 느낌이었다. 너무나 많은 것들이 딱 들어맞았다.

나는 기자 생활 내내 다뤄 왔던 문제들의 진짜 성격을 이해하기 시작했다. 그간 인터뷰했던 사람들은 게으르거나 운이 나빠서 실패한 것이 아니었다. 나처럼 그들 역시 빠져나오기 위해 몸부림칠수록 더 깊이 빠지는 재정의 늪에 빠져 허우적

거리고 있었던 것이다. 나는 비트코인이 도박이 아니라 구명줄이라는 사실을 깨달았다.

비트코인을 공부하면서 내 삶이 완전히 바뀌었다. '왜 아메리칸드림은 점점 사라져 가는가?', '왜 모든 것이 점점 더 비싸지는가?', '왜 많은 사람들이 희망을 잃었는가?'와 같은 질문들의 뿌리에 있는 근본 원인을 직시하기 시작했다. 그리고 우리가 돈에 관해 당연하게 여겨 온 전제들, 즉 돈이 무엇이고 어떻게 작동하는지에 대한 '상식'이 얼마나 심각하게 잘못될 수 있는지도 깨달았다.

정치 지도자들은 경제가 튼튼하다고 말할지 모른다. 그러나 가정과 지갑 속 '현장의 사실'은 다른 이야기를 들려준다. 우리는 때로 자신을 탓하고, 때로는 정치적 반대편을 탓하고, 때로는 불운을 탓한다. 하지만 마음 깊은 곳에서는 뭔가 크게 잘못되었다는 사실을 알고 있다. 그리고 그와 동시에 무력감을 느낀다.

수년 동안 경제 위기, 정치적 격변, 사회적 혼란과 같은 큰 사건들을 보도하면서도, 이 모든 것을 조용히 움직이는 한 가지 힘인 돈을 충분히 이해하지 못했다. 신문의 헤드라인을 장식하는 수많은 현상과 사건들의 뿌리에서 화폐 시스템이 어떤 영향을 주고 있는지 알아볼 수 있는 도구가 내게는 아직 없었다. 그런데 비트코인이 렌즈를 건네주었다. 일단 이 렌즈로 세상을 보고 나자, 렌즈를 치울 수 없었다. 그래서 나는 촉

망받던 전통 TV 저널리즘이라는 커리어를 버리고 사람들에게 비트코인을 알리는 일에 뛰어들었다.

비트코인은 우리가 겪는 문제들의 원인을 드러냈을 뿐만 아니라 해법, 즉 모두가 접근할 수 있는 새로운 경제적 주체성의 기반도 제공해 주었다. 이 발견을 나 혼자만 간직할 수는 없었다. 비트코인은 절망하던 내게 희망을 주었다. 이 지식을 세상과 나누는 일은 평범한 사람들을 돕고자 했던 나의 오랜 사명과 일치하는 정도에서 그치지 않았다. 그것은 나의 소명이 되었다.

모두
문제를 느낀다

"지금의 10센트가 예전의 5센트만도 못하다."

— *요기 베라(Yogi Berra)*

해가 갈수록 같은 돈으로 살 수 있는 것이 점점 줄어든다. 출근길에 사 마시는 커피, 퇴근길에 장 본 식료품, 의료비, 자동차 수리비, 집을 마련하는 데 드는 비용 등 삶에서 필요로 하는 거의 모든 것의 가격이 계속 오르고 있다. 이러한 현상은 현실에 너무나 깊이 뿌리박혀 있어서, 이를 피할 수 없는 당연한 흐름처럼 받아들이게 되었다. 우리 부모님 세대는 우유, 집, 대학 등록금에 지금의 우리보다 훨씬 적은 돈을 썼고, 조부모님 세대는 그보다도 돈이 덜 들었다.

많은 사람이 물가 상승을 '원래 세상이 다 그런 것'이라며 어쩔 수 없는 현실로 치부해 버린다. 사실 나 역시 그랬다. 그런데 잠시 멈추어서 왜 그런지 곰곰이 생각해 본 적이 있을까? 왜 모든 것이 갈수록 더 비싸지고 흐름을 따라잡기가 점점 어려워지는 것일까? 해마다 연봉이 인상되어도 경제적 안정이나 부의 축적을 향해 나아가기는커녕 여전히 생활비를 충당하기에도 허덕인다.

무자비한 재정적 압박이 특히 가슴 아픈 이유는 세계 어디에 살든 우리가 어려서부터 가슴에 품어 온 한 가지 약속, 즉 아메리칸드림에 정면으로 반하기 때문이다. 삶은 주어진 환경이 아니라 노력에 의해 결정된다는 희망을 주는 아메리칸드림이라는 이상은 역사 속에서 독보적이고 숭고한 위치를 차지하고 있다.

그러나 오늘날 꿈을 이루는 일은 전혀 다른 이야기가 되었다. 색칠 공부를 하는 아이처럼, 우리 대부분은 자신이 감당할 수 있는 '선 안쪽'에서 최선을 다해 살아간다. 그러나 그 선은 갈수록 좁아지고, 꿈은 자꾸 멀어져만 간다. 뭔가 심각하게 잘못되었다.

미국에서 나타나는 부의 집중도는 주요 선진국들보다 더 심각한 수준에 이르렀다.[1] 지난 수십 년 동안 임금은 거의 오르지 않았다.[2] 더욱 심각한 것은 물가 상승률을 감안하면, 실질 임금 수준이 40년 전과 거의 다를 바 없다는 사실이다. 미국인 여덟 명 중 한 명은 빈곤 속에 살고 있다.[3] 한편 불과 4년이 조금 넘는 2020년 3월에서 2024년 12월 사이에 미국 억만

장자들의 총자산은 193% 이상 증가했다.[4]

이 통계치들은 단순한 숫자 이상의 의미를 지닌다. 이 숫자들은 가진 자와 못 가진 자 사이의 틈이 점점 벌어지고 있는 세상의 잔혹한 풍경을 그려 낸다. 사회를 떠받치는 뼈대에 해당하는 중산층 전체보다 미국의 상위 1% 부유층이 더 많은 부를 축적하고 있다는 사실은 경제학자가 아니어도 충분히 알 수 있다. 이 사실에 화가 나는가? 그런 감정을 느끼는 것이 결코 당신 혼자만은 아니다.

부의 집중이 이렇게 심해진 것이 '못 가진 자들'이 갑자기 게을러지고 무능해졌기 때문은 아니다. '가진 자들'이 느닷없이 더 탐욕스러워졌기 때문도 아니다. 탐욕은 예전부터 늘 있었고, 앞으로도 사라지지 않을 것이다. 문제는 돈 자체가 부패했기 때문이다. 월스트리트의 억만장자 투자자인 칼 아이칸(Carl C. Icahn)은 HBO 다큐멘터리에서 이렇게 말했다. "내가 돈을 번 것은 천재여서가 아니라, 시스템이 워낙 엉망이기 때문이다."[5] 그는 핵심을 정확히 짚어 냈다.

경제라는 파이를 두고 소수의 승자들이 점점 더 큰 몫을 가져가고 나머지 사람들은 갈수록 줄어드는 부스러기를 놓고 다투는 현실은 겉으로 드러난 한 가지 증상에 지나지 않는다. 모든 문제의 밑바탕에 깔린 근본적인 문제는 바로 '고장 난 돈'이다.

아이칸의 지적 역시 더 깊은 진실을 가리킨다. 돈이 별문제

없이 잘 돌아간다고 느끼는 사람들도 있을 것이다. 신용카드만 한 번 긁으면 손쉽게 결제가 되고, 투자 자산도 꾸준히 불어나고 있으니 그렇게 여길 법도 하다. 그러나 망가진 금융 시스템으로 인해 구조적으로 빈곤해진 사회는 본질적으로 위태롭다. 그리고 우리 사회의 토대에 생긴 균열은 이제 너무나 커져서 더는 외면하기 어렵게 되었다.

애초에 이런 식으로 되어서는 안 되는 것이었다. 이것은 우리가 부모님과 조부모님 세대로부터 물려받으리라 생각했던 세상이 아니다. 우리 대부분은 비록 힘든 상황에서도 성실히 일하면 자신과 가족, 그리고 공동체의 삶을 더 낫게 만들 수 있으리라는 믿음을 품고 자랐다. 그러나 이제 그 목표는 점점 멀어지고 있다.

본업 외에 부업까지 하면서 힘들게 살아도 필수적인 생계를 유지하기 위해 빚을 져야 하는 사람들은 현실을 도무지 납득할 수가 없다. 한편 재정적 성공의 열매를 누리는 사람들 역시 이러한 상황의 영향을 피해 갈 수 없다. 사회의 대다수가 좌절과 절망의 벼랑 끝으로 내몰리는 상황에서 과연 사회가 얼마나 오래 버텨 낼 수 있을까?

나에게 아메리칸드림은 부모님이 미국으로 건너올 때 품었던 희망을 상징했다. 어머니는 종종 이렇게 말씀하곤 했다. "폴란드에서는 한번 가난하게 태어나면 죽을 때까지 가난을 못 면했어. 하지만 미국에서는 가난한 집에서 태어났더라도,

혹은 아예 맨주먹으로 이 땅에 왔다 하더라도 성실히 일하고 교육을 잘 받으면 무엇이든 이룰 수 있단다.” 세월이 흘러 내가 다른 이민자 가정의 자녀들을 만났을 때, 그들 역시 어릴 적 부모에게서 똑같은 이야기를 들으며 자랐고 실제로 그렇게 믿고 있었다.

이것이 바로 어머니가 그토록 바라던 삶이었고, 우리 가족을 위해 온갖 노력을 다 기울여 이루고자 했던 삶이었다. 설사 완벽하지 않더라도 이상에 헌신하는 나라가 존재한다는 사실, 즉 자유와 행복의 추구가 인간 잠재력의 최고 표현이라는 전제 위에 세워진 나라가 실제로 있다는 사실은 우리가 바라보는 가능성의 지평을 한층 넓혀 주었다. 이와 같은 이상은 셀 수 없이 많은 사람을 미국으로 이끌었고, 인간의 방대한 에너지와 창의성을 폭발적으로 분출시켰으며, 세상을 바꾸어 놓았다.

이 꿈은 다른 모든 꿈을 담아낼 만큼 거대한 꿈이며, 싸워서 지킬 만한 가치가 있는 꿈이다. ‘아메리칸드림’이라는 이름은 꿈을 가장 잘 상징하는 나라의 이름에서 따왔지만, 꿈 자체는 모든 이들의 것이다.

그러나 지금 그 꿈은 깊은 위기에 처해 있다. 생활비가 너무 급등한 탓에[6] 신용카드 부채가 사상 최고치를 기록하고, 연체율이 치솟고 있다. 특히 젊은 층에서 이런 상황이 두드러진다. 뭔가 크게 잘못되었음이 분명하다. 미국인의 절반 이상이(의료보험이 있는 사람들조차도[7]) 의료비로 인해 빚을 떠안고 있다. 이 역시 분명 뭔가 크게 잘못되었다. 치솟는 식료품 가격 때문에 수천만 명의 미국인이 무료 식품 배급소에 의존하고 있다면[8], 우리는 분명히 무언가 크게 잘못되었다고 생각할 것이다.

그러나 다른 어떤 것보다 아메리칸드림이 무너져 간다는 사실을 극명하게 보여 주는 지점은 다름 아닌 주택 소유에 대한 전망이다. 한때 안정된 삶의 주춧돌이었던 내 집 마련의 꿈은 이제 절반 가까이 되는 미국인들에게는 닿을 수 없는 목표가 되어 버렸다. 집값이 천정부지로 치솟았기 때문이다.[9] 그 결과 내가 속한 밀레니엄 세대의 4분의 1은 결국 부모의 집에 얹혀사는 길을 택할 수밖에 없다.[10]

이처럼 희망이 사라진 현실은 여러 곳에서 드러난다. 미시간 대학교의 최근 충격적인 조사에 따르면, 미국의 젊은 세대 중 "삶에 목적이 있는가?"라는 질문에 회의적 답변을 한 사람의 비율이 다른 세대보다 50% 더 높았다. 10명 중 4명은 "세상에 희망을 품기 어렵다"라고 답했다.[11] 소셜 미디어에는 젊은이들의 감정에 북받친 영상이 넘쳐 난다. 어떻게 해야 집을 살 수 있을지, 그리고 경제적 압박 없이 아이를 키울 수 있을지 모르겠다는 절망의 목소리이다.

이것은 결코 나약한 징징거림이나 탐욕스러운 투정이 아니다. 이것은 부모 세대가 누렸던 소박하지만 안락한 중산층 가정의 삶이 이제는 거의 불가능해졌다는 것을 분명하게 체감하는 세대의 절망에 찬 절규이다. 한 보수적인 추정치에 따르면, 2020년부터 2025년 사이 단 5년 만에 평균적인 주택을 구입하려면 소득이 79%는 올라야 했다고 한다.[12] 이런 사실은 우리 경제가 얼마나 잘못되어 가는지를 명확히 보여 준다.

이 부담은 젊은 세대에만 주어지지 않는다. 청년들은 치솟은 대학 등록금의 무게에 짓눌려 있는 한편, 그들의 부모 세대는 은퇴 시기를 계속 늦추며 노동을 이어 가고 있다. 직업이 안정되고 고임금을 받는 사람들조차도 계속해서 오르는 월세와 물가를 감당하기 위해 투잡, 쓰리잡을 감내하며 하루하루를 살아간다. 다음 자료에서 보듯, 1971년에는 중산층 가정에서 한 사람의 소득만으로도 괜찮은 집을 구입할 수 있었지만 지금은 상황이 전혀 다르다.

우리는 애써 담담한 얼굴을 유지하려 노력하지만, 마음속 깊은 곳엔 무거운 걱정이 자리 잡고 있다. 사회 문제들을 기본적인 인간 경험 수준까지 내려가서 분석해 보면, 사실 우리는 모두 놀랄 만큼 서로 닮아 있다. 우리는 유대감과 소속감을 갈망한다. 우리는 오늘의 삶이 더 낫기를 바라지만, 더 밝은 미래를 위해 저축한다. 우리는 아이들이 질 좋은 교육을 받길 바라고, 안전한 공동체에 살고 싶어 하며, 우리가 바친 시간과 노력이 정당하게 평가받고 공정하게 보상받기를 원한다. 또 언젠가 이 세상을 떠난 뒤에도, 가족들과 사랑하는

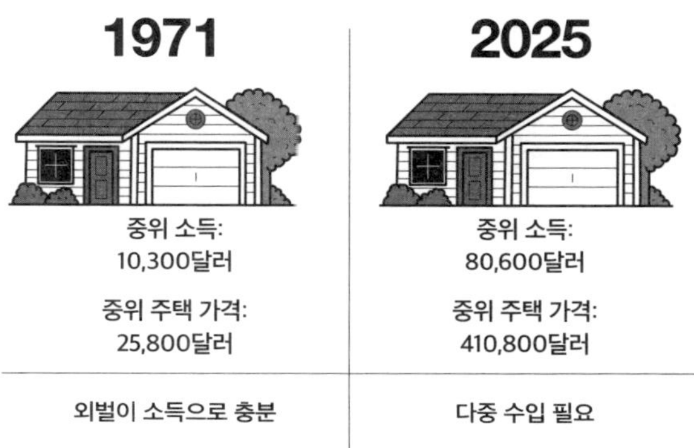

출처: 미국 인구조사국(United States Census Bureau),
"1971년 소득 통계(1971년 12월)"; 세인트루이스 연방준비은행(2025)

이들이 보호받기를 바란다.

이런 바람은 공상이나 몽상이 아닌, 건강한 사회를 구성하는 뿌리다. 그런데 왜 우리는 '기회의 땅'이 무너지고 있다고 느끼게 되었을까? 그리고 왜 그러한 영향의 물결이 미국의 바다를 넘어 전 세계 곳곳으로 퍼지고 있을까?

정치적 담론은 점점 더 극단적인 '우리 대 그들'의 싸움으로 치닫고 있는 한편, 고장 난 화폐 시스템의 지문은 경계를 가리지 않고 온갖 곳에 퍼져 있다. 부자와 일반 시민 간의 격차는 단순히 벌어지는 정도가 아니라, 가속이 붙은 채 따라잡을 수 없을 만큼 벌어지고 있다. 마치 점점 속도를 내는 차를 뒤쫓아 뛰어가는 것과 같다. 어느 순간이 지나면 앞선 차를 따라잡기가 아예 불가능해진다.

그것이 바로 그나마도 받으면 다행이지만, 매년 받는 임금 인상이 항상 부족하게 느껴지는 이유다. 2장에서 더 자세히 다루겠지만 임금 상승은 실질 구매력 상승을 따라잡기에 한참 모자라다. 이것은 결코 자연스러운 일도, 피할 수 없는 일도 아니다. 하지만 서두르지 말고 차근차근 짚어 보자. "문제를 제대로 정의하면 절반은 푼 것과 마찬가지다"라는 말이 있다. 이 인용문은 여러 사람이 다양한 형태로 사용해 왔다. 가장 흔하게는 1920년부터 1947년까지 제너럴 모터스(GM; General Motors)의 부사장이자 연구 책임자였던 찰스 케터링(Charles Kettering)의 말로 알려져 있다. 우리가 평생 하나의 시스템만 알고 살아왔다면, 그 시스템 자체를 명확히 인식하는 건 결코 쉬운 일이 아니다.

나는 기자로서 세상의 부조리를 밝히고 싶었다. 하지만 물속에 살며 물의 존재를 인식하지 못하는 두 마리의 물고기처럼, 나도 '고장 난 돈'이 일으키는 여러 증상에만 집중할 뿐 시스템 자체를 살펴볼 생각을 미처 하지 못했다. 경제의 가장 근본적인 토대인 돈이 선택된 사람들의 손에 의해 통제되며, 그들이 손 하나만 까딱하면 돈의 공급을 확장하고 돈의 가치를 변경시킬 수 있다는 사실을 몰랐다. 그렇게 계속해서 늘어나는 돈의 공급이 삶 구석구석에 어떤 깊은 영향을 미치고 있는지를 깨닫지도 못했다. 이 시스템은 나 같은 평범한 사람에게는 게임의 규칙을 슬며시 불리하게 만들고, 피라미드의 꼭

대기에 있는 사람들에게는 부를 쌓아 올리는 일을 전례 없이 쉽게 만들어 주고 있었다.

이 시스템이 생계 비용, 시간의 가치, 그리고 우리가 꿈꿀 수 있는 범위에 어떤 영향을 주는지를 이해하는 것이야말로 문제를 다시 상상하고, 다시 설계하는 첫걸음이 될 것이다.

1장 요약

해마다 같은 돈으로 살 수 있는 것이 줄어들고 있다.
사람들은 자신이 뒤처지는 이유를 스스로에게서 찾는다.
하지만 생활비는 천정부지로 치솟았고,
예전에 주거 같은 필수재는 한 사람의 소득으로도
감당할 수 있었지만 이제는 두 사람, 때로는
그 이상의 소득을 요구한다. 이는 우리가 게으르거나
무책임해서가 아니다. 우리가 돈이 고장 나 버린
체제 안에서 살고 있기 때문이다. 이 체제에서는
대다수가 열심히 일해도 좀처럼 앞으로 나아가지
못하고, 임금이 치솟는 물가를 따라잡지 못하며,
세대가 바뀔수록 삶의 질이 떨어진다.
이러한 문제의 본질을 이해하는 것이야말로
경제적 기회를 되찾고 아메리칸드림을 되살리는
첫걸음이다.
삶의 비용이 끝없이 오르는 것은 우리의 잘못이 아니다.
그것은 극심한 부의 집중을 초래하는
'고장 난 화폐 시스템'이 만든 결과다.

모두 더 열심히 일할수록 더 가난해진다

"삶에서 문제를 일으키는 것은 우리가 알지 못하는 것이 아니라
우리가 확실히 안다고 생각했는데 그렇지 않은 것들이다.
예를 들어, 1달러는 항상 1달러의 가치를 가질 것이라는
믿음 같은 것들 말이다."

— 조시 빌링스(*Josh Billings*)

대부분의 사람들은 어릴 적부터 열심히 일하고, 돈을 아껴서 저축해야 한다는 말을 들으며 자랐다. 아이디어는 매우 단순하다. 월급을 아껴 꼬박꼬박 저축해 두면 경제적으로 안정적인 미래를 누릴 것이라는 믿음이다.

벤저민 프랭클린(Benjamin Franklin)은 "1페니를 저축하는 것은 1페니를 버는 것과 같다"라고 했다. 하지만 오늘날 이 말은 더 이상 사실이 아니다. 지금은 오히려 1페니를 저축하는 것은 1페니를 잃는 것에 가깝다. 단순히 열심히 일해서 월급을 받고 현금으로 저축하는 것으로는 충분하지 않다. 이 사실을 조금 더 일찍 알았더라면 좋았을 것이다.

구매력이 서서히 침식되는 것이 특징인 오늘날의 경제에서 돼지 저금통이나 입출금 계좌에 넣어 둔 돈은 마치 햇볕 아래 놓인 얼음처럼 하루하루 녹아내린다. 직장 퇴직연금 플랜에 가입하는 것만으로는 노후의 재정적 안정을 확보하기에 충분치 않다.[1]

앞서 나가는 것은 차치하고, 물 아래로 가라앉지 않고 떠 있기 위해서도 단순한 저축만으로는 부족하다. 가치가 오르는 무언가에 투자해야 한다. 주식, 부동산, 금, 혹은 작은 사업체처럼 물가가 오르는 속도보다 빠르게 가치가 오르거나 소득을 만들어 내는 자산을 확보해야 한다. 다시 말해, 생활비의 상승을 따라잡기 위해서라도 당신의 돈이 당신을 위해 일하게 만들어야 한다.

하지만 이런 사실을 정식으로 배운 사람이 얼마나 될까? 경영 대학을 나오지 않았다면 '왜 투자해야 하는지'와 '투자가 어떻게 작동하는지' 같은 기본 원리조차 막막하고 난해하게 느껴지기 마련이다. 그래서 시간과 노동을 월급으로 바꾸는 대부분의 임금 소득자들은 열심히 일하고, 최대한 저축하라는 오래된 조언을 성실히 따르지만 그럼에도 자신이 점점 뒤처지고 있다는 사실을 발견한다. 평범한 임금 노동자들이 지금의 생활 수준을 유지하기 위해서라도 아무런 교육이나 안내도 없이 '부업 투자자'가 되는 법을 스스로 익혀야 하는 상황에 놓여 있다.

스트래티지(Strategy)*의 회장인 마이클 세일러(Michael Saylor)는 이렇게 말했다. "평범한 사람이 평생 모은 저축을 지키기 위해 중앙은행의 정책부터 이사회 정치, 경쟁 구도, 기술 트렌드, 규제 개입, 의회 정치, 노사 관계, 소송, 국가 간 갈등까지 모든 것에 대해 일일이 예측하고 베팅해야 하는 것은 부당하다."[2] 얼음이 녹아내리듯 사라지는 구매력은 결코 원한 적도 없는 게임으로 우리를 떠밀고 있다.

최근 몇 년 동안 친구들이 빚을 내서 투자용 부동산을 사는 모습을 지켜보았다. 재정적 기반을 강화하려는 목적이었다. 부동산은 전통적으로 강력한 부의 축적 수단이었고, 그럴 만한 이유가 분명히 있다. 하지만 이것은 결코 간단한 일이 아니다. 장기 임대든 단기 임대든 부동산을 운영하는 일은 시간과 전문성, 지속적인 노력을 요구한다. 임대업은 위험과 유지 보수를 포함한 각종 비용, 복잡한 금융의 미로를 헤쳐 나가야 하는 일이다.

처음부터 '집주인'이라는 부업을 꿈꾼 친구들은 거의 없었다. 〈포브스〉는 이 친구들의 상황을 다음과 같이 정확하게 요약한다. "오늘날의 세계 시민은 돈의 가치를 지키고 불리기

---

*　　마이클 세일러가 설립한 회사로 2025년 마이크로스트래티지(MicroStrategy)에서 스트래티지로 사명을 변경했다. 이 회사는 대규모 사채를 발행해 비트코인을 매입하는 전략으로 유명하며, 시장에서는 비트코인에 대한 일종의 레버리지 투자 수단처럼 여겨지기도 한다.

위해 두 배로 더 머리를 써야 하는 시대를 살고 있다."[3] 알든 모르든, 고장 난 화폐 시스템은 우리를 끝없는 '수익률 추격전', 이른바 전문가들이 ROI(Return on Investment)라고 부르는 것으로 내몰았다. 그리고 우리는 정작 무슨 일이 일어나고 있는지, 왜 이런 일이 벌어지는지 곰곰이 따져 볼 틈조차 없다.

그 답은 결국 인플레이션이다. 다만 헤드라인을 장식하는 종류의 인플레이션이 아니다. 이 인플레이션은 우리가 가격이 오른 것을 깨닫기 훨씬 전, 즉 보이지 않는 곳에서 시작된다. 우리는 평생을 인플레이션의 마법에 걸린 채 살아왔기 때문에 이를 당연한 것으로 여겨 왔다. 가격은 오르기 마련이라고 생각하는 것이다. 빵을 25센트, 영화표를 1달러 50센트에 샀던 조부모 세대부터 늘 그래 왔다고 믿는다.

우리는 흔히 인플레이션을 물가의 상승이라고 생각하지만, 그것은 이야기의 절반에 지나지 않는다. 본질적으로 인플레이션은 구매력의 상실이고, 인플레이션은 자연적 힘이 아니라 통화 공급의 팽창에 의해 발생한다.

좀 더 정확히 말하자면, 물가 상승은 인플레이션의 '결과'이지 '원인'이 아니다. 우리가 많이 듣지 못하는 진짜 문제의 더 깊은 뿌리는 끝없이 팽창하는 화폐 공급이다. 이를 '통화 인플레이션(Monetary Inflation)' 또는 '화폐가치 하락(Currency Debasement)'이라고 부른다. 곧 살펴보겠지만, 돈이 더 많이 찍힐수록 시간의 흐름과 함께 달러 한 단위의 가치가 떨어진

1971년의 생활비

생활	식료품
새집: 25,200달러	설탕(5파운드): 62센트
평균 소득: 연 10,622달러	비타민 D 우유(1갤런): 1.17달러
신차: 3,560달러	분쇄 커피(1파운드): 98센트
평균 임대료: 월 150달러	베이컨(1파운드): 80센트
하버드 대학교 등록금: 연 2,600달러	달걀(12개): 45센트
영화표: 1.5달러	다진 소고기(1파운드): 62센트
휘발유: 갤런당 40센트	갓 구운 빵(1덩이): 25센트
우표: 8센트	

출처: www.wtfhappenedin1971.com.

다. 결과는 뻔하다. 물가가 오른다. 즉 우리의 돈이 예전 같지 않아진다는 뜻이다.

통화 인플레이션은 우리의 삶을 지탱하는 필수재 가격을 끝없이 끌어올리는 숨은 엔진이다. 여기서 독자들은 이렇게 생각할지도 모른다. '잠깐, 물가를 위로 밀어 올리는 이유는 그것 말고도 많지 않나? 공급당 붕괴라든지 관세 같은 것들 말야.' 물론 이런 요인들도 물가를 올릴 수 있다. 그러나 그것들은 대체로 단기적이고 눈에 잘 띄는 충격일 뿐, 문제의 핵심 원인은 아니다.

실상은 겉에 보이는 요인들 아래에 더 깊고, 더 끈질긴 흐름이 있다. 그것은 바로 전체 통화량이 끊임없이, 그리고 거침없이 증가하면서 달러의 가치를 조용히 갉아먹고 있다는 사실이다. 주위를 한번 둘러보자. 식료품, 주택, 보험 등 우리가 살아가는 데 필요한 모든 것의 가격이 월급보다 훨씬 빠르게 오르고 있다. 지난 몇 년 동안 미국에서는 많은 채소의 가격이 거의 두 배로 올랐다. 1970년대에 6만 달러였던 신축 집이 지금은 50만 달러가 되었다. 낡아서 전면 리모델링 비용을 들여야 하는 구축인데도 말이다. 한때 중산층 한 사람의 소득으로 가능했던 삶은 이제 두 사람, 아니 세 사람의 소득이 있어야만 유지된다.

삶 곳곳에서 쓰라린 현실을 체감하지만, 사람들은 대부분 이런 문제의 시스템적 원인을 깊이 탐구할 형편이 못 된다. 그저 어깨를 으쓱하고, 가족이나 친구에게 넋두리를 하거나, 소셜 미디어에 불만을 올릴 뿐이다. '어딘가에서 누군가가' 엄청난 탐욕을 부리고 있겠거니 생각한다. 아마 기업일 수도 있고, 어쩌면 엄청난 부자들일 수도 있을 것이다. 그리고 다시 일상으로 복귀해 어떻게든 하루를 버텨 낸다. 어차피 인플레이션은 삶의 일부 아니던가?

만약 소득이 같은 속도로 오른다면 물가 상승은 그리 큰 문제가 아닐 것이다. 하지만 곧 보게 되겠지만, 통화 공급이 팽창할 때 새로 만들어진 돈은 모두에게 똑같이 흘러가지 않는다. 돈은 아주 편향된 방향으로 흐른다. 그리고 그 과정에서 어떤 사람들(부자들, 좋은 인맥을 가진 사람들)에게는 혜택을 주고 어떤 사람들(나머지인 우리)에게는 피해를 입힌다.

임금 노동자들이 새로 늘어난 돈을 충분한 수준의 임금 인상 형태로 받는 경우는 거의 없다. 대신 그 돈은 점점 더 적은 사람들에게 쌓이고, 부유층이 보유한 자산의 가격을 밀어 올리며, 오랜 시간에 걸쳐 대다수 사람들에게 막대한 재정적 압박을 가한다. 아이러니하게도 기술이 끊임없이 발전해 우리의 삶을 더 저렴하고 효율적으로 만들어 줄 수 있음에도, 인플레이션은 마치 부채 기반 경제를 떠받치는 토대와 같이 자리를 잡고 있다.

정부와 중앙은행은 '건강한' 연 2%의 인플레이션이 경제의 안정과 성장을 위해 필요하다고 주장한다. 온건한 인플레이션이 소비와 투자를 촉진하고, 필요할 때 경기 부양 여지를 준다는 것이다. 이 목표는 미국만의 기준이 아니라 전 세계 대부분의 국가에서 표준으로 자리 잡고 있다.

여기서 말하는 2% 인플레이션은 '소비자 물가 인플레이션(CPI; Consumer Price Inflation)'을 말한다. 소비자 물가 인플레이션은 음식, 의류, 자동차 등 일상 필수재의 가격을 추적하는 지표다. 2%를 넘기면 대중의 불만이 커지고, 그보다 낮으면 경제 둔화의 신호로 여긴다.

우리는 '인플레이션이 오른다', '인플레이션이 식고 있다', '인플레이션이 안정화된다', '인플레이션이 치솟는다'와 같은 뉴스를 끊임없이 듣는다. 하지만 뉴스에서 "인플레이션이 내려간다"라고 말할 때 이것은 물가가 떨어진다는 의미가 아니다. 단지 오르는 속도가 줄었다는 의미일 뿐이다.

사람들은 정책 담당자들이 인플레이션을 없애거나 줄이기 위해 최선을 다하고 있다고 생각하지만 현실은 다르다. 현재의 시스템에서는 인플레이션이 해결해야 할 일시적 오류가 아니라, 애초에 설계 단계에서 내장된 기능이다. 그 결과 우리는 모두 해마다 2%씩 속도가 붙는 무빙워크에 올라탄 것과 같다. 2000년 이후 CPI의 연간 변화율을 평균하면 약 2.5%로, 공식 목표치와 거의 일치한다. 심지어 이 평균에는 팬데믹 이후 CPI가 9.1%까지 치솟았던 2022년 6월과 같은 데이터들도 포함되어 있다.[4]

하지만 우리는 최근 몇 년 동안의 청구서와 생활비가 2.5%를 한참 넘어 올랐다는 사실을 잘 알고 있다. 만일 독자들이 CPI에 관해 생각해 본 적이 있다면, 아마도 과거에 내가 그랬듯이 CPI가 무섭게 치솟은 집값을 포함해서 모든 종류의 인플레이션을 정확하게 반영할 것이라고 예상했을 것이다. 그러나 실상은 그렇지 않다. 예를 들어 대학 등록금은 2000년 이후 연평균 약 5.5%[5], 고용주 제공 가족 건강보험료는 연평균 약 6%[6], 의료비 지출은 연평균 약 5.5% 증가했다.[7] 아마도 주택 가격 역시 이른바 목표 인플레이션 수준을 훌쩍 뛰어넘었다는 것을 체감할 것이다. 2000년 이후 미국의 중위 주택 가격은 연평균 4% 이상, 일부 지역은 연평균 7% 이상 올랐

2000년에서 2025년 사이 장기 물가 성장

항목	연평균 성장률(CAGR) 2000~2025
헤드라인 CPI	2.5%
중위 임금	3.0%
중위 주택 가격	4.1%
대학 등록금 및 수수료	5.5%
의료비 지출	5.5%
건강보험료(고용주 제공)	6.0%

출처: 2023 고용주 건강 혜택 조사(Employer Health Benefits Survey), KFF,(2023년 10월), www.kff.org

다.[8]

반면 임금은 CPI 흐름을 겨우 따라가는 수준인 연 3%대 증가에 머물렀다.[9] 그러니 월급이 해마다 조금 오르더라도 교육비, 의료비, 주거비의 폭등을 따라잡기에는 턱없이 부족하다. 그리고 우리가 버는 돈과 생활비 사이의 간극은 해마다 더 벌어지고 있다.

그렇다면 왜 공식 물가 상승률과 우리가 실제로 체감하는 물가 사이에 이렇게 큰 간극이 생길까? 사실 CPI라는 것은 일상적 소비를 대표하는 '가상의 상품 바스켓'의 가격을 추적한다. 문제는 바스켓의 내용물이 의도에 맞춰 선별적으로 담기고, 끊임없이 재조정된다는 점이다. 예를 들어 소고기 스테이크가 너무 비싸지면 통계 담당자들은 소비자들이 소고기 대신 닭고기를 살 것이라고 가정한다. 그러고는 계산에서 소고기를 닭고기로 바꿔치기하고서 생계비는 그대로라고 말한다.

새 차에 더 나은 안전 기술이나 더 큰 디스플레이가 탑재되면 CPI에서는 이것을 '같은 돈으로 더 많은 가치를 얻은 것'으로 처리해, 실제로는 가격이 내려간 것처럼 보이게 만드는 일종의 숫자 마술을 쓴다. 체감 물가와 CPI 사이의 간극을 만드는 또 다른 조정들도 있다. 표준 용량이 슬그머니 줄어드는 '슈링크플레이션(Shrinkflation)'[*]이 있다. 무엇보다 가계에서 가장 큰 지출인 주거비(임대료)를 산정할 때, 놀랍게도 일부 주택 소유자들에게 "지금 살고 있는 집을 임대한다면 얼마가 적당하겠습니까?"를 물어 어림잡아 추정하는 방식으로 계산된다.[**] 이러한 보이지 않는 조작들이 현실의 비용은 훨씬 더 빠르게 오르고 있음에도 불구하고, '안전한' 2% 목표를 지켜내는 데 기여한다. 정부가 발표하는 인플레이션 수치와 우리가 겪는 현실과 맞지 않는다는 점이 핵심이다.

실제로는 그렇지 않다는 걸 알지만, 설사 인플레이션이 연

[*]　제품의 표시 가격은 그대로 두고, 중량이나 구성 수량을 줄여 실질적으로 단위당 가격을 올리는 물가 상승 방식.

[**]　주택 가격은 자산이지 소비 지출에 해당하지 않는다고 봐서, 주택 가격을 CPI 산정에 넣지 않고 임차료와 같은 거주 비용만 포함한다. 자기 집에서 사는 사람의 경우, 그 집을 임대할 경우 임차료를 얼마를 받겠는지 묻는 주택 임차료 추정치(OER)라는 가상의 지표를 사용하는데 이것이 집값을 정확하게 반영하지 못해서 괴리가 생긴다.

2%에 불과하다고 하더라도 그 작아 보이는 수치만으로도 시간이 흐를수록 우리의 구매력은 서서히 잠식되어 간다. 여기에 '복리'의 힘까지 고려하면, 실질 생계비는 훨씬 큰 폭으로 증가한다.

이것은 천천히, 그러나 꾸준히 물이 새어 들어오는 배에 타고 있는 것과 비슷하다. 처음에는 연 2%의 인플레이션이 감당할 만하게 느껴질 수도 있다. 하지만 배 안으로 스며드는 물이 퍼내는 속도보다 빨라지기 시작하면, 조금씩 높아지는 물은 이미 감당하기 힘든 부담 위에 또 다른 부담을 얹는다. 시간이 지나면 올해 새어 들어온 물만 퍼내는 게 아니라, 여러 해에 걸쳐 조용히 차오른 물과 싸워야 한다. 복리 인플레이션이란 바로 이런 식이다. 소리 없이 무게를 더해 가다가 결국 우리를 침몰 직전까지 몰아세운다.

처음에는 그저 조금 불편한 정도였던 것이 시간이 흐를수록 위기로 번져 간다. 우리의 저축, 급여, 연금에서 구매력이 빠져나가기 때문이다. 시간이 흐르면 결론이 명확하게 보인다. '정답대로' 행동하고 있어도, 우리는 여전히 가라앉고 있다. 복리 효과 때문에 아주 미미한 통화 인플레이션이라도 결과는 빠르게 증폭된다. 연 2%의 인플레이션으로 약 35년이 지나면 돈의 구매력은 절반으로 줄어든다.

여기서 잠시 멈춰 생각해 보자. 여러분은 이렇게 물을 수도 있다. "해마다 돈이 더 많이 풀린다면 모두에게 좋은 일이 아닐까? 모두가 더 부자가 되는 것 아닌가?" 물론 타당한 질문이다. 하지만 직관과 달리, 시스템에 돈을 더 추가한다고 해서 모두의 부가 늘어나는 것은 아니다. 대다수에게는 통화량의 증가는 돈의 희석, 즉 가치의 희석으로 작용한다.

고급 와인 한 잔을 떠올려 보자. 물을 한두 방울(이를테면 2%) 섞으면 처음엔 별 차이를 느끼지 못할 것이다. 하지만 일정 시간마다 물을 계속해서 더하면, 어느 순간 와인은 본래의 모습을 잃는다. 색이 옅어지고, 풍미가 사라지며, 결국 와인도 물도 아닌 무언가가 된다. 양만 늘어나서 나중엔 더 큰 잔이 필요할 것이다. 중요한 사실은 와인을 더 갖게 된 것이 아니라 맛없는 물 탄 와인을, 나중에는 와인이 스쳐 지나간 듯한 물만 얻게 된다는 것이다.

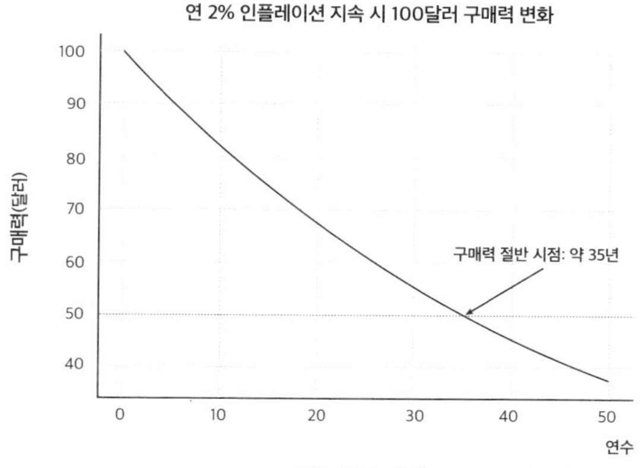

연 2% 인플레이션에서 복리가 구매력에 미치는 영향

출처: 나탈리 브루넬(Natalie Brunell)의 복리 계산 예시

통화 인플레이션도 이와 똑같이 작동한다. 곧 보게 되겠지만 돈의 본성이 바로 그렇다. 공급이 팽창할수록 각 단위(달러)의 구매력은 조금씩 희석된다. 만일 여러분이 한정판으로 제작된 포켓몬 카드나 유희왕 카드같이 아주 희귀한 수집용 캐릭터 카드를 가지고 있다고 해 보자. 그 카드의 가치는 '희소성'에서 나온다. 수집가들은 이런 카드를 얻기 위해 서로 가격 경쟁을 해야 한다는 것을 잘 알고 있다. 그런데 어느 날 갑자기 카드 회사에서 똑같은 카드를 수백 장씩 쏟아 낸다면? 어제만 해도 귀했던 카드는 하룻밤 새 흔해진다. 폭발적 공급 증가로 인해 가지고 있던 카드의 시세는 붕괴한다.

돈도 마찬가지다. 달러의 공급 증가 속도가 달러로 살 수 있는 재화나 서비스의 증가 속도를 앞지르면 달러 한 단위가

인플레이션이 주는 변화

차지하는 실물 가치의 몫은 줄어들고, 그 달러가 지녔던 '희소성 기반의 가치'도 떨어진다. 더 많은 캐릭터 카드를 시장에 풀면 카드 가격이 희석되듯, 경제에 새 달러를 쏟아붓는 행위는 각 달러의 구매력을 희석한다. 똑같은 식료품, 똑같은 집의 월세, 똑같은 콘서트 표에 해마다 더 많은 돈을 써야 하는 이유이다.

상황은 여기서 더 나빠진다. 앞서 살폈듯 새로 만들어진 돈은 경제 전반에 고르게 퍼지지 않는다. 돈은 돈을 찍어 내는 곳에 가깝게 자리 잡은 막강한 제도권 기관, 대기업, 금융 엘리트에게로 먼저 흘러간다. 이 비대칭이 어떻게 기울어진 운동장을 만드는지 곧 보게 될 것이다. 위에 있는 이들의 잔이 진한 와인으로 가득 차는 동안, 그 아래의 사람들에게 돌아오는 것은 물 탄 찌꺼기뿐이다.

2장 요약

우리는 열심히 일하고 저축하면 미래가 보장된다고
배우며 자랐다. 하지만 오늘날 그 공식은 더 이상
통하지 않는다. 인플레이션은 조용히,
그러나 꾸준히 우리가 버는 돈의 가치를 갉아먹는다.
CPI 같은 공식 지표는 겉으로는 안정적인 것처럼
보이지만, 실질적인 생계비 상승을 교묘하게 가리는
방식으로 조정된다. 그 와중에 임금은 물가를
따라가지 못하고, 평범한 사람들은 마지못해
투자자가 된다. 부동산, 주식, 그 무엇이든
인플레이션을 앞지를 수 있는 자산을 보유해야
구매력을 지킬 수 있기 때문이다.
우리가 뒤처지는 이유는 잘못된 선택을 했기
때문이 아니라, 시간이 지날수록 돈의 가치가
줄어들도록 설계된 시스템 속에서 살고 있기 때문이다.

모두 학교에서
배웠어야 할 것들

"할 수 있는 가장 좋은 투자는 자기 자신에게 하는 투자다.
많이 배울수록 더 많이 벌게 된다."

— 워런 버핏(*Warren Buffett*)

앞 장에서 공식 CPI 숫자가 어떤 방식으로 실제 물가 상승의 고통을 종종 감추는지 살펴보았다. 이제 시선을 돌려서 고통의 근원을 들여다보자. 새 돈을 끝없이 풀어 경제를 범람시키고, 부를 꼭대기에 집중시키는 시스템 말이다.

경제학자들은 시중에 돈이 얼마나 공급되었는지를 가리키는 총통화량을 파악하기 위해 'M2'라는 지표를 쓴다. 쉽게 말해 M2는 가까운 시일 안에 지출할 수 있는 돈의 총합이다. 지갑 속의 현금, 입출금이 자유로운 계좌(당좌, 요구불예금 등)에 들어 있는 돈을 'M1' 통화라고 한다. 여기에 더해, 저축예금

과 소매형 머니 마켓 펀드(MMF; Money Market Fund)[*] 등 단기
간에 현금화가 가능한 자산을 포함한 지표가 M2이다. 다시
말해, 경제 시스템 안에서 '즉시 사용할 수 있는 돈'의 총량을
보여 준다.

다음 그래프가 보여 주듯, 8장에서 다시 다룰 중요한 해인
1971년 이후 미국의 M2 통화량은 가파르게 불어났다. 시간
에 따른 통화 공급의 흐름을 보면 결론은 명확하다. M2는 뒤
도 돌아보지 않고 위로, 또 위로 집요하게 상승해 왔다. 그리
고 그 과정에서 이미 유통 중인 각 달러의 구매력은 꾸준히
희석되었다. 최근 5년만 떼어 봐도 2020년 이후로 가파른 상
승이 나타났음을 볼 수 있다. 코로나 구제 패키지가 가동되면
서 통화 공급은 거의 수직으로 치솟았다.

지금 유통 중인 미국 달러의 약 40%가 팬데믹 이후 몇 년
동안에 새로 만들어졌다. 물론 당시 결정권자들은 전례 없는
위기에 맞서야 했다. 그들이 장기적 인플레이션의 대가를 충
분히 이해했을 수도, 그렇지 않았을 수도 있다. 그들은 훗날
의 높은 물가와 지금 당장 굶주리고 집을 잃는 고통 사이에서
선택해야 했기 때문이다. 진실은 아마 더 복잡할 것이다. 그
들 역시 이미 존재하던 시스템의 관성에서 벗어날 수 없었다.

---

[*] 자산운용사가 고객의 자금을 모아 정부 발행 단기 채권, 기업어음(CP), 양도성예금증서
(CD) 등 만기 1년 이내의 단기 금융상품에 투자하는 펀드로 입출금이 자유로운 상품.

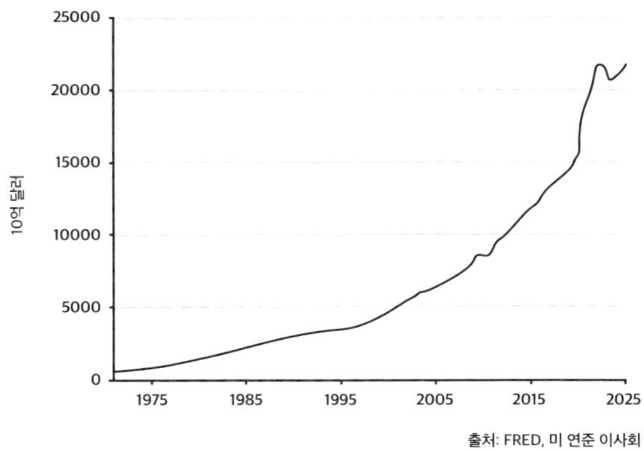

누군가는 절박감에 의해 움직였을 것이고, 누군가는 이념에 따라 움직였을 것이다. 순수한 무지에 의해 움직였던 사람도 물론 있었을 것이다.

하지만 많은 이들이 놓치는 사실, 그리고 그래프가 분명히 말해 주는 사실은 다음과 같다. 통화 공급은 이미 수십 년 동안 꾸준히 늘고 있었다. 코로나 이전에도 M2는 연평균 7%의 속도로 팽창하며 조용히 와인에 물을 타 왔다.[1] 한마디로, 문제의 시작이 2020년은 아니었다. 오래된 흐름이 그때 극적으로 가속되었을 뿐이다.

통화 공급이 중요한 이유는 간단하다. 앞 장의 캐릭터 카드 비유에서 보았듯, 1달러가 새로 투입될 때마다 여러분 지갑 속 기존 달러의 구매력이 조금씩 깎인다. 그래서 소득과 자산이 통화 팽창의 속도를 앞서지 못하면, 해가 갈수록 손해를 보게 된다.

통화량이 해마다 약 7%씩 느는데 급여는 3%씩 는다고 가정해 보자. 이 경우 구매력 기준으로 여러분의 급여는 사실상 해마다 4%씩 깎이는 셈이다. 자, 그렇다면 진한 와인을 받는 사람은 누구이고, 맹물에 가까운 물 탄 와인을 떠안는 사람은 누구일까?

이 현상의 충격이 가장 뚜렷하게 드러나는 지점은 아마도 아메리칸드림의 중심 기둥인 내 집 마련일 것이다. 통화가 늘어나면 돈은 가치를 지키고 불릴 수 있는 견고한 자산을 찾아 몰려다닌다. 돈이 가장 먼저 찾아가는 곳은 대개 부동산이다. 집값은 풍선처럼 부풀어 오르는데 월급이 따라가지 못할 때 발생하는 결과는 파괴적이다.

내 집 마련의 꿈이 멀어지는 것을 목격하는 임차인이든, 월급 빼고 모든 것이 오르는 세상에서 허덕이는 중산층이든, 평생 모은 노후 자금에서 나오는 고정 수입으로 더는 해마다 늘어나는 생활비와 세금을 충당할 수 없게 된 은퇴자든 치솟는 집값은 모든 이의 삶을 더 힘들게 만들었다. 규칙을 잘 지키고, 학위를 따고, 괜찮은 직장을 얻고, 신용을 쌓아 온 젊은 세대에게 내 집 마련은 사실상 손이 닿지 않는 꿈이 되었다.[2]

비극적인 현실은 여기에 그치지 않는다. 1980년부터 2010년 사이 출생한 사람들을 총칭하는 MZ세대는 사적인

 모두 학교에서 배웠어야 할 것들　**53**

삶의 영역에서조차 감정적으로 매우 고통스러운 선택을 강요받고 있다. 이들은 급여가 생활비 상승을 따라가지 못하면서 출산 자체를 미루는 선택을 하고 있다. 2020년 미국 합계 출산율은 역사상 최저를 기록했다. 〈월스트리트저널〉은 "팬데믹이 우리 삶에 예기치 못했던 일이 일어날 수 있음을 가르쳐 주기 전부터, 이미 많은 밀레니얼 세대가 재정적 목표를 달성하기 전까지 아이 갖기를 미루는 쪽을 선택했다"라고 보도했다.[3]

나는 이 연구들에 공감한다. 나 역시 오래전부터 가정을 꾸리고 싶었지만, 계속해서 그 꿈을 미뤄 왔다. 수년간의 취재와 부모님의 고통을 지켜보면서 재정적 어려움이 사람들에게, 특히 아이들에게 얼마나 큰 상처를 남기는지 보았기 때문이다. 그래서 나는 가정을 꾸리기 전에 먼저 재정적 안정을 이루어야 한다고 느꼈다.

항상 이랬던 것은 아니다. 얼마나 많은 것이 변했는지 확인하기 위해 커다란 변곡점의 해인 1971년의 상황을 되돌아보자. 1장에서 본 도표를 기억한다면, 당시 미국의 중위 주택 가격은 약 2만 5,800달러였고 중위 가계 소득은 약 1만 300달러였다. 그러니까 소득 대비 주택 가격 비율은 대략 2.5배였다. 이때는 우체국 직원이나 교사와 같이 소박한 임금을 받는 외벌이 가정도 성실하게 돈을 모아 얼마든지 집을 살 수 있었다.

시점을 현재로 돌려 보자. 중위 주택 가격은 41만 달러 이상으로 치솟았는데 중위 가계 소득은 8만 600달러 수준이다. 이제 소득 대비 주택 가격 비율은 5배가 넘는다. 50년 전에 비해 내 집 마련이 2배 이상 힘들어졌다는 의미다.

상황을 더욱 힘들게 만드는 것은 같은 기간 동안 월별 모기지 상환 부담 역시 크게 높아졌다는 사실이다. 지난 10여 년 사이 주택 가격이 치솟았기 때문에 금리가 폭등할 때는 말할 것도 없고, 조금만 이자율이 높아져도 모기지 원리금을 상환해 나가는 것이 엄청나게 힘들어진다. 실제로 2019년과 2024년 사이에 모기지 상환금은 2배 이상으로 올랐다.[4] 이제 집을 사기가 더 힘들어졌다는 의미다.

다시 강조하자면, 오늘날 미국인의 절반 정도에게 내 집 마련의 꿈은 사실상 완전히 손에 닿지 않는 일이 되었다. 임금은 인플레이션을 따라가지 못했고, 물가는 천정부지로 치솟았으며, 달러의 구매력은 계속 떨어지고 있다. 독자들도 이미 그 여파를 체감하고 있을 것이다. 우리가 잘못된 것이 아니다. 이것은 애초에 해답이 나올 수 없는 방정식이다.

수십 년 동안 우리는 해마다 와인에 물을 대략 1년에 7% 정도의 비율로 타 왔다. 몇 방울 정도 탔을 때는 티가 나지 않았을지 모른다. 만일 임금이 통화 팽창의 속도를 따라잡았다면 그나마 버틸 수 있었을지 모른다. 하지만 역시 데이터는 그렇지 못했음을 보여 준다. 솔직히 데이터고 뭐고 우리는 이 사실을 뼛속 깊이 알고 있다. 나의 경우 연봉이 1년에 7%씩 올라 본 적이 단 한 번도 없다. 여러분은 어떤가?

그런데도 물가는 계속 오른다. 우리가 사는 물건이 획기적으로 좋아져서가 아니라, 우리 돈이 약해졌기 때문이다. 예를 들어 집값에 관해 생각해 보자. 오래된 집이 갑자기 넓어지거나, 더 튼튼해지거나, 최첨단 설비를 장착해서 집값이 오른 게 아니다. 다만 시중에 돈이 많아져서 그 집을 살 수 있고, 사려는 돈이 경쟁적으로 몰려서 집값을 밀어 올린 것뿐이다. 설상가상으로 새로 찍어 낸 돈에 가장 먼저 접근할 수 있는 기관들이 미친 듯한 속도로 부동산을 사들였다. 그들이 집을 사들인 이유는 집이 너무 비싸져서 더는 집을 살 꿈도 꾸지 못하는 사람들에게 임대료를 받아 수익을 낼 수 있을 뿐만 아니라, 인플레이션 체제에서 가치를 지키고 불릴 수 있는 드문 자산이기 때문이다.

그 결과 1970년대에 지어진 이후로 리모델링 한 번 안 한 낡은 집들이 지금은 50만 달러에 육박한다. 와인 잔은 이제 '와인 맛 물'로 넘쳐흐르는 지경이 되었다. 본질적으로 집의 가치는 우리가 그 집에서 얻는 것, 즉 가족을 꾸리고 삶을 펼쳐 나갈 공간이라는 사실에서 나와야 한다. 하지만 오늘날 집은 주거 공간인 동시에 투자상품처럼 취급된다. 집값 상승은 흔히 부의 상징이자 똑똑한 재테크의 결과로 칭송된다.

그러나 많은 주택 소유자들의 '수익' 이면의 현실은 좀 더 복잡하다. 일부 지역의 집값이 엄청나게 오른 것은 사실이다. 그러나 통화 공급은 대부분의 주택 가격 상승을 앞지를 정도로 더 빠른 속도로 팽창해 왔다. 그리고 집값이 오르면 부동산세뿐 아니라 주택보험료와 각종 유지, 보수 비용까지 덩달아 상승한다. 많이 오른 집을 팔면 이익을 보지 않겠느냐고 생각하겠지만, 집을 팔고 그 지역을 완전히 떠나지 않는 한 집값이 올라서 얻은 자본을 또 다른 '부풀려진 가격'의 집을 사는 데 쓸 수밖에 없다.

그사이 대형기관을 포함한 부유한 투자자들은 거주 목적이 아닌 투자 목적으로 여러 채의 집을 사들인다. 자금을 안전한 곳에 묶어 두고, 임대료를 받으며, 자산 가치가 오르기를 기다리기 위해서다. 그들은 이런 투자를 통해서 집값을 더 밀어 올리고, 성실하게 일하는 가정들을 밀어내는 셈이다. 한때 아메리칸드림의 주춧돌이던 내 집 마련은 이제 점점 더 적은 사람만 참여할 수 있는 게임이 되었다.

이는 부동산만의 이야기가 아니다. 통화가 팽창하면 주식 같은 다른 자산의 가격도 오른다. 언뜻 보기에는 경제 성장이나 부의 창출처럼 보인다. 그러나 많은 경우 주가 상승은 집값 상승과 마찬가지로 착시에 가깝다. 기업들의 주가가 오르는 이유는 근본적인 가치가 창출되어서가 아니라 인플레이션의 파도를 타고 있기 때문이다. 다른 모든 것들을 왜곡시키고 파괴하는 인플레이션의 파도 말이다.

이것이 냉정한 현실이다. 주택과 주식 시장의 '수익'은 반드시 실질적인 번영의 증거가 아니다. 집을 가진 사람이나 퇴직연금 계좌*가 있는 사람은 숫자만 봐서는 괜찮아 보일 수 있다. 수입과 지출을 겨우 맞춰 가며 버티는 평범한 임금 노동자들에 비하면 분명 사정이 낫다. 하지만 '더 나은' 경우조차 대부분은 통화 팽창의 속도를 간신히 따라잡는 것일 뿐, 진짜 부를 쌓는 것은 아니다.

여러 측면에서 진짜 '최상의 케이스'는 소수의 진짜 부자들에게만 돌아간다. 앞서 언급했듯 부유하고 좋은 인맥을 가진 이들은 새로 만들어진 돈에 가장 먼저, 배타적으로 접근한다. 그들은 상상을 초월하는 규모로 돈을 빌려서 더 많은 자산을 매입할 수 있다. 많은 경우 거의 공짜에 가까운 조건으로 자금을 조달한다.

문제는 몇몇 악의적인 사람들이 시스템을 악용한 결과가 아니라, 시스템 그 자체에 있다. 합법적이지만 근본적으로 비뚤어진 이 시스템은 조용히 가장 적게 가진 사람들에게서 자원을 빼내서 가장 많이 가진 사람들에게 이전시킨다. 그리고 이 모든 일이 복잡한 금융 구조의 미로 속에서 은밀하게 벌어지기 때문에, 사람들은 대부분 무슨 일이 일어나고 있는지

---

*　미국의 개인 은퇴계좌(예: 401(k), IRA 등)를 말하며, 대부분 주식, 채권 등 금융자산에 투자하는 방식으로 운용되므로 주가 상승이 계좌 수익으로 이어진다.

조차 알지 못한다. 다음 장들에서는 이 거대한 장치가 어떻게 작동하는지, 그리고 왜 지금까지 그 실체를 보기가 이렇게 어려웠는지를 살펴볼 것이다.

이 금융 미로에서 가장 중요하지만 가장 제대로 이해되지 않은 측면을 살펴보기 위해, 우리의 경제 상황을 세상에서 가장 유명한 보드게임 중 하나인 모노폴리(Monopoly)*에 비유해 보자. 여러분이 친구들과 모여 앉아 모노폴리 게임을 한다고 상상해 보자. 항상 그렇듯 게임을 시작할 때는 명확한 규칙과 정해진 양의 돈이 주어진다. 플레이어들은 각자 가진 자원을 바탕으로 전략을 세우고, 게임은 예측 가능한 방식으로 굴러간다. 출발점을 지날 때마다 돈을 받고, 땅을 사고, 집과 호텔을 지어 임대료를 통해 수입을 얻는다.

그런데 게임이 절반쯤 진행되었을 때, 은행가가 갑자기 유통되는 돈을 두 배로 늘린다고 상상해 보자. 그런데 그 돈을 모든 게임 플레이어들에게 똑같이 나눠 주는 것이 아니라, 이미 게임에서 가장 많은 부동산을 획득한 사람들에게만 상으로 주는 것이다. 이렇게 하면 순식간에 어마어마한 부의 격차가 생길 것이 뻔하다. 새 돈을 받은 플레이어들은 본래도 앞서가고 있었는데, 이제는 더 강력한 구매력을 갖게 되어 게임

---

*   미국의 대표적인 부동산 보드게임으로, 플레이어가 가상의 돈을 사용해 토지를 사고 건물을 올리며 경쟁하는 방식으로 진행된다. 우리나라의 부루마블 게임과 비슷하다.

이 계속 돌아갈 때마다 더 많은 부동산을 사들일 수 있다.

 "하지만 카드에는 보드워크(모노폴리에서 가장 비싼 부동산)가 여전히 400달러라고 써 있잖아요?"라고 반문할지도 모르겠다. 그러나 현금이 넘치는 두 플레이어가 같은 부지를 원하는 순간, '정해진 가격'은 사실상 입찰의 출발선에 불과해진다. 실제로 플레이어들은 기꺼이, 그리고 얼마든지 표기된 가격보다 훨씬 높은 금액을 제시하게 된다.

 이 비유가 보여주듯, 은행가가 게임판에 새 돈을 쏟아붓는 순간 더 많은 돈이 같은 수의 부동산을 쫓게 되고, 그 결과 이미 유통 중이던 달러의 구매력이 실질적으로 떨어진다. 모든 부동산 가격 중에서도 특히 가장 인기 있는 부동산은 일제히 오른다.

 이 '새 돈 파이프라인'과 전혀 연결되지 않은 플레이어들은 돈이 두 배로 늘어났다는 사실조차 모른 채 게임을 이어 간다. 극도로 불리한 게임을 하는 셈이다. 그들의 승산은 극적으로 낮아지며, 뭘 해도 사실상 구조적으로 따라잡을 수 없게 된다. 물론 정상적인 모노폴리 게임에서도 승자와 패자는 생긴다. 하지만 게임이 제대로 작동하려면 모두에게 같은 규칙이 적용되어야 한다. 은행가가 특정 플레이어에게만 돈을 추가로 주는 것은 말도 안 된다. 그런데 믿기 어렵겠지만 현실 세계에서는 바로 그런 일이 벌어지고 있다. 현실에서는 여러분이 어디에 앉아 있는가에 따라 게임의 규칙이 달라진다.

이렇게 새로 찍어 낸 돈이 범람하고, 흘러넘치는 부가 소수에게 집중되는 현상은 비트코인과 이 책 전체를 관통하는 핵심 명제로 우리를 이끈다.

1. 발행량을 임의로 늘릴 수 있는 돈은 가치를 유지하지 못한다.
2. 인플레이션에서 자유르운 돈만이 부를 지키고 늘릴 수 있다.

그 이유를 이해하기 위해 다시 와인 비유로 돌아가 보자. 와인이 하늘에서 뚝 떨어지듯 저절로 생겨나지는 않는다. 누군가 포도를 재배하고, 수확하고, 복잡하고 정성스러운 과정을 거쳐 더 가치 있는 제품으로 변모시킨 것이다.

마찬가지로 달러든 유로든 위안이든 그밖에 150가지 이상의 다른 통화든, 돈은 우리가 그것을 벌기 위해 들인 시간과 에너지, 노력의 대가를 뜻한다. 우리는 '잔을 채우기 위해' 열심히 일한다. 물을 타지 않은 진짜배기 와인이 채워질 것이라고 믿으면서 말이다. 하지만 누군가가 그 믿음을 깨뜨리는 순간, 모든 것이 달라진다. 우리의 피, 땀, 눈물의 결실이 희석된다.

이것이 마치 경제가 원래 그렇게 돌아가는 방식처럼 느껴질 수도 있다. 그러나 그것은 우리가 지금 이 시대의 경제가 실제로 어떻게 움직이는지 제대로 배우지 못했기 때문일 뿐이다. 현실에는 새로운 돈을 끊임없이 만들어 내며 기존 화폐의 가치를 희석시키는 강력한 메커니즘이 존재한다. 이를 흔히 '돈을 찍어 내는 장치(Money Printer)'라 부르며, 그 영향은 경제의 모든 층위와 구석구석에 깊숙이 스며든다.

3장 요약

사람들은 대개 인플레이션을 단순히 물가 상승으로
이해하지만, 그것은 이야기의 일부일 뿐이다.
이 장에서는 조용히 팽창하는 통화 공급이
인플레이션의 핵심 동력임을 보여 준다.
새로 만들어진 돈은 경제 전반에 고르게 퍼지지 않는다.
주택이나 주식 같은 자산 시장에 먼저 흘러 들어가고,
임금으로 도달하는 것은 가장 나중이다.
이러한 메커니즘 때문에 임금 상승은 집값과 생활비
상승에 뒤처지고 경제적 불평등이 더욱 심화된다.
모노폴리 게임의 비유로 숨겨진 메커니즘이
경제를 얼마나 왜곡하고, 일상의 부를 어떻게
갉아먹는지 알아보았다.
인플레이션은 단순히 경제의 부수적 현상이 아니라
시스템의 본질적 특징이다. 그리고 여러분의 소득과
자산이 통화 공급보다 더 빨리 증가하지 않는 한,
아마도 자신도 모르게 서서히 삶의 기반을 잃고 있을
가능성이 크다.

모두 돈 찍어 내기의 영향을 받는다

"보상을 먼저 보여 달라.
그러면 결과를 보여 주겠다."

— 찰리 멍거(Charlie Munger)

'돈 찍어 내는 장치'라는 말을 들으면 아마 거대한 인쇄기에서 지폐가 끝도 없이 쏟아져 나오는 흑백 뉴스 화면을 떠올릴지도 모른다. 하지만 오늘날의 돈 찍어 내기는 인쇄와는 거의 무관하다. 현대의 돈은 훨씬 더 은밀하고 복잡한 방식으로 만들어진다. 경제 안에서 흘러 다니는 돈은 대부분 디지털 형태로 생성된다. 그리고 그 과정은 중앙은행과 은행 시스템 전체의 관계 속에서 작동하는 불투명한 메커니즘에 의해 이루어진다.

5장에서 우리는 돈을 찍어 내는 이유를 더 깊이 살펴볼 것이다. 지금은 먼저 잘 알려지지 않은 과정이 실제로 어떻게 작동하는지, 그리고 이 과정이 우리가 저축하고, 투자하고,

실질적 부를 쌓는 능력을 어떻게 조용히 갉아먹는지 살펴볼 것이다.

물론 현실은 모노폴리 게임에서 은행가가 현금을 게임 플레이어들에게 한 뭉텅이씩 나누어 주는 것처럼 단순하지는 않다. 그런데 생각보다는 또 그리 다르지도 않다. 새로운 돈이 실제로 어떻게 경제 안에 풀리는지 이해하려면, 우리는 미국의 중앙은행에 해당되는 연방준비제도(Federal Reserve System, 이하 연준), 그리고 연준이 미국 재무부와 상업은행 부문과 맺고 있는 관계를 살펴보아야 한다. 이들의 행동은 대단히 복잡하며 때로는 해석하기 어려울 수 있다. 그런데 이 역학은 우리 사회의 통화 공급에 직접적인 영향을 미치므로 반드시 알아 두어야 한다. 자, 이제 구조를 파헤쳐 보자.

연준은 뉴욕, 보스턴, 필라델피아, 클리블랜드, 리치먼드, 애틀랜타, 시카고, 세인트루이스, 미니애폴리스, 캔자스시티, 댈러스, 샌프란시스코에 있는 12개의 지역 연준 은행으로 구성되어 있다. 적어도 서류상 연준의 설립 목적은 "국가에 더 안전하고, 더 유연하며, 더 안정적인 통화와 금융 시스템을 제공하는 것"이다.[1] 대통령이 지명하고 상원이 인준하는 비선출직인 연준 이사회와 의장의 감독을 받는 연방준비제도는 완전히 민간도, 완전히 정부 기관도 아닌 독특한 중간 지점에 자리한다.

중앙은행이 미국 금융 시스템의 꼭대기에 위치하며, 그 아

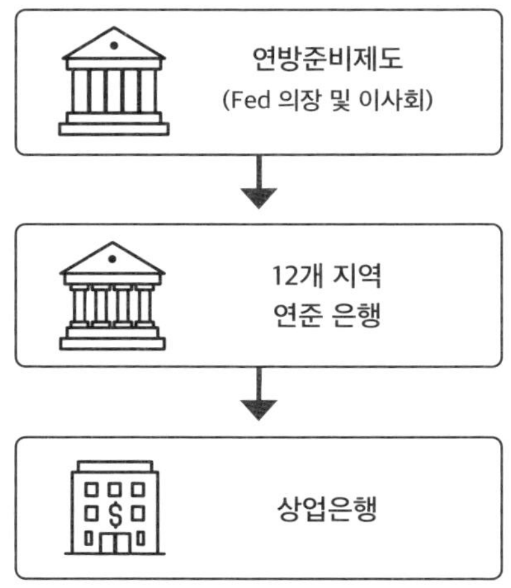

래로 우리가 익히 들어 본 거대 금융기관들(JP모건체이스, 씨티은행, 뱅크오브아메리카, 모건스탠리 등)이 이어진다. 이 은행들은 여러분이 지역 은행에 입출금 계좌를 보유하듯, 연방준비제도에 각자의 계좌를 보유한다. 연준과 상업은행은 독특하고 상호의존적인 관계를 맺고 있다. 곧 보게 되겠지만, 거의 공생적 파트너십에 가깝다.

어느 정당이 워싱턴을 장악하든 상관없이, 연방정부는 늘 세금으로 걷는 것보다 더 많은 돈을 쓴다. 부족분을 충당하기 위해 재무부는 이자를 지급하는 국채(Treasury Bonds)를 발행해 돈을 빌린다. 국채는 일종의 IOU[*]이다. 국채의 개요에 대해 알아보자. 누군가 국채를 산다면 그는 정부에게 돈을 빌려주는 셈이다. 정부는 그에게 미래의 어느 시점에 원금을 갚고, 이자를 지급하기로 약속한다.

예를 들어 만기 10년, 금리 4%짜리 국채를 1,000달러에 구매했다고 하자. 정부는 매년 40달러(1,000달러의 4%)의 이자를 여러분에게 지급한다. 즉 10년 뒤 만기가 되면 원금 1,000달러를 돌려받고, 거기에 더해 10년 동안 총 400달러의 이자를 받을 것이다. 미국 국채는 '미국 정부의 완전한 신뢰와 신용(Full Faith and Credit)'을 담보로 하기 때문에, 지난 한 세기 동안 세계에서 가장 신뢰받는 자산 중 하나로 취급되어 왔다.

그렇다면 누가 국채를 살까? 기관 투자자, 연기금, 해외 정부, 개인 투자자 등 다양한 구매자들이 있다. 하지만 현재 논의에서 가장 중요한 점은 대형 상업은행들이 국채를 반드시 일정 부분 매입해야 한다는 점이다. 이 덕분에 정부는 언제나 자신의 부채를 떠안아 줄 확실한 구매자를 확보하게 된다. 이 은행들은 국채 입찰에 의무적으로 참여해야 하므로, '국채 전문 딜러(Primary Dealers)'라고 불린다.

---

[*] "I owe you"를 소리나는 대로 표기한 것으로 돈을 빌리고 갚겠다는 약속을 서면으로 나타낸 일종의 차용증.

보통은 은행과 투자자들이 이미 보유한 자금(또는 준비금)을 사용해 국채를 산다. 이 돈은 연준 내 재무부 계정으로 들어가고, 그 돈으로 정부는 운영을 계속한다. 이 경우 돈은 민간에서 정부로 이동하고, 새로운 돈은 만들어지지 않는다. 하지만 정부가 발행하는 모든 국채를 시장이 다 사 주지 못할 때, 중앙은행이 개입해 '돈을 찍어 내고' 직접 국채를 매입함으로써 정부가 반드시 부채를 소화할 수 있도록 한다.

이것이 바로 통화 인플레이션이 작동하는 모습이다. 정부는 기존의 준비금이나 저축에서 꺼내 쓰는 대신, 재정의 구멍을 메워 줄 중앙은행의 조정에 의존한다. 오늘날 워싱턴은 과거에 빌린 돈의 이자를 갚기 위해서만 수조 달러를 빌린다. 새로 만든 마스터 카드로 비자 카드 대금을 갚는 격이다. 이런 게임을 무한히 이어 갈 수 있는 주체는 오직 돈을 찍어 내는 장치를 가진 정부뿐이다.

이러한 조치들은 결국 시스템 전반에 새 돈을 흘려보내는 효과를 내며, 그 과정은 모노폴리에서 은행가가 새 현금을 기존 부동산 보유자에게 쥐여 준 것만큼이나 '가진 자'에게 유리하게 기울어져 있다. 시간이 흐를수록, 돈을 찍어 내는 행위는 우리 모두의 모든 것을 더 비싸게 만든다. 요컨대 매우 실제적인 우리의 시간을, 누군가는 허공에서 만들어 낼 수 있는 것과 맞바꾸고 있는 셈이다.

그리고 이야기는 거기서 끝나지 않는다. 이어지는 장에서 보겠지만, 초안전 자산인 미 국채는 미국 경제를 지탱하는 닻임과 동시에 세계 전체 금융 시스템을 그 아래에서 고정하고 있는 뿌리이기도 하다. 연준, 상업은행, 미 재무부가 게임의 플레이어라는 점을 알았다면 이제 게임의 규칙을 살펴볼 차례다. 통화를 창출하는 일은 잘 짜여진 팀 작업으로 이뤄진다. 연준은 새 달러를 공급하고, 은행은 대출을 통해 그것을 한 번 더 증식시키며, 금리 정책은 전체 과정을 어떤 속도로 굴릴지 조절한다. 이제 각 단계를 하나씩 풀어 보자.

연준은 어떻게 허공에서 새 달러를 만드는가?

연준은 두 가지 공식 임무를 가지고 있다. 바로 물가 안정과 최대 고용이다. 하지만 비공식적 세 번째 임무도 조용히 수행한다. 바로 국채 시장의 유동성 유지다. 수백조 달러 규모의 금융의 중심축이 멈춰 서기라도 하면 다른 모든 우선순위는 물론이고, 광범위한 경제 전체가 함께 흔들리기 때문이다.

민간 투자자들이 국채를 충분히 사 주지 않을 때 연준이 직접 나선다. 금고를 뒤지거나 다른 중앙은행에 전화를 걸어 돈을 빌려달라고 사정한다는 뜻이 아니다. 연준의 담당자가 컴퓨터를 켜고, 특정 상업은행의 준비금 계좌 숫자를 더 크게 입력할 뿐이다. 키보드 타건 몇 번이 그 자리에서 새로운 디지털 달러를 만들어 낸다.

모두 돈 찍어 내기의 영향을 받는다　　**69**

대가로 연준은 은행이 가진 국채 일부를 자기 장부로 편입한다. 요컨대, 은행이 실제 돈을 주고 샀던 국채를 연준이 허공에서 만들어 낸 돈으로 되사는 것이다. 은행은 새 현금을 가지고 고객들에게 더 많은 대출을 내주거나 투자할 수 있고, 채권 가격은 안정되며, 시스템 전체는 다시 부드럽게 작동한다. 세금을 더 걷을 필요도 없다. 연준이 키보드 몇 번만 두드리면 된다. 믿기 어렵겠지만, 여러분이 제대로 읽은 것이 맞다.

연방준비제도는 문자 그대로 은행의 대차대조표의 숫자를 실제로 바꾸는 식으로 허공에서 새로운 돈을 만들어 낼 수 있다. '양적완화(Quantitative Easing)'라고 불리는 이 조치는 팬데믹 대응 과정에서 전례 없는 규모로 시행됐다. 그 결과가 바로 통화 공급의 급증이었다. 금융시장이 흔들리거나, 경제 성장이 둔화하거나, 위기가 닥치면 이 메커니즘은 어김없이 작동한다. 다시 강조하자면 오늘날 유통되는 미 달러의 거의 40%는 코로나19 팬데믹 이후에 새로 만들어졌다.

이 새 달러들은 성실한 노동, 혁신, 생산성의 결과물이 아니다. 버튼 한 번으로 순식간에 생성되어 시스템 속으로 흘러 들어갔을 뿐이다. 이것은 마치 연준이 자기 네트워크 안의 상업 은행들에게 이렇게 말하는 것과 같다. "자, 제가 지금 여러분의 준비금 계정에 새 달러를 쏘았습니다. 대신 그만큼 여러분이 갖고 있던 옛 국채를 회수했고요. 이제 현금을 들고 나가서 팍팍 쓰세요!" 정말로 그 정도로 단순하다. 《돈을 찍어내는 제왕, 연준》의 저자 크리스토퍼 레너드(Christopher Leonard)[2]는 이렇게 묘사한다.

> 뉴욕 연준 은행의 한 트레이더가 JP모건체이스와 같은 국채 전문 딜러에게 전화를 걸어 '국채 80억 달러어치를 사겠다'고 제안한다. JP모건은 그 국채를 연준 트레이더에게 판다. 그러면 연준 트레이더는 키보드를 몇 번 두드린 뒤, 모건의 담당자에게 '준비금 계좌를 확인해 보라'고 말한다. 짠! 연준은 바로 허공에서 80억 달러를 즉석에서 만들어 준비금 계좌 안에 집어넣고 매입 대금을 지불했다. 모건은 그 돈을 가지고 다시 더 넓은 시장에서 자산을 사들일 수 있게 되었다. 이것이 바로 연준이 돈을 만드는 방식이다. 국채 전문 딜러로부터 무언가를 사들이고, 그 대금은 그들의 준비금 계좌 안에 새 돈을 찍어 넣는 방식으로 지급하는 것이다.

정부와 은행에는 그야말로 최고의 거래다. 정부는 자기 빚(국채)을 사 줄 보장된 구매자를 즉시 확보해 수요를 끌어올리고 금리를 낮출 수 있다. 한편, 은행은 넘쳐 나는 현금으로 더 많은 채권을 사고 더 많은 대출을 내줄 수 있게 된다. 여기서 이어지는 질문은 이것이다.

은행은 일반 대출로 어떻게 또 한 번 새 돈의 파도를 만드는가

이야기가 여기서 끝난다고 해도 충분히 나쁠 것이다. 연준과 가까운 대형 은행들이 허공에서 만들어진 돈으로 국채를 사는 동안, 다른 모든 이들의 돈은 가치가 떨어지는 셈이니까. 하지만 이야기는 여기에서 끝나지 않는다. 은행은 이 특권을 활용해 일반적인 대출을 통해 돈을 한 번 더 증식시킨다.

여러분이 집을 사기 위해 25만 달러의 모기지 대출을 받는다고 상상해 보자. 대부분의 사람들은 은행이 자신의 준비금에서 돈을 꺼내 빌려준다고 생각한다. 마치 친구가 100만 원을 빌려주면 친구의 통장 잔고가 그만큼 줄어드는 것처럼 말이다. 하지만 실제로는 그렇지 않다. 은행은 그 금액을 여러분의 계좌에 입금해 줄 뿐이며, 어디선가 동일한 금액을 차감하지는 않는다. 다만 대출액의 극히 일부만을 준비금으로 보유할 뿐이다. 이를 '부분지급준비금 제도'라고 부른다. 뒤에서 더 자세히 다루겠지만, 대출이란 '돈을 옮기는 행위'가 아니라 '돈을 만드는 행위'라는 점이 핵심이다.

따라서 은행이 여러분에게 25만 달러를 대출해 주기 위해서 은행은 준비금으로 2만 5,000달러(보통 10%)만 보유하고 있으면 된다. 그렇다면 준비금은 어디에서 온 것일까? 연준의 돈 찍어 내는 장치에서 곧장 빠져나온 돈이다. 이런 사이클이 돌고 또 돌아간다. 대출 사이클이 1회 돌아갈 때마다 경제 안으로 흘러 들어가는 돈의 공급은 몇 배로 불어난다. 마치 우리의 와인 잔에 물을 타듯, 가치의 희석이 가속된다. 이처럼 연준이 시작한 돈 찍어 내기의 영향이 기하급수적으로 증폭하는 현상을 '승수 효과(Multiplier Effect)'라고 한다.

준비금이 새 대출로 바뀌고, 그 대출은 다시 새 돈(그리고 또 다른 대출)을 낳는다. 사이클은 자기 자신을 먹여 살리며 굴러간다. 그리고 우리 대부분은 운 없던 모노폴리 플레이어들처럼 물가 상승이라는 형태로 그 대가를 치르게 된다.

그뿐만이 아니다. 이 연쇄 반응 전체를 좌우하는 또 하나의 강력한 힘이 있다. 이 '세 번째 도구'는 돈을 직접 만들지는 않지만, 돈의 흐름을 깊숙이 지배한다. 바로 금리다. 금리는 시스템 전체의 수도꼭지처럼 작동하여 인플레이션의 속도와 파급력을 곧장 바꿔 놓는다.

돈 찍어 내기의 액셀과 브레이크가 되는 금리

연준은 금리를 통해 돈의 가격을 정한다. 돈을 빌리기 쉽게 만들 수도, 비싸게 만들 수도 있다. 연준이 금리를 내리면 은행은 더 낮은 비용으로 자금을 조달할 수 있고, 그만큼 대출을 더 많이 내준다. 늘어난 대출은 유통되는 달러를 늘린다. 또한 모기지, 자동차 담보 대출, 신용카드의 금리도 낮아진다. 목표 금리를 올리면 모든 것이 반대로 돌아간다. 차입 비용이 올라가고, 은행은 대출을 줄이고, 새 돈의 흐름은 둔화

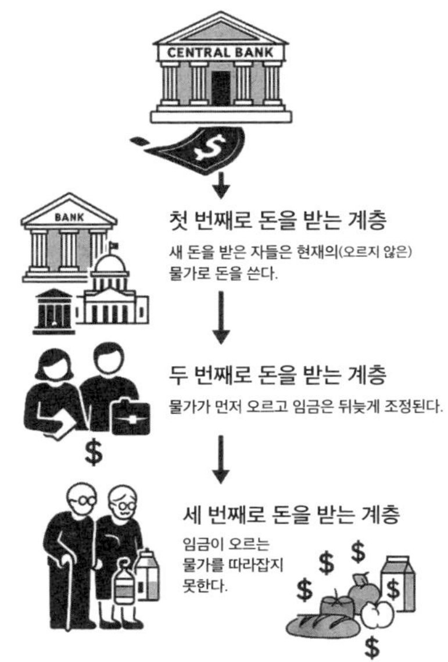

된다. 그 결과, 과열된 경제가 식으면서 동시에 성장도 함께 위축된다.

결론은 분명하다. 연준은 금리라는 다이얼을 올리고 내리는 방식으로, 돈을 직접 주입하지 않고도, 은행과 차입자들이 대출을 통해 돈을 창출하거나 혹은 거둬들이도록 강하게 유도할 수 있다. 마치 수도 밸브를 열고 닫는 것과 흡사하다. 이처럼 금리를 통해 간접적으로 통화량을 늘리거나 줄이는 능력은 연준이 경제의 방향을 조종하는 데 사용하는 중요한 도구 중 하나다.

이제 지난 몇 장에 걸쳐 논의해 온 역학의 핵심으로 들어갈 차례다. 모노폴리 게임에서 은행가가 앞선 플레이어들에게만 나눠 준 새 지폐처럼, 모든 새 돈은 사회의 '가진 자'에게 먼저 도달한다. 자산 보유자와 월스트리트 트레이더는 새 돈으로 경쟁하듯 주식과 부동산을 사들여 가격을 끌어올린다. 그리고 그 여파는 뒤늦게 일상의 물가로 번진다. 그러면 나머지 사람들은 허공에서 만들어진 달러의 결과를 따라잡기 위해 고통스럽게 허덕인다.

이번에는 상황을 다른 방식으로 비유해 보자. 금융 시스템을 밭이나 땅이 계단처럼 층이 진 산이라고 상상해 보자. 산의 정상에 연준의 돈을 찍어 내는 장치가 자리 잡고 있다. 이 장치는 버튼 한 번이면 새 돈을 뿜어낼 수 있다. 여기에서 흘러나온 돈은 정상 바로 아래층에 옹기종기 모여 있는 대형 은행들로 곧장 흘러간다. 그다음 은행들은 새 돈을 그들의 최우량 고객인 대기업, 월스트리트 금융기업, 고액 자산가에게 신속히 빌려준다. 그러면 그들은 곧장 주식, 채권, 각종 사업체와 같은 자산을 사들인다.

그 아래 다음 층, 이를테면 우리가 좋아하는 동네 맛집과 같은 일반 가게와 소상공인들에 도달할 즈음에는 물줄기가 확 줄어든다. 찍어 낸 돈은 이들에게도 흘러내리지만, 위층 사람들의 활동으로 촉발된 가격 상승 때문에 구매력은 이미 깎인 뒤다. 이들은 자금력도 크고 은행에서 보기에 신용 리스

크도 낮은 위층 사람들과 도저히 경쟁할 수가 없다. 그들은 게임의 규칙상 새 돈을 받아서 물가가 오르기 전에 이미 써 버릴 수 있기 때문이다.

돈의 물줄기가 산의 가장 아래층(가장 소득이 낮은 계층)에 닿을 무렵이면 이미 돈의 파도는 꺼져 버리고 물결의 흔적이나 보일까 말까 하는 정도이다. 모든 것이 더 비싸졌는데, 임금은 여전히 뒤처진다.

이것이 바로 새 돈이 만들어지고 불균등하게 배분될 때 금융 시스템에서 벌어지는 일이다. 만일 여러분이 뭔가 뒤처지는 느낌이 든다면 실제로 뒤처지고 있기 때문이다. 경제학자들은 이 현상을 '캉티용 효과(Cantillon Effect)'라고 부른다. 돈 찍어 내는 장치에 가까이 있는 이들이 새 돈에 가장 먼저 접근해 가격이 오르기 전에 가치 있는 자산을 사들이고, 뒤에선 나머지 사람들이 후폭풍을 떠안는 현상을 가리킨다.

이것은 단지 분통 터지고 불공정한 문제가 아니다. 칼 아이칸이 말한 '시스템의 구조적 문제'이다. 부의 집중화의 끝없는 되먹임 고리 속에서 부자가 계속해서 더욱 부자가 되는 시스템 자체의 문제 말이다. 지난 수십 년 동안 돈 만들기는 일상적 관행이 되어 버렸다. 크리스토퍼 레너드는 "연준이 가진 단 하나의 초능력은 새 달러를 만들어 은행 시스템에 주입하는 능력"이라고 꼬집었다.[3]

결국 이것이 통화 인플레이션이라는 '숨은 세금'이다. 돈을 받는 것은 은행인데, 결국 그에 대한 값을 치르는 것은 우리이기 때문이다. 상점의 계산대 앞에서, 매달 나가는 월세에서, 점점 멀어져 가는 내 집 마련의 꿈에서 우리는 그 비용을 대신 치른다.

이것은 의회에서 공개 토론되지도, 표결에 부쳐지지도 않으며, 월급 명세서의 공제 항목으로 표시되지도 않는 세금이다. 그러나 세금이 정부에 반드시 납부해야 하는 돈을 뜻한다면, 이 원치 않는 부담은 세금의 정의에 정확히 들어맞는다. 결국 우리에게는 정부가 지출을 충당하기 위해 만든 통화 인플레이션의 비용을 떠안는 것 외에 다른 선택지가 없다. 이것은 간접적이지만 분명히 피할 수 없는 세금이다.

돈을 풀면 실제 경제 활동을 자극하는 것은 맞다. 집이 지어지고, 차가 팔린다. 그러나 새 상품을 생산하는 데는 시간이 걸리지만, 돈을 찍는 일은 거의 즉각적이다. 어느 순간이든 땅, 식량, 주택, 원자재의 양은 한정되어 있다. 키보드를 몇 번 두드려 돈을 더 만들어 낼 수는 있지만, 그렇다고 집이 바로 생겨나지는 않는다. 모노폴리 게임의 부동산처럼 쓸 수 있는 돈의 공급이 늘어나는데 실제 물건의 공급이 일시적으로라도 제한되어 있으면 물건들의 가격은 점점 비싸진다.

사모펀드(Private Equity)

이러한 역학이 특히 두드러지게 눈에 띄는 영역이 바로 사모펀드다. 사모펀드는 상장 기업의 주식을 매수하는 것과 비슷한 방식으로 아예 회사를 통째로 매입하는 투자 그룹을 말한다. 사모펀드는 기업 매입에 들어가는 비용을 주로 부채로 충당한다. 차입 자금으로 회사를 사들인 뒤, 부채를 피인수 회사의 장부로 떠넘기기도 한다. 어떤 경우에는 회사 소유 부동산을 따로 매입해 회사에 재임대하기도 한다. 그런 다음 사모펀드의 경영진은 단기 수익을 극대화하기 위해 여러 가지 방법을 활용한다. 인력을 감축하고, 재고를 축소하며, 비용 절감을 위해 유지보수를 미루기도 한다. 나중에 회사를 매각할 때 사모펀드의 출구 전략에 따라 회사의 부동산, 브랜드 권리, 장비 같은 자산을 조각조각 떼어 내서 팔기도 한다. 그 과정에서 사모펀드는 매각 이전에도 회사 자금으로 자신들에게 배당을 지급한다.

대표적인 사례가 토이저러스(Toys "R" Us)이다. 2005년, 세 곳의 대형 사모펀드가 이 유통업체를 약 66억 달러 규모의 차입매수(LBO; Leveraged Buyout)* 해서 비상장화했다. 66억 달러 중 약 50억 달러가 부채로 조달됐다. 그 결과, 회사는 막대한 이자 비용, 인력 축소, 매장 투자 지연에 시달리는 동안, 새 소유주들은 수수료**와 배당을 챙겼다. 2017년 토이저러스는 파산을 신청하며 수백 개 매장을 닫고 수만 명의 직원을 내보냈다. 브랜드는 이후 새 주인 아래 살아남았지만, 사모펀드 주도의 구조조정이 남긴 것은 문을 닫은 상점들, 직업을 잃은 근로자들, 그리고 그 결과를 떠안은 지역사회였다. 이 사례는 부채에 의존한 기업 인수가 초래할 수 있는 지속적 상흔을 극명하게 보여 준다. 핵심은 분명하다. 과도하게 풀린 돈은 결국 다른 모든 곳에서 결핍을 만들어 낸다.

경제 전체는 심하게 왜곡되었다. 우리는 오래전 규칙이 무너진 모노폴리 게임에 갇혀 있다. 현대 통화 시스템을 움직이는 엔진은 늘어나는 부채와 멈추지 않는 성장을 연료로 삼는다. 너무 뜨겁게 달아오른 엔진은 위험하다.

한때 부채는 성장을 위한 신중한 도구였으나 지금은 생존의 수단이다. 개인도 사회도 이제는 빚 없이는 돌아가지 않는다. 우리는 지갑 속의 신용카드들의 한도를 꽉꽉 채워서 쓰

---

* 인수하려는 회사의 자산이나 미래 현금 흐름을 담보로 대규모 차입을 일으켜 해당 회사를 인수하는 기법.

** 여기서 말하는 수수료는 사모펀드가 인수한 회사에 관리, 감독, 자문의 명목으로 부과하는 내부 수수료를 뜻한다. 회사 자금이 소유주인 사모펀드로 흘러가는 구조다.

고, 그 결과는 미래의 나에게 미루며 그저 잘 풀리기만을 바란다. 현재 기준으로 미국의 신용카드 부채는 사상 최고치를 경신 중이며, 꺾일 조짐이 없다. 마찬가지로 우리 경제의 산꼭대기에 있는 상상을 넘어서는 규모의 돈 찍어 내는 장치는 경제가 돌아가기 위한 필수 요건으로 자리 잡았다.

모든 자극제가 그렇듯, 새 돈을 경제의 혈관에 주입하면 생산성이 오르는 것은 사실이다. 혈액순환이 원활해지면서 돈이 경제 전반을 통과하는 동안 주택 단지가 들어서고, 다리가 놓이고, 회사가 세워진다. 문제는 이 자극제가 중독성 약물과 비슷하게 작용한다는 점이다. 같은 효과를 내기 위해서 점점 더 큰 용량이 필요해진다. 돈 찍어 내는 장치에 대한 의존에서 탄생한 오늘날의 보편적 경제 시스템은 수십 년간 놀라운 속도의 성장을 이루었다. 그러나 모든 중독이 대가를 치르듯, 이 역시 값비싼 대가를 요구했다.

더구나 이 시스템은 우리 삶을 더 쉽게 만들어야 할 힘과 역행해서 나아간다. 기술 기업의 경영자인 제프 부스(Jeff Booth)[*]가 지적했듯, 기술의 발전은 본래 상품 가격을 낮춘다. 기술이 발전함에 따라 우리는 더 적은 비용으로 더 많은 것을 얻게 되고, 모두의 생활 수준이 높아져야 한다.

---

[*] 캐나다 출신의 기술 스타트업 기업가이자 저술가. 여러 기업을 운영했고, 《미래의 가격》과 같은 저서를 썼다.

하지만 부채에 의존하는 시스템은 가격 하락을 견디지 못한다. 그래서 우리는 디플레이션의 선물을 받아들이는 대신, 인플레이션을 유지하기 위해 부채를 더 늘리는 길을 선택한다. 오늘날 운명은 우리가 사회에 기여하는 실력, 노력, 가치가 아니라 돈 찍어 내는 장치와 얼마나 가깝거나 먼지에 의해 좌우된다.

사람들이 이길 가망이 없는 게임을 하고 있다는 사실을 깨닫기 시작하면 머지않아 사회적 불안정이 뒤따른다는 것을 역사가 말해 주고 있다. 자동차의 대중화 시대를 연 헨리 포드(Henry Ford)가 했다고 전해지는 말이 있다. "민중이 은행과 통화 시스템을 잘 알지 못하는 것이 다행이다. 그들이 안다면 당장 오늘 밤에 혁명이 일어날 것이다."

시위대가 자본주의와 과두제(Oligarchy)*에 항의할 때, 그들이 겨누는 것은 자본주의 자체의 결과라기보다, 고장 난 돈이 왜곡시킨 시스템의 증상들이다. 경제는 싼 부채, 이면의 거래, 키보드 몇 번으로 창출되어 내부자에게만 혜택을 주는 돈이 얽히고설킨 구조다.

다행히도 우리가 고를 수 있는 선택지가 무지와 혁명, 단 둘만은 아니다. 새로운 투자를 다시 진정한 저축과 정직한 위험 감수와 결부시킨다면, 갏은 문제들이 자연스럽게 스스로

---

* 소수의 사회 구성원들에게 권력이 집중된 정부 또는 정치 체제의 형태.

교정되기 시작할 것이다. '통치자 없는 규칙'의 탈중앙 시스템인 비트코인이 어떻게 망가진 화폐 시스템을 고치고, 방해받지 않고 저축하며 부를 일구어 나갈 수 있는 능력을 되돌려주는지 제대로 이해하려면, 처음으로 돌아가야 한다. 우리는 일단 돈이란 진짜 무엇인지부터 알아야 한다.

4장 요약

돈 찍어 내기란 연준이 디지털 달러를 만들어
은행 시스템으로 흘려보내고, 그것이 다시 대출과
자산 매입을 통해 실물 경제로 번져 가는 과정을 뜻한다.
이 과정은 돈의 근원에 가까이 있는 은행, 기업,
부유한 투자자에게 혜택을 준다. 그들은 새로 만들어진
돈을 가지고 물가가 오르기 전에 자산을 사들인다.
우리와 같은 나머지 사람들은 후폭풍을 맞는다.
주택, 상품, 서비스 등 모든 것의 가격이 오르는데,
소득은 그만큼 오르지 않는다. 이는 우연이 아니다.
캉티용 효과라 불리는 시스템에 내장된 특징이다.
돈 찍어 내기는 우리의 저축과 임금의 가치를 갉아먹으
면서 조용히 부를 사다리의 위쪽으로 집중시킨다.
이와 같은 통화정책의 구조적 특징은 경제의
상수가 되어서 보상 체계를 왜곡하고 부채 의존을
강화한다. 그동안 진정한 성장의 도구인 저축, 투자,
창업은 점점 변두리로 밀려난다.
현대 통화 시스템은 다수로부터 소수로 부를 재분배한
다. 새 돈의 근원에 가까운 이들이 먼저 이익을 챙기고,
나머지 모두는 인플레이션이라는 숨은 세금을 치른다.

모두 돈을
필요로 한다

"금은 돈이다.
그 밖의 모든 것은 신용일 뿐이다."

— *J. P. 모건*(J. P. Morgan)

돈은 단순히 우리의 계좌 안에 들어 있는 무언가가 아니다. 돈은 인류 역사의 상당 부분을 움직여 온 동력이기도 하다. 돈을 공부한다는 것은 곧 인간 자체를 공부하는 일이다. 제국의 흥망성쇠, 경제의 밀물과 썰물, 그리고 모든 배후의 권력 다툼을 들여다보는 일이다. 시간이 흐르면서 돈은 세 가지 분명한 기능을 맡아 왔다.

1. 교환의 매개체: 물물교환 없이 물건을 사고팔 수 있게 한다.

2. 계산 단위: 가격을 매기는 표준을 제공한다.

3. 가치 저장 수단: 미래를 위해 저축할 수 있게 한다.

우리가 매일 쓰는 돈의 물리적 또는 디지털 형태인 통화는 교환의 매개체로서는 잘 작동하지만, 가치 저장 수단으로서는 대체로 실패했다. 오늘 1달러로 커피 한 잔을 살 수 있을지 모른다. 그러나 1달러를 몇 해 동안 가지고 있어도 구매력이 보존되지는 않는다. 미래에 같은 커피를 사려면 더 많은 달러가 필요할 것이다. 우리의 통화는 시간이 지날수록 가치를 지키기는커녕 서서히 잃어 가며, 실질적 가치 기준으로는 점점 덜 남게 만든다.

이 책에서는 돈의 기능 가운데 가치 저장 수단에 주로 초점을 맞춘다. 이는 비트코인의 가장 중요한 용도이기도 하다. 폴란드에서 이민 온 부모님은 나와 오빠에게 저축이 불확실한 미래로부터 자신을 보호하는 방법이라고 분명히 가르쳐 주셨다. 투자가 선택지조차 아니었던 공산주의 아래에서는 생산수단이 국가의 통제 아래 있었고, 모두가 그저 하루하루 먹고살 만큼만 벌었다. 사람들이 재산을 축적해 '앞서 나가지' 못하도록 설계된 체제였다. 그런 정치·경제적 환경에서 최소한의 재정적 안전이라도 쌓으려면 사람들은 영리하고 때로는 위험한 우회로를 찾아야 했다.

그때의 교훈이 내게 깊이 남았다. 나는 돈을 공부하면서 저축을 일종의 '금융의 배터리'로 생각하게 되었다. 노동의 열매(일)를 통해 얻은 가치를 미래에 쓸 수 있도록 보존하는 방식으로 저장하는 것이다. 필요할 때까지 에너지를 담아 두듯, 돈도 우리가 준비될 때까지 우리가 만들어 낸 경제적 에너지(가치)를 간직해야 마땅하다. 하지만 인플레이션은 근면과 절약만으로는 부를 쌓을 수 없게 만들었다. 이제는 그저 제자리걸음이라도 하려면 뭔가에 투자해야 한다.

인플레이션은 시간이 지나며 돈의 가치를 갉아먹기 때문에 돈의 가치가 가장 높은 '지금' 가능한 한 빨리 써 버리도록 우리를 유인한다. 단기적인 소비를 멀리하는 원칙이 의미를 갖기 위해서는 돈의 가치가 장기적으로 유지되거나 심지어 증가해야 한다.

많은 사람이 저축하지 못하는 데 대해 은밀한 수치심을 느낀다. 그러나 그럴 필요가 없다. 저축을 불가능하게 만들고, 심지어 비합리적으로 만들어 버리는 거대한 힘이 작동하고 있기 때문이다. 문제는 우리 자신이 아니다. 문제는 돈에 있다.

역사를 통틀어 돈으로 쓰였던 어마어마하게 다양한 사물들은 가치 저장 능력 측면에서 엇갈린 성적표를 내놓았다. 이 유물들을 들여다보면 세계 곳곳에서 다양한 문화의 우선순위와 가치(각 문화의 지리적 위치, 조건, 의례, 위계와 통치 방식)를 엿볼 수 있을 뿐 아니라, 돈 자체의 본질적 속성도 이해하기 시작한다. 조개껍데기, 구슬, 소금, 심지어 이빨*까지 우리가 상상하는 것들 대부분이 화폐로 쓰여 왔다.

공급을 비교적 쉽게 늘릴 수 있어 시간이 지날수록 가치가 떨어지는 구슬, 조개, 소금 같은 돈을 '약한 화폐(Easy Money)'라고 부른다. 친숙하게 느껴지지 않는가? 반대로 훨씬 만들기 어렵고 시간이 지날수록 가치를 보존하는(심지어 증가시키는) 경향이 있는 금과 은 같은 돈을 '강한 화폐(Hard Money)'라고 부른다. 우리의 역사에서 금(그리고 금으로 뒷받침된 달러)은 강한 화폐의 왕좌를 지켜 왔다. 하지만 우리는 곧 왕좌의 자리를 넘볼 도전자를 만나게 될 것이다.

금은 수천 년 전부터 가치 저장 수단이자 교환의 매개체로 두각을 나타냈고, 결국 전 세계 통화 체제의 기준점이 되었다. 왜 그런지 이해하기 위해서 강한 화폐의 구체적 속성을 간단히 살펴보자. 우선 '좋은 화폐'의 중요한 특징 중 하나는 내구성(Durability), 즉 시간의 흐름을 견디는 능력이다. 썩거나 녹슬거나 그밖에 다른 방식으로 변질되는 물질은 돈으로 쓸 수 없다. 금은 시간이 흘러도 손상되지 않는다.

또한 좋은 화폐는 대체 가능하고(Fungible)과 분할 가능해야(Divisible) 한다. 대체 가능하다는 것은 화폐의 개별 단위가

* 문자 그대로 동물의 이빨을 뜻한다. 특히 고래 이빨(Tabua)은 피지에서 결혼, 동맹, 보상 등 중요한 거래에 쓰였고, 상아와 멧돼지 이빨 역시 여러 지역에서 가치 저장 수단으로 쓰였다.

서로 완전히 교환 가능하다는 의미이다. 표준화된 동전이 그 예이다. 미국의 5센트 동전(니켈)은 어느 것이나 다른 5센트 동전과 같다. 또한 돈을 가지고 집과 자동차부터 책이나 초콜릿 바에 이르기까지 다양한 가격대의 물건을 살 수 있어야 한다. 금은 녹여서 다양한 크기의 금괴나 주화로 만들 수 있고, 그 가치에 맞게 거래할 수 있다.

좋은 화폐는 또한 휴대 가능해야(Portable) 한다. 이것은 돈의 매우 중요한 특징으로, 전 세계 금융 시스템의 진화에 큰 영향을 미쳤다. 금은 소량일 때는 휴대하기가 쉽다. 중세 사람들이 끈으로 묶는 주머니에 든 금화를 거래하는 모습이나, 스크루지가 자신이 모아 둔 금덩어리들을 탐욕스럽게 세는 장면을 떠올려 보자. 그러나 금이 대량이 되면 무겁고, 이를 지키기 위한 보안 비용이 많이 든다. 따라서 장거리 무역이나 대규모 거래에서 금은 비효율적이고 너무 비싸다.

좋은 화폐에는 시장성(Salability)도 필요하다. 얼마나 다른 가치와 잘 교환되는지(Exchangeable), 즉 얼마나 쉽게 팔거나 교환할 수 있는지의 척도다. 시대와 지역을 막론하고 금을 사려는 사람은 늘 있었다. 높은 시장성과 환금성은 금의 가장 강력한 장점 가운데 하나다.

마지막으로 좋은 화폐는 희소해야(Scarcity) 한다. 희소성을 마지막에 언급하는 이유는 매우 중요한 요소이기 때문이다. 희소성은 고장 난 화폐의 핵심 문제를 가리키고, 비트코인의 본질적 특징과도 맞닿아 있다.

예컨대 금이 신뢰할 만한 가치 저장 수단의 지위를 유지해 온 것은 자연적 희소성 덕분이기도 하다. 수요가 늘어난다 해도 더 많은 금을 채굴하는 일은 물리적, 환경적, 물류적 제약 때문에 어렵고 느리다. 그 결과 금의 연간 인플레이션율(금의 총공급량이 늘어나는 속도)은 수요 변동과 무관하게 대체로 연 1.5~2% 수준으로 안정적으로 유지된다.

좋은(강한) 화폐의 여섯 가지 속성

내구성	휴대성	대체 가능성
환금성	희소성	분할성

이제 좋은 화폐의 전제 조건을 확인했으니 한 걸음 물러서서 돈이 그 조건을 충족하지 못할 때 어떤 피해가 생기는지 살펴보자. 금이 세계에서 가장 강한 화폐로 군림하기 전, 인류는 앞서 언급한 조개껍데기, 구슬, 이빨 같은 다른 형태의 돈을 썼다. 이들은 금처럼 썩지 않았고, 옷이나 장신구에 엮어서 멀리까지도 쉽게 휴대할 수 있었으며, 완전히 똑같지는 않아도 크기와 무게가 어느 정도 균질했다. 사람들은 서로 다른 가치를 지닌 물건을 사고팔 때 그 가치에 따라 더 많거나 더 적은 조개나 이빨을 지불할 수 있었고, 그것들은 대부분의 문화권에서 널리 선호되어 쉽게 교환됐다.

그리고 무엇보다 이들은 상당한 희소성도 갖추고 있었다. 곧 이어지는 예에서 보듯, 더는 희소하지 않아지게 될 때까지는 말이다.

사이페딘 아모스(Saifedean Ammous)는 《달러는 왜 비트코인을 싫어하는가》에서 서아프리카 사람들이 수 세기 동안 작은 장식용 유리구슬인 '애그리 비즈(Aggry beads)'를 유용한 화폐로 사용했던 이야기를 들려준다.[1]

이 체제는 16세기에 유럽의 탐험가와 상인 들이 도착할 때까지는 꽤 잘 작동했다.[2] 유럽인들은 곧 기회를 포착했다. 자신들의 진보된 기술로 구슬을 값싸게 대량 생산해 아프리카에서 물자와 자원을 사들이는 데 쓰기 시작한 것이다. 처음에는 아프리카 경제에 '새로운 돈'이 유입되고 있다는 사실을 아무도 눈치채지 못했다. 사람들은 그저 여전히 귀한 구슬을 계속해서 거래에 사용했을 뿐이다.

하지만 시장에 쏟아져 들어온 구슬이 너무 많아지자, 가치가 폭락하기 시작했다. 오랫동안 '좋은 화폐'로 기능하던 것이었지만, 공급이 극적으로 부풀려지는 순간 구슬은 약한 화폐로 전락했다. 구슬은 어디에나 널려 있었고, 값어치는 점점 낮아졌다.

이것이 단지 오랫동안 유지되던 화폐 체제의 불운한 결말에 그쳤다면 학술적 관심사 정도로 남았을지 모른다. 그러나 유럽인들이 화폐 공급 자체를 장악하고 확대할 수 있었기 때문에, 아프리카 사람들의 부를 사실상 그들 손에서 유럽인의 손으로 이전시켜 버렸다. 구슬을 더 많이 '찍어 내는' 일은 아프리카의 사람들로부터 아프리카의 풍부한 자원을 뽑아내는 결과로 곧바로 이어졌다.

전 세계 어디서나 사람들이 자신의 노동의 성과를 가치가 훼손되지 않는 형태의 돈으로 저장할 수 있는지(혹은 없는지)는 그들의 삶에 지대한 영향을 미쳐 왔고, 더 나아가 역사의 흐름 자체를 형성해 왔다.

어떤 형태의 돈이든 공급량을 늘릴 수 있다면(새로운 공급원을 발견하거나 기계적으로 복제할 수 있다면) 그것은 저장 수단으로서 역할을 제대로 하지 못한다. 누군가는 언제나 그것을 더 채굴하거나, 더 주조하거나, 더 인쇄할 유인을 갖게 된다. 그럴 능력이 있는 자들은 돈을 만들어 내서 원하는 자원을 획득하고, 그 뒤에는 가치가 떨어진 돈만 남는다. 이제 패턴이 보이기 시작하는가?

이제 우리는 통화 가치 절하의 위협으로부터 스스로를 지키는 유일한 방법이 사회가 찾아낼 수 있는 '가장 강한' 돈, 즉 공급을 늘리기 가장 어려운 돈뿐이라는 점을 분명히 인식했다. 그렇다면 지금까지 인류 역사 대부분에서 왜 금이 거의 이견 없는 승자로 떠올랐는지를 더 면밀하게 살펴볼 수 있다.

유리구슬이나 과거에 돈으로 쓰였던 다른 물건과 달리, 기술이 아무리 발달해도 인간은 금을 인공적으로 만들어 낼 방법을 찾아내지 못했다. 놀랍게도 20세기 초만 해도, 인류가 지금까지 채굴한 모든 금은 평범한 2층짜리 타운하우스 하나에 들어갈 정도였다.[3]

또한 금이 권력자들의 강제에 따라 화폐가 된 것이 아니라는 점도 중요하다. 금은 시장이 그 보편적 가치를 인식하고 선택한 결과, 화폐가 되었다. 이러한 장점은 주화(동전)가 등장하고 더욱 강화되었다(기원전 6세기만 해도 주화가 사용되었다는 증거가 있다). 주화가 만들어지자 거래할 때마다 매번 금의 무게를 달 필요가 없어졌다. 또한 주화에 정부의 인장을 찍어 진위를 보증하고 신뢰를 더할 수 있었다.

오늘날 동전은 대체로 쓸모없는 성가신 물건으로 취급된다. 길에서 1센트 동전을 보고도 굳이 허리를 굽혀 주울 생각을 하지 않는 사람들도 많을 것이다. 그러나 동전은 돈의 진화를 보여 주는 흥미로운 유물이기도 하다. 주화의 발전과 함께 권력을 가진 이들에게는 거부하기 힘든 유혹이 따라왔다. 주머니나 지갑에 잔돈이 있다면 동전의 가장자리를 손톱으로 한번 훑어 보라. 미세한 톱니 모양의 홈이 느껴지는가?

여러분은 아마 홈의 존재를 알고는 있었지만 왜 홈이 파여 있는지는 깊이 생각해 보지 않았을 것이다. 그 홈은 본래 아이작 뉴턴(Isaac Newton)에 의해[4] '주화 절삭', 즉 금화의 가장자리를 조금씩 깎아 내거나 값싼 금속을 섞어 주화를 희석하는 행위를 막기 위해 고안된 것이다. 미국에서 이 설계는 동전이 실제로 은이나 구리 같은 귀금속으로 만들어지던 시절의 흔적으로 남아 있다.

주화 절삭은 한때 권력자들이 은밀하게 부를 축적하는 수단이었다. 논리는 단순하다. 왕이 전쟁 자금을 마련하기 위해 세금을 크게 올리면 백성들이 들고일어날 수도 있다. 하지만, 주화 속 귀금속의 함량을 서서히 줄인다면(통화 가치 절하, 또는 통화 인플레이션) 사람들은 알아차리지 못할 것이다. 이 경우, 왕은 거의 언제나 후자를 택한다.

로마 제국의 제5대 황제 네로(Nero)가 대표적 예이다. 그는 당시의 표준 주화였던 데나리우스(Denarius)의 귀금속을 더 싼 합금으로 대체해서 무게를 줄였다. 그렇게 한 이유가 재정적 압박 때문이었는지, 아니면 사익을 극대화하기 위해서였는지는 영영 알 수 없을지도 모른다. 중요한 것은 이 사례가 드러내는 사실이다. 즉 통화의 가치를 떨어뜨릴 수만 있다면, 통치자는 거의 언제나 그렇게 할 이유를 찾아낸다.

이런 식으로 인플레이션의 씨앗이 뿌려지고, 시민과 교역 상대에게서 모두 신뢰 하락이 뒤따른다. 통화 가치 하락은 역사를 통틀어 경제를 약화시키고, 통치자의 권위를 깎아내렸다. 그 결과 강대 제국과 패권 국가의 쇠퇴에도 큰 역할을 했다.

통화 가치 하락의 여파가 경제 전반에 흘러 들어가는 데에는 수년(혹은 수십 년)이 걸릴 수 있다. 그러나 대량 생산된 구슬이 아프리카 시장에 흘러넘쳐 모든 것을 휩쓸었던 것처럼, 인플레이션에 빠진 통화의 가치는 결국 하락할 수밖에 없다. 앞선 장들에서 돈 찍어 내기 과정과 그 함의를 살펴보았고, 아마 직접 그 효과를 겪어 보았을 테니 이제 우리는 저축과 구매력이 그와 함께 깎여 나간다는 사실을 너무나 잘 알고 있다.[5]

이런 일이 하룻밤 사이에도 벌어지는 경우도 있다. 사람들이 은행 계좌에 1,000달러가 있다고 생각하며 잠자리에 들었다가, 다음 날 아침에 일어나 보면 1,000달러로 500달러 가치의 물건밖에 살 수 없다는 사실을 발견하는 것이다. 마치 조용히 누군가가 내 돈을 훔쳐 간 것과 마찬가지다. 이런 도둑질은 자연스럽게 좌절과 분노를 낳고, 사회 불안과 정치적 불안정으로 이어진다.

지난 역사를 살펴보면 사람들이 돈의 가치 하락과의 이길 수 없는 경주에 내몰릴 때, 그들은 단지 분노하는 데 그치지 않았다. 그들은 변화를 요구했다. 주화 절삭과 통화 가치 절하는 귀금속으로 주조된 초기 통화들에 대한 신뢰를 갉아먹었다. 그러나 금 자체에 대한 신뢰만큼은 대체로 꺾이지 않았다.

내구성과 희소성 덕분에 금은 신뢰할 수 있는 가치 저장 수단이자 경제적 안정의 기반이라는 지위를 유지했고, 결국 19세기와 20세기 초에 전 세계적 금본위제의 수립으로 이어졌다. 이는 통화사에서 중대한 분기점이었다. 금본위제는 각국에 공통된 회계 단위를 제공함으로써, 그리고 제각각 다른 통화를 일일이 환산해서 대응해야 하는 번거로움을 없앰으로써 국제 무역과 투자의 급격한 확대를 가져왔다. 금본위제는 또한 미국을 국제 금융의 심장으로 우뚝 서게 만드는 데 핵심적인 역할을 했다.

그러나 이런 강점에도 불구하고 금에는 타고난 약점이 있었으니, 바로 물질성이다. 금의 속성은 금을 이상적인 가치 저장 수단으로 만들었다. 그러나 경제가 확장해 나감에 따라 금의 물리적 부피는 심각한 난제를 낳았다. 대양을 건너거나 험한 대륙을 가로질러 막대한 양의 금을 운송하거나 보관하는 일은 위험하고 비실용적이었다. 대규모 금 결제를 처리하는 일은 더디고 번거로웠다. 시간이 지연되고 비용이 뒤따르기 때문에 금을 일상적 거래에 활용하는 것은 사실상 불가능에 가까워졌다.

금은 무겁고 휴대성이 떨어지는 탓에 구조적으로 취약해졌고, 그 결과 이를 관리하고 보관하기 위해 중앙기관과 중개자들에게 의존할 수밖에 없게 되었다. 이러한 취약성은 결국 역사의 흐름을 바꾸게 된다.

5장 요약

돈의 세 가지 주요 기능은 바로 교환 매개, 회계 단위,
가치 저장이다. 달러는 앞의 둘은 꽤 잘 해내지만,
시간에 걸쳐 가치를 보존하지는 못한다.
인류는 역사적으로 다양한 형태의 돈을 사용해 왔다.
그중에서도 공급을 늘리기 어려운, 가장 '강한' 돈
(예를 들어 금)이 늘 승리했다.
금은 돈의 역할에 있어서 오랫동안 확고한 승자였다.
이는 금이 몇 가지 핵심적인 속성을 지녔기 때문이다.
특히 희소성이 결정적이다. 어떤 방식으로든 희소성이
훼손될 때마다(통화 가치 절하나 돈을 대량으로 찍어
낼 가능성) 보통 사람들이 피해를 봤다.
금은 희소성을 갖고 있지만 금의 물리적 속성인
휴대성의 한계는 중대한 구조적 취약성을 제기했다.
이 취약성은 결국 세계의 통화 체계 재편을 촉진했다.
건전한 돈은 희소성을 가져야 한다. 쉽게 만들어 낼 수
있는 돈은 가치 저장 수단으로서의 능력을 잃는다.
금은 오랫동안 건전한 돈의 승자였지만,
결코 극복할 수 없는 물리적 한계를 지닌다.

6장

모두 신뢰하는
시스템

"전통적 화폐의 근본적 문제는
그것이 작동하기 위해 너무 많은 신뢰가 필요하다는 점이다.
중앙은행이 화폐가치를 절하하지 않을 것이라고 믿어야 하지만,
역사 속 법정통화(Fiat Currency)들은 수없이 신뢰를 저버렸다.
은행이 우리의 돈을 안전하게 보관하고 전자적으로 옮겨 줄 것이라고
믿어야 하지만, 정작 은행들은 예금의 극히 일부만 남긴 채
신용 거품의 파도 속으로 대출을 쏟아 낸다."

— **사토시 나카모토**(Satoshi Nakamoto)

보통 종이를 특별한 기술이라고 여기지 않는다. 하지만 금이나 다른 귀금속 동전이 가진 물리적 불편을 해결하려고 종이가 도입되자, 종이는 금융 세계에 혁명을 일으켰다. 종이화폐, 즉 지폐의 기원은 고대 중국까지 거슬러 올라간다. 사람들은 무거운 동전을 들고 다니는 것보다 지폐가 훨씬 실용적이라는 것을 깨달았다. 몇백 년에 걸쳐 이 발명은 전 세계로 퍼져 나가 각양각색의 은행권 지폐를 만들어 냈고, 금융 혁신의 토대를 다졌다.

처음에는 단순히 편의를 위해 시작되었지만, 지폐는 훨씬 더 중대한 무언가로 진화해 나갔다. 이 장에서 살펴보듯, 지폐의 등장은 추상의 세계 위에서 번성하며 신뢰에 과도하게 의존하는 체제로 가는 길을 열었다. 초기의 지폐 체계는 매우 단순했다. 모든 지폐가 100% 금으로 완전히 담보되었기 때문이다. 사람들은 금화를 은행에 맡기고, 은행이 그들에게 내주어야 할 금의 양을 명시한 영수증인 '약속어음(Promissory Note)'을 받았다. 각 지폐는 금과 1:1 비율로 대응되는 아주 단순한 구조였다.

예금자가 금을 찾으려면 약속어음을 들고 은행을 찾아가면 되었다. 약속어음에는 "세인트루이스 은행은 나탈리 브루넬에게 10달러어치의 금을 지급한다"와 같은 문구가 적혀 있어, 원소유자의 신원을 보증해 주는 역할을 했다. 예금자는 약속어음을 제시한 뒤 금고에서 해당 금을 실제로 건네받았다.

시간이 흐르자 은행들은 더 큰 효율성의 기회를 포착했다. 양도 가능한 영수증을 도입한 것이다. 누군가에게 값을 치를 때마다 금을 인출하는 대신, 종이 영수증을 건네면 상대가 나의 은행에서 금을 찾아갈 수 있도록 하는 것이다. 이 혁신은 원래 특정 개인에게 지급되던 은행권(Personal Banknote)을 '소지한 사람이 곧 권리자가 되는' 소지인 증권(Bearer Instrument)

으로 바꾸어 놓았다. 덕분에 사람들은 더는 무거운 동전을 들고 다닐 필요가 없어졌고, 거래는 훨씬 수월해졌다.

금보다 가볍고 휴대가 안전한 지폐 덕에 소유권의 이전도 한층 효율적이 되었다. 그 외의 규칙은 그대로였다. 각 지폐와 은행 금고 속 금 사이의 1:1 대응은 여전히 유지되었다. 이 종이 증서는 무대 뒤의 장부 기록도 단순하게 만들었다. 거래할 때마다 매번 금고를 뒤질 필요 없이 은행원은 장부에 차변과 대변만 기록하면 됐다. 내가 이웃에게 100달러를 지급해야 한다면 은행원은 자리에서 일어날 필요도 없이 내 원장(Ledger)*에서 100달러를 빼고 이웃 계정에 100달러를 더하면 끝이었다.

무역이 확대되고 상인들의 네트워크가 커지자, 은행들은 자신이 발급한 약속어음뿐 아니라 다른 은행의 약속어음도 서로 인정하기 시작했다. 은행 간 신뢰는 종이 화폐의 보급을 더욱 가속했다. 사람들은 점점 금을 은행에 보관하고, 실물 대신 그것을 나타내는 증서만을 주고받는 쪽을 택했다. 그러는 편이 훨씬 쉽고 편했기 때문이다.

미국에서는 오늘날처럼 표준화된 달러 지폐가 나오기 훨씬 전, 각 은행이 저마다 고유한 은행권(Banknote)을 발행했다. 인터넷에서 'Old Banknotes'라는 키워드로 검색해 보면

---

*　회계상 거래 발생 내역을 계정 과목별로 정리해 놓은 장부.

들어 본 적도 없는 은행 이름과 다채로운 도안이 끝없이 나온다. 과거에 지폐 체계가 얼마나 분산되어 있고 다양했는지 보여 주는 대목이다.

우리는 이제 돈의 추상성에 너무 익숙해져 있다. 벤모(Venmo)나 페이팔(PayPal) 같은 서비스*로 종이 한 장 오가지 않고 '즉시' 송금을 하는 일이 일상이 되었다. 그러니 과거 은행권 도입이 얼마나 극적인 전환이었는지 상상하기조차 어렵다(사실 이러한 거래들은 우리가 보기에만 '즉시'일 뿐이지, 기술적으로는 반드시 즉시 결제되는 것은 아니다. 이 부분은 뒤에서 다시 다루겠다).

그러나 금을 대신해 지폐를 사용한다는 것은 종종 이들을 카운터파티(Counterparty)**라고 부르는 중개자들(Intermediaries)에게 신뢰를 맡긴다는 뜻이었고, 그들이 약속을 지키지 못할 위험을 본질적으로 감수해야 한다는 의미이기도 했다. 이러한 위험을 카운터파티 리스크(Counterparty Risk)라고 부른다.

핵심어는 바로 신뢰다. 동전 테두리를 깎아 내던 통치자들을 기억하는가? 금고 속 금과 발행되는 종이 어음의 비율에서도 비슷한 일이 일어났다. 종이 어음이 너무 편리한 나머지

사람들이 실제로 금을 찾으러 오는 일이 드물었고, 설령 찾아 온다 해도 한꺼번에 몰려오는 일은 거의 없었다.

중세 이탈리아의 은행가들은 예금자의 금 일부만 금고에 남겨 두고, 보유분을 넘어서는 규모의 대출을 낼 수 있다는 사실을 깨달았다. 이를테면 예치된 금이 100달러어치뿐이어 도 은행은 1,000달러짜리 종이 어음을 발행할 수 있다고 본 것이다. 금 예치자들이 동시에 금을 찾으러 오지 않는다는 사 실에 기댄 것이다. 추가 대출에서 이자를 벌어들이자, 은행 업은 곧 수익성과 파급력이 막대한 새로운 국면으로 접어들 었다.

어디서 들어 본 얘기처럼 느껴지는가? 이것이 바로 4장에 서 다룬 은행의 부분지급준비 시스템이다.[1] 얼마 지나지 않아 실재하는 금보다 더 많은 청구권을 발행하는 것이 은행업의 표준 관행이 되었고, 그 여파는 엄청났다. 미국 3대 대통령 토 머스 제퍼슨(Thomas Jefferson)은 "종이는 빈곤이다. 종이는 돈 의 유령일 뿐, 돈 자체가 아니다"라고 꼬집어 말했다.

부분지급준비 관행은 유통 중인 돈의 총량을 사실상 크게 늘렸다. 우리가 앞서 살펴본 대로 이는 곧 통화 인플레이션 이다. 은행 금고의 금은 그대로인데, 추가 발행된 종이 어음 이 마치 부가 늘어난 듯한 환상을 만들어 냈다. 이러한 환상 은 경기의 팽창을 자극했고, 더 많은 차입과 대출을 가능하게 했다.

하지만 환상에는 대가가 따랐다. 금을 맡긴 모든 사람이 동시에 금을 찾으러 오지 않을 것이라는 믿음에 기대고 있는 시스템은 본질적으로 취약할 수밖에 없다. 신뢰가 흔들리자 신문의 기사 제목 한 줄, 마을에 떠돌아다니는 소문 하나에도 금융 공황이 촉발됐다. 사람들은 종이 어음을 들고 금으로 바꾸기 위해 몰려들었지만, 금고 속 금은 충분치 않았다.

이처럼 보유한 금보다 많은 청구권을 남발하는 구조는 불신의 씨앗을 뿌렸다. 신뢰의 침식은 주기적으로 금융 시스템 전반을 뒤흔들었고, 점점 거칠고 예측 불가능해지는 은행과 통화 체제를 안정화하라는 요구가 커져만 갔다.

우리가 깨닫든 깨닫지 못하든, 우리가 은행과 맺고 있는 관계는 구조적으로 아슬아슬한 신뢰 시스템 위에 서 있다. 우리는 은행이 정직하게 운영될 거라 믿지만, 은행은 우리와 전혀 다른 게임의 규칙으로 움직인다. 초과 예약(Overbooking)[*]된 비행기 표를 사 본 적이 있다면 일이 얼마나 쉽게 틀어질 수 있는지 감이 올 것이다. 예약한 탑승객이 전원 탑승구에 나타나면 항공사가 '약속한' 수만큼의 좌석이 모자란다. 늦게 도착한 탑승객은 이미 값을 치른 서비스라도 제공받지 못할 수

---

[*] 항공사가 실제 좌석 수보다 더 많은 승객을 받는 관행을 말한다. 모든 승객이 탑승하지 않는 경우를 대비한 것으로, 만약 예약된 승객이 모두 나타나면 일부 승객은 탑승하지 못하는 상황이 발생한다.

있다.

항공사는 시간 여유가 있는 탑승객을 설득해 다른 비행기를 태우는 식으로 문제를 해결할 수 있다. 그러나 은행에는 그런 우회로가 없다. 은행이 실제로 지급할 수 있는 현금보다 더 많은 은행권을 발행해 버리면, 가장 마지막에 돈을 찾으러 오는 사람들은 받을 길이 없다. 마치 돈이 애초에 존재하지 않았던 것과 같다(물론 중앙은행이 '최후의 대부자'로 나서지 않는다면 말이다). 돈은 사라졌고, 되찾을 기회도 함께 사라졌다.

다행히 미국처럼 비교적 안정적인 사회에서 이런 사태는 드물다. 팬데믹 이후 2023년에 있었던 몇 건의 대형 은행들의 파산은 예외지만 말이다.* 그러나 은행에 대한 신뢰가 세계 곳곳에서 똑같이 적용되는 것은 아니다. 여건이 시시각각 바뀌는 지역에서는 자신의 예금조차 마음대로 인출하지 못하는 일이 비일비재하다. 예컨대 투자 전략가 린 올든(Lyn Alden)의 저서 《고장 난 돈(Broken Money)》은 다음과 같은 믿기 어려운 일화로 시작한다. 2022년 레바논에서 대규모 금융위기 와중에 은행들이 고객 자산을 동결하자, 한 젊은 여성이 병든 여동생의 치료비를 마련하려고 자기 돈을 자기 은행에

---

* 2023년에 미국에서 실리콘밸리은행(SVB), 시그니처은행, 퍼스트리퍼블릭은행이 연쇄 파산했다. SVB의 경우 실제 뱅크런이 발생해 단기간에 무너졌고, 다른 은행들도 급격한 예금 유출을 견디지 못했다. 정부와 규제기관이 긴급 개입해 예금자 보호 조치를 시행함으로써 더 큰 확산을 막을 수 있었다.

서 찾기 위해 가짜 권총을 들고 들어가야 했다.[*]

과자 단지 앞에 혼자 남겨진 아이들처럼, 정부와 은행은 오래전부터 종이 화폐의 유혹에 굴복해 왔다. 그 결과 은행 시스템은 본래의 면모를 알아보기 힘들 정도로 왜곡되었다. 은행들이 이윤 동기에 따라 부분지급준비 관행을 점점 더 적극적으로 받아들인 이유를 이해하기 어렵지 않다. 미국에서는 은행들이 20세기까지(물론 전쟁기에는 여러 차례 예외가 있었지만) 금과의 연결 고리를 어느 정도 유지했지만, 비율을 조금씩 갉아먹으려는 조짐은 명확하게 드러났다.

예를 들어 처음에는 은행들이 95%의 현금을 보관하고 5%만 대출을 해 주어서 약간의 추가 이익을 얻는 것에서 시작했을 것이다. 그런데 지급준비율을 95%에서 75%로, 나아가 50%로 더 낮춘다고 안 될 이유가 있을까? 그러다가 급기야 3% 밑으로까지 떨어뜨리며 대출 이자로 이익을 거두어들이는 데 혈안이 되었다(이런 터무니없는 과도한 레버리지가 2008년 금융위기를 불러일으켰다).[3] 이윤을 추구하는 기업으로서 그렇게 하지 않는 편이 오히려 무책임해 보였을지도 모른다.

은행들이 금과의 결별에 따르는 위험을 감수한 이유는

---

[*] 레바논은 2019년부터 심각한 금융 및 외환 위기에 빠졌고, 2022년에는 은행들이 예금 인출을 제한하거나 동결하는 사태가 벌어졌다. 레바논 파운드 가치는 90% 이상 폭락했고, 많은 예금자들은 자신의 돈을 찾기 위해 극단적 방법을 찾아야 했다.

그만큼 얻는 게 엄청났기 떠문이다. 19세기 미국에서 민간 은행이 자유롭게 화폐(은행권)을 발행했던 '자유 은행(Free Banking)' 시대 초기에는 수천 개의 서로 다른 은행이 각자 고유한 지폐를 발행했다. 이런 지폐는 몇 킬로미터만 떨어진 곳에서도 가치가 없거나 교환조차 되지 않는 일이 흔했다. 은행업이 사실상 무법 지대나 다름없었다는 평가를 받는데, 그런 평판에는 분명 일리가 있었다.

그러나 이런 방식은 부실 경영에 대한 일종의 실시간 교정 기능도 제공했다. 고객의 돈으로 과도한 위험을 떠안은 은행(신용도가 낮아 결국 대출을 상환하지 못할 것으로 보이는 사람들에게 부실한 대출을 해 준 은행)은 자연스럽게 시스템에서 도태되었다. 물론 그 은행에 돈을 맡긴 이들에게는 파괴적인 피해를 가져왔지만, 피해는 비교적 작은 집단에 국한되었고 다른 은행들에는 좀 더 현명하게 행동하라는 경고가 되었다.

하지만 지역 은행들의 파산이 늘어나면 전염에 대한 두려움이 금융 시스템 전반으로 번졌다. 현금 부족과 공황적 인출에 직면한 소형 은행들은 생존을 위해 오늘날의 JP모건 체이스(JP Morgan Chase)의 전신인 JP모건 같은 대형기관으로 몰려가서 서둘러 돈을 빌리려고 했다. 은행들은 서로 거래가 촘촘하게 얽혀 있어 한 곳이 무너지면 도미노처럼 연쇄적인 붕괴로 이어질 수 있었다. 각 은행이 자금 부족을 메우려 더 큰 기관을 찾을수록 압력은 위로 전이되어 마침내 세계에서 가

장 막강한 은행들까지 영향권에 들어갔다.[4]

결국 가장 큰 은행들마저도 불안해졌다. 아래에서 통제되지 않은 파산이 이어지면 자신들의 지급 능력까지 위협할 수 있다는 사실을 잘 알고 있었기 때문이다. 이러한 모습은 전형적인 부유한 10대 청소년의 이야기와 비슷한 데가 있다. 부모가 자신을 구제해 줄 것이라 믿으면, 자신의 영역 밖의 위험까지도 감수하게 된다. 누군가 대신 값을 치러 준다면 무모함이 그럴듯한 선택처럼 느껴지기 시작한다.

거대 은행들은 마침내 소형 은행들을 구제하는 일에 지쳐 갔다. 전환점은 '1907년 공황(Panic of 1907)'으로 알려진 사건이었다. 몬태나주 출신 형제 둘이 주도한 구리 투기가 실패하면서 그들에게 큰돈을 대출해 줬던 뉴욕의 은행이 무너졌다.[5] 그리고 그 충격파는 은행 시스템 전반으로 퍼져 나갔다. 위기는 막판에 가서야 J. P. 모건과 다른 부유한 금융가들이 긴급히 현금을 투입하면서 진정되었다.[6]

이 공황은 분산되어 있던 은행 시스템의 결함을 미국인들 앞에 적나라하게 드러냈다. 미국은 과거에도 중앙은행 제도를 시도한 적이 있었다.[7] 하지만 그런 시도는 영구적으로 뿌리내리지 못했고 거센 반발에 부딪혔다.* 그러나 이제 더 큰

---

* 미국은 연준 설립 이전에도 두 차례 중앙은행(1791년에 만들어진 '미국 제1은행'과 1816년 다시 시도된 '미국 제2은행')을 만들었으나 실패했다. 두 시도 모두 중앙집권 강화에 대한 반감과 정치적 반발 때문에 해산되었다.

안정성과 감독, 조정이 필요하다고 느끼는 이들이 많아졌다. 1907년의 여파 속에서 은행가와 일반 대중 모두가 개혁을 더욱 강하게 요구했고, 이는 빠르게 성장하고 이동하는 산업에 표준화를 가져올 더욱 중앙집중적인 금융의 틀을 마련하는 길을 열었다.

깊은 연줄을 지닌 정치인과 은행가 들이 뒤섞인 소수의 강력한 그룹이 이 기회를 포착해 전면에 나섰다. 그들은 문제를 해결하겠다는 명분으로 움직였고, 그 과정에서 자신의 권력도 함께 공고히 했다. 대부분의 사람들은 1910년, 여섯 명이 한밤중에 은밀히 모여 당시 전 세계 부의 4분의 1을 대표해서 [8] '국가의 은행 시스템을 개혁할 계획을 쓰기'로 했다는 이야기를 잘 알지 못한다. 초기에는 연준이 통화량을 얼마나 늘릴 수 있는지에 엄격한 한계가 있었다. 유통 중인 돈 1달러당 금고에 보유한 금 40센트로 담보되어야 했기 때문이다. 이런 구조에서 연준의 권한은 크게 제한을 받았다. 새로운 통화를 더 발행하려면 연준은 추가로 금을 확보하거나, 실질적 상품을 생산하는 기업들에 더 많은 대출을 해 주어야 했다.[*]

각자 저마다의 독특한 성품과 관심사, 한계와 고유한 기벽

---

[*]　연준 초기 체계(1913년~1930년대)에 발행하는 어음에 대해 최소 40%는 금(Gold Reserve), 나머지 60%는 적격어음(Eligible Paper)으로 담보 가능하다는 규정이 있었다.

을 지닌 이 여섯 사람이 함께 연준을 설계했다.[*] 이 제도는 인류 역사에서 다른 어떤 제도보다도 현대사에 큰 영향을 미쳤다. 1913년에 의회를 통과한 연방준비법(Federal Reserve Act)은 미국에 중앙은행 시스템을 확립했다. 이 사건의 파급력은 세계 경제로 뻗어 나가 오늘날까지 영향을 미치고 있다. 그러나 이 결정은 우리와 다를 바 없이 인간적이고 실수할 수 있는 소수의 개인들에 의해 만들어진 것이다.

그들이 실제로 현실의 필요에 대응하기 위해 연준을 설립한 것은 사실이지만, 자선사업을 하려고 모인 것은 아니었다는 점을 명심해야 한다. 그들은 자신들의 계획이 어떻게 막대한 부를 지키고 확대할지 누구보다 잘 알고 있었다. 연준은 은행 시스템을 통합하고 연방준비은행권(달러 지폐)을 국가 통화로 발행하기 위해 세워졌을 뿐 아니라, 위험을 흡수하고 신뢰를 높여서 들불처럼 번질 수 있었던 뱅크런을 예방하기 위해서도 설계되었다.

그래서 많은 은행과 기업 들이 연준이 '최후의 대부자'이자 영구적인 안전장치로 기능하는 것을 지지했다. 의심이 전염

---

[*] 1910년, 연준 창설 구상을 위해 조지아주 지킬섬에 비밀리에 모인 여섯 명은 당시 미국 금융·정치권의 핵심 인물들이었다. 참석자는 넬슨 올드리치 상원의원(국가통화위원회 의장), 폴 워버그(쿤-로브 파트너), 프랭크 밴더립(내셔널 시티은행 부회장), 헨리 데이비슨(J. P. 모건), 벤저민 스트롱(은행신탁회사 대표), A. P. 앤드루(재무부 차관보)로, 이들이 연준 체계의 기본 틀을 설계했다.

병처럼 시스템 전반으로 번지기 시작하더라도, 더는 대형 은행들이 자기 자본을 털어 나설 필요가 없게 되었다. 이제 연준이 돈을 더 발행해 금융 재앙을 막아 줄 터였다. 하지만 연준이 개입해 과거 같으면 은행 폐쇄로 이어졌을 작은 충격을 흡수할 수 있게 되면서, 시스템은 부자연스러울 정도로 탄력적으로 변했다.

은행들은 이른바 '대마불사', 즉 너무 거대해서 실패할 수 없는 존재가 되었다. 결국 은행이 경제에서 너무나 중요한 위치를 차지하게 되면서 그들이 감수한 위험의 후폭풍으로부터 정부가 비상한 수단을 써서라도 보호해야 하는 상황에 이른 것이다. 그런데 은행이 그토록 강력해질수록 역설적으로 경제 시스템은 한없이 취약해져 갔다.

다친 부위에만 붕대를 감으면 치유될 수 있는 상처처럼 피해가 경제의 한 부문에 제한도 었던 과거와 달리, 연준에 의한 은행의 중앙집중화는 대부분의 위기를 인체의 순환계나 신경계 질환처럼 몸 전체에 영향을 미치는 문제로 바꾸어 놓았다. 다시 말해, 실패가 더 이상 진로 수정으로 이어지지 않고 경제 전체에 흡수되어 버렸다.

정부 개입은 돈을 찍어 내고 부실 기관을 구제함으로써 은행에서 대중으로 부담을 떠넘긴다. 이 과정에서 인플레이션은 가난한 이들로부터 부유층으로 막대한 부를 재분배한다. 우리는 이미 오래전부터 이런 일을 수없이 보아 왔다. 가족의 경제적 기반을 무너뜨린 글로벌 금융위기에서부터 세계 경제를 뒤흔든 팬데믹 대응에 이르기까지 말이다.

기관과 경영진으로 구성된 주요 플레이어는 상처 하나 없이 빠져나오고, 때로는 거액의 보너스까지 챙긴다. 그동안 나머지 사람들은 간신히 생계를 꾸리느라 허덕인다. 우리의 시스템은 이러한 과정에 중독되어 버렸다. 돈 찍기는 마약이고, 연준은 마약의 공급자다. 처음에는 경제에 생긴 상흔을 치료하기 위한 목적으로 생겨난 것이 나중에는 심각하게 파괴적인 것으로 변했다. 대부분의 중독이 그렇듯, 부담은 주변으로 퍼져 나간다. 이 경우 가장 무거운 대가는 사회 전체, 곧 무모한 대출의 결과로 달러가 가치를 잃는 것을 손 놓고 바라볼 수밖에 없는 중산층과 노동 계층 사람들이 치른다. 그런데 이 마약의 '딜러'들은 곧 세계 금융의 미래를 여는 열쇠까지 부여받게 된다.

6장 요약

금의 가장 큰 문제는 휴대성이 떨어진다는 점이었고,
이 때문에 편의를 위한 종이로의 전환이 불가피했다.
은행들은 사람들이 동시에 금을 찾으러
오지 않는다는 사실을 깨달았다.
이후 은행들은 금고에 있는 금보다 더 많은
종이 영수증을 발행해 막대한 이익을 얻었다.
하지만 그만큼 시스템의 취약성도 커졌다.
이런 관행은 반복적인 금융 공황을 낳았고,
1913년 연방준비제도(연준)의 탄생으로 이어졌다.
연준의 탄생은 시장이 스스로 조정되는
자연스러운 과정을 가로막았고,
통화 공급을 늘리는 것이 경제 문제를 해결하는
손쉬운 수단으로 자리 잡게 만들었다.
결국 종이 화폐는 신뢰와 인플레이션에 의존하는
체제를 도입했다.

모두
달러를 원한다

"달러는 단순한 통화가 아니다.
전 세계가 사용하는 언어다."

— 잭 웰치(*Jack Welch*)

전 세계에서 가장 널리 인정받고 신뢰받는 미국 달러는 이제 명실상부한 '통화의 왕'이 되었다. '벅(Buck)', '빅 원(Big Ones)', '벤저민(Benjamin)' 등 다양한 별명으로 불리는 달러는 더 이상 미국만의 통화가 아니다. 달러는 이제 전 세계의 통화가 되었다. 미국인 대부분은 다른 나라의 통화를 몇 개밖에 알지 못하지만, 거의 세계 모든 곳의 사람들은 달러를 글로벌 표준으로 인식한다.

이러한 지배력이 미국의 힘과 영향력에서 비롯된 것이라고 생각하기 쉽다. 미국은 오랫동안 세계 경제에서 가장 중요한 역할을 맡아 왔다. 따라서 전 세계가 미국의 통화를 원하는 것은 지극히 자연스럽게 생각될 수 있다. 그것은 사실이지만 전부는 아니다. 한 세기쯤 전, 또 다른 소수의 영향력 있는 지도자들이 달러를 세계 경제의 중심에 자리 잡게 만들었다. 그리고 그 과정에서 국제 무역과 금융, 나아가 권력 자체의 틀이 새롭게 짜였다.

이 일이 어떻게 일어났는지, 그리고 변화를 만드는 데 연준이 어떤 역할을 했는지를 인식하는 것은 달러가 어떻게 세계의 기축통화가 되었고, 지금까지도 지위를 유지하는지 이해하는 데 핵심적이다. 이 이야기는 제2차 세계대전 직후 미국이 차지했던 특별한 위치에서 시작된다. 하지만 그때의 상황을 제대로 파악하려면 먼저 그보다 앞선 수십 년 동안의 핵심 사건들을 살펴봐야 한다.

6장에서 설명했듯 연준은 '은행들의 은행'으로서 금융 시스템을 안정시키려는 목적으로 1913년에 설립되었다. 1차 세계대전을 코앞에 둔 시점이었다. 당시 미국 달러는 금본위제였고, 법적으로 1온스당 20.67달러의 고정된 비율로 금과 교환할 수 있었다. 이는 연준이 원하는 만큼 마음대로 돈을 찍어 낼 수 없음을 의미했다. 연준이 1달러를 발행할 때마다 최소 40센트는 금으로, 나머지는 건전한 기업에 대한 상업 대출(어음) 같은 안전자산을 담보르 삼아야 했다.

연준이 통화량을 늘리려면 더 많은 금이나 상업 자산을 확보해야 했다. 1:1의 완전 금 태환은 아니었지만, 연준의 통화 발행 권한에 어느 정도 제한을 둔 것이었다. 그러나 곧 전 세계적 사건들이 이러한 금본위 규범을 흔들면서 정책 입안자들은 제한을 완화할 수밖에 없었고, 중앙은행들은 이전보다 훨씬 강한 영향력을 갖게 되었다.

연준이 생긴 지 얼마 되지 않아서 유럽에서 제1차 세계대전이 발발했다. 전쟁은 인류에게는 파괴적이지만 종종 수익성 높은 사업 기회를 창출한다. 유럽이 전쟁의 소용돌이 속으로 깊이 빠져들고 있을 때, 대서양 건너 중립국이던 미국은 오히려 혼란과 멀찍이 떨어져 유리한 위치에 서 있었다. 전쟁은 미국산 상품의 수요를 급증시켜 대량 생산을 촉발했고, 이는 미국 경제에 큰 호재가 되었다.

유럽 각국은 전쟁 자금을 조달하기 위해 자국 내 금 태환을 중지하고 자국 통화 발행을 늘렸다. 한편 미국의 은행들은 유럽 각국 정부에 대규모로 자금을 빌려주었다. 그 대가로 금이 미국 금고로 유입되면서* 연준의 금 보유량과 미국의 경제적 영향력은 크게 확대되었다. 전쟁을 치르는 국가들의 통화가 흔들릴수록, 달러의 위상은 더욱 높아지며 국제적 신뢰를 쌓아 갔다.[1]

1917년, 미국이 제1차 세계대전에 참전하자 연방정부는

---

* 당시 대부분의 국가는 금본위제였기 때문에 유럽 정부가 미국에서 차입한 자금을 상환할 때는 달러 자체보다 금으로 결제하는 것이 국제 관행이었다.

막대한 자금을 신속히 필요로 하게 되었다. 전쟁 초기 수출의 호황과 유럽의 차입 덕분에 연준의 금 보유량은 늘었지만, 금 본위의 규칙은 여전히 통화 발행 한도를 제한했다. 앞서 말했 듯, 법률상 모든 달러는 최소 40%의 금과 나머지 60%는 단 기 상업 대출과 같은 적격어음으로 담보되어야 했다. 자금 조 달을 위해 재무부는 국민에게 애국심에 호소하며 전쟁 채권 을 판매했고, 은행과 기관 들도 대거 매수했다. 문제는 은행 이 보유 현금을 국채 매입에 많이 투입하면, 일상적 대출이나 인출 대응에 쓸 여력이 줄어든다는 점이었다.

현금이 더 필요하면 은행은 연준에서 빌릴 수 있었다. 그러 나 1913년 법의 엄격한 규정에 따르면 연준은 새 통화 발행 의 담보로 금이나 상업어음만 받을 수 있었고, 정부가 발행하 는 국채는 담보로 받을 수 없었다. 1917년 6월, 의회가 이를 바꾸었다. 이제 달러의 담보어서 금을 제외한 나머지에 미국 정부가 발행한 채권을 포함할 수 있게 된 것이다. 연준은 은 행이 보유한 국채를 대출의 담보로 받아들이고, 이를 적격어 음 준비 요건에 포함시켜 더 많은 통화를 발행할 수 있게 되 었다.[2] 이는 전쟁 자금 조달을 쉽게 했지만, 동시에 금본위가 달러에 부과하던 규율을 느슨하게 만들었다.[3]

이러한 변화는 연준의 역할에 영구적 전환점을 가져왔다. 정부와 연준의 공조는 돈과 부채와 금 사이의 관계를 재구성 했고, 미국 경제 정책에 미치는 연준의 영향력을 공고히 했다. 초기에는 통화 준비금을 관리하는 제한된 기능만 수행하던 연준이 사실상 미국 금융 시스템을 운영하는 핵심 주체로 탈바꿈한 것이다.

이 사건은 후대에 분명한 선례를 남겼다. 긴급 상황 앞에서 통화에 대한 제약은 언제든 철회될 수 있다는 사실을 보여준 것이다. 통화 공급은 확대되었고, 이에 발맞춰 소비자 물가(CPI)는 1917년에 거의 18%까지 치솟았으며, 1921년까지 15% 위에서 머물렀다. 이것은 같은 기간 달러 구매력의 40%를 잃어버렸음을 의미한다.[4]

1차 세계대전이 끝날 무렵, 미국은 최대의 채권국으로 떠올랐다. 유럽의 부채 상환으로 금은 계속 미국으로 흘러들었고, 미국은 피폐해진 경제의 재건을 돕기 위해 신규 대출을 공급했다. 전후 회복을 지원하기 위해 연준은 금리를 인하했다. 차입 비용이 낮아지면서 미국 자본이 해외로 흘러 나갔고, 이는 취약한 유럽 통화에 가해진 압력을 부분적으로 덜어주었다.

그러나 완화적 신용은 해외에만 영향을 준 것이 아니라 미국 내에도 영향을 주었다. 싼 돈, 완화된 금융 규제, 전후 낙관론이 결합해 이른바 '광란의 20년대(Roaring Twenties)'의 투기붐과 부채 확대를 부추겼다. 많은 사람들이 값싼 신용을 이용해서 주식 투자를 하거나 사치성 소비를 늘렸고, 끝없는 번영이라는 환상이 만들어졌다.

하지만 표면 아래서는 부채 규모가 실제 통화량을 한참 웃도는 거대한 신용 거품이 형성되고 있었다. 1929년에 거품이 터지자 세계의 금융 시스템은 붕괴했고 대공황이 촉발되었다. 그 후로 이어진 10년은 은행 파산, 대규모 실업, 광범위한 빈곤으로 얼룩진 시대였다.

1930년대에 접어들며 세계 곳곳이 심각한 경제 혼란에 빠졌다. 유럽은 제1차 세계대전의 전쟁 채무에 짓눌린 상태로 전쟁의 폐허를 재건해야 했다. 각국 정부는 겉으로는 금본위를 유지하는 척하면서 생존을 위해 조용히 돈을 찍어 냈다. 영국은 통화량을 두 배, 프랑스는 세 배로 늘렸다. 독일은 베르사유 조약의 가혹한 배상금을 감당하기 위해 통화량을 네 배로 늘렸다.[5] 그러자 이러한 무모한 통화 발권이 초인플레이션으로 이어졌다.

사람들의 저축은 사실상 녹아 사라졌고, 정권은 불안정해졌으며, 수백만 명의 사람들이 빈곤의 늪에 빠졌다. 경제적 혼돈은 정치적 극단주의를 키웠다. 아돌프 히틀러(Adolf Hitler)는 대중의 절망과 굴욕감을 파고들어 권위주의적 야망에 대한 지지를 결집했다. 경제 변동성, 제도 붕괴, 민족주의의 대두가 어우러져 위험한 화약고가 형성되었다.

한편 미국은 전쟁의 물리적 피해를 직접 겪지 않았고, 세계 금 보유량의 약 40%라는 막대한 양의 금을 여전히 보유하고 있었다.[6] 그러나 대공황은 1933년 무렵 실업률을 20% 이상으로 끌어올렸다. 불과 3년 사이에 수천 개의 은행이 문을 닫았고, 금융 시스템에 대한 신뢰가 흔들리며 대규모 인출 사태가 벌어졌다. 이런 혼란 때문에 당국은 안정을 회복하기 위한 더 과감한 조치가 필요하다고 판단했다.[7]

위기의 한복판에서 미국은 국내 금 태환을 중지했고 대통령 행정명령을 통해 국민이 보유한 금을 정부에 제출하도록 요구했다.* 개인의 금 보유는 사실상 금지되었고, 이는 연방 정부가 화폐에 대해 강력한 통제권을 행사한 상징적 조치였다.[8]

1934년, 정부는 금의 공식 가격을 온스당 20.67달러에서 35달러로 올려, 사실상 달러 가치를 절하했다. 이는 미국 금고에 들어 있는 같은 양의 금의 달러 환산 가치가 거의 70% 높아졌다는 뜻이었다. 그 결과, 국가 준비금의 장부 가치가 커져 연준은 더 많은 통화를 발행할 수 있었다. 정부는 이러한 통화 제약 완화를 통해 1929년 폭락 이후 이어진 급격한 물가 하락(디플레이션)에 맞서려 했다.

평가 절하와 의회의 새 은행법들은 대중의 신뢰를 어느 정도 회복시키고 뱅크런의 확산을 둔화시켰다. 미국 내의 높아진 금값과 미국 경제의 상대적 안전성 때문에 해외 보유자들

의 금 역시 미국으로 유입되었다. 하지만 이 조치는 경제적 압력이 커지면 금본위의 엄격한 한계도 쉽사리 저버릴 수 있다는 또 하나의 선례를 남겼다. 이 결정의 모든 파장이 완전히 드러나기까지는 수십 년이 걸렸다.

제2차 세계대전 발발 직전, 미국은 역사상 가장 풍부한 금 보유와 어디에도 뒤지지 않는 산업 기반을 갖추고 있었다. 그 덕분에 연합국에 자금을 대고 장비를 공급할 수 있는 유일무이한 위치를 차지했다. 1939년에 전쟁이 터지자 미국 공장들은 굉음을 내며 가동되었고, 상상을 초월하는 규모의 물자와 보급품이 생산되었다. 수백만 명이 일자리를 얻었고, 실업률은 역사적 저점으로 떨어졌다. 미국은 세계의 군수 및 경제의 병기창이 되었다.

제2차 세계대전은 6년 등안 이어지며 무려 4,500만에서 5,000만 명의 목숨을 앗아 갔고, 유럽과 동아시아의 상당 부분을 폐허로 만들었다.[9] 전쟁이 끝나갈 무렵, 전 세계의 전후 회복에 막대한 자금이 필요하다는 사실이 분명해졌다. 1944년 7월, 전쟁의 끝이 보이던 시점에 44개국 대표들이 미국 뉴햄프셔주, 브레턴우즈의 그림 같은 마운트 워싱턴 호텔에 모여 새로운 국제 통화 질서를 설계했다.[10]

이 새로운 체제는 새로운 국제 준비자산(중앙은행이 안전자산이자 결제용으로 보유하는 자산)을 중심으로 구축될 예정이었다. 회의의 결과인 브레턴우즈 협정(Bretton Woods Agreement)

은 미국 달러를 세계의 기축통화로 공식 선포했고, 미국을 글로벌 금융의 중심에 확고히 자리 잡게 했다. 이후 '브레턴우즈' 체제하에서 중앙은행들은 주로 미 국채 형태로 달러 준비 자산을 보유했다. 당시 달러는 온스당 35달러의 비율로 금과 교환 가능했다. 하지만 태환성은 결국 길게 지속되지 못했다. 실질적으로 달러는 공식 준비와 국경 간 결제를 위한 최선호 가치 저장 수단으로 금을 대체했고, 글로벌 금융 안정의 토대가 되었다.

브레턴우즈는 수십 년의 경제 혼란과 전쟁으로 갈가리 찢긴 세계 사회를 위한 회복 계획이었다. 오래된 체제가 수 세기에 걸쳐 진화했다면, 새 체제를 만드는 데 고작 3주면 충분하다는 사실이 드러났다. 금은 새로운 세계 질서에서 축소된 역할을 계속 수행했지만, 금이 최고 준비자산이었던 시대는 마침내 끝이 보이기 시작했다.

7장 요약

20세기 전반, 미국은 유망한 경제 대국에서
새로운 세계 금융 질서의 설계자로 떠올랐다.
두 차례의 세계대전이 초래한 막대한 비용은
정책 당국으로 하여금 달러의 금 담보 제약을
느슨하게 만들도록 했다.
1944년 브레턴우즈 회의에서
달러가 세계 기축통화로 공식 선언되었다.
이 체제는 달러를 세계 무역과 금융의 중심에 놓았다.
금의 신뢰성과 미국의 산업 및 경제적 우위가 결합되어,
브레턴우즈 협정 이후 달러는
전후 세계 경제의 주춧돌로서 지위를 굳혔다.

8장

모두
영향을 받는다

1940년대에 미국 달러가 글로벌 기축통화로 등극하게 된 이유를 찾는 것은 그리 어렵지 않다. 모두의 시선을 한 몸에 받는 무도회 여왕처럼, 달러는 여왕의 자리에 올라갈 모든 조건을 갖추고 있었다. 막대한 천연자원, 전쟁의 참화를 비껴 간 행운, 다른 나라들을 휩쓴 권위주의적 충동으로부터 상대적으로 안전해 보이는 정치체제 등 모두가 부러워할 조건을 가진 나라의 통화였다. 달러는 안정적이고 잘 운영되며, 믿을 만해 보였다.

　브레턴우즈 협정은 각국이 보유하는 달러를 주로 미 재무부 채권(단기 국채) 형태로 보유하도록 설계했다. 이 국채는 일정 기간이 지나면 이자를 더해 상환하겠다는 미국 정부의 약속(IOU)이며, 당시에는 '금만큼 안전한' 자산으로 여겨졌다.[1] 브레턴우즈 체제는 각국이 고정환율을 약속하며 손을 맞잡은 전 세계적 합의라고 할 수 있다. 모든 주요 통화는 가치를 달러에 고정했고, 달러는 온스당 35달러에 금으로 교환해 줄 것을 약속했다. 이 체계는 달러를 전 세계 무역과 금융의 중심에 자리 잡게 했고, 결국 세계의 금 보유분 상당 부분이 미국의 금고로 흘러 들어가게 만들었다.

　하지만 한 가지 전제가 있었다. 여기서 그 단어가 다시 등장한다. 모두가 미국 정부를 '신뢰'해야 한다는 것. 즉 미국이

세계 준비 통화

금고에 있는 금 이상의 돈을 함부로 찍어 내지 않을 것이라고 믿어야 했다. 결론부터 말하자면 미국은 신뢰를 저버렸다.

전쟁이 끝난 뒤 미국 사회에는 기대감과 경기 팽창, 새로운 가능성이 넘쳐 났다. 미국은 막대한 힘과 특권을 가진 국가가 되었다. 전시 배급에서 해방된 시민들은 더 나은 미래를 향한 열망으로 소비를 폭발적으로 늘렸다. 자동차와 집에서 가전 제품과 가구에 이르기까지, 미국인들은 본격적으로 소비하기 시작했다.[2]

논리적으로 보자면 전쟁이 끝난 뒤 연준은 이제 통화 완화의 가속페달에서 발을 떼어도 되었을 것이다. 하지만 연준은 그렇게 하지 않았다. 정책 결정자들은 전후 깊은 경기 침체를 우려하며(그런 침체는 끝내 오지 않았다) 국채 시장에 개입하여 금리를 낮게 유지했다. 그리고 미국은 세계 기축통화의 발행 국이라는 새 역할을 맡게 되었다.

이 시기 미국은 주요 사회 프로그램을 만들고 확장하는 데 주력했다. 1940년대에 제정된 GI법은 전쟁에서 돌아온 군인 들에게 주택과 교육 혜택을 제공했다. 1950년대에는 사회보 장법(Social Security Act)을 개정해서 은퇴자들의 소득을 지원 했고, 1965년에는 메디케어와 메디케이드를 신설해서 각각 노인과 저소득층에게 의료보험을 제공했다. 이들 정책은 미 국 사회 전반에 심원하고 긍정적인 영향을 미쳤다. 수백만 명 을 중산층으로 끌어올렸고, 빈곤한 노인을 줄였으며, 교육과

의료 접근성을 넓혔다. 이런 목표는 미국의 번영과 사회 안정을 위한 광범위한 비전이 반영된 것이었다.

그러나 급여에 부과되는 사회보장세와 일반 세수만으로는 전체 재원을 충당하기에 부족했다. 미국은 점차로 통화정책을 더 느슨하게 운용하는 방식으로 부족분을 메우기 시작했다. 즉 돈을 찍어 내는데 금 보유량은 비례해서 늘어나지 않았다. 이 프로그램들은 의미 있는 혜택을 제공했지만, 동시에 국가의 통화 규율을 서서히 약화시키고 미래 금융 불균형의 씨앗을 뿌려 놓았다.

그와 동시에 미국은 해외에서 비용이 많이 드는 전쟁도 수행했다. 1950년대의 한국전쟁과 1960년대의 베트남전쟁은 국가 재정에 추가로 큰 부담이 되었다. 세계 기축통화 발행국이 된 미국은 종종 '고통 없는 적자'라고 불리는 시대로 접어들었다. 미국은 대규모 무역적자와 재정적자를 내더라도, 인플레이션 부담을 자국에서 즉각적으로 느끼지 않는 상태가 가능해졌다. 그러나 "공짜 점심은 없다"라는 말이 괜히 있는 것이 아니다.

여기에서 '부채(Debt)'와 '적자(Deficit)'의 차이를 명확히 해 두는 것이 좋겠다. 많은 경우에 두 용어가 혼용되기 때문이다. 적자는 어느 한 해의 예산의 부족분을 말한다. 즉 정부가 거두어들인 것보다 돈을 더 썼을 때 생기는 초과분을 말한다. 부채는 매해의 적자가 쌓인 총금액을 말한다. 쉽게 말하면, 미국은 한도가 없는 신용카드를 가진 것과 같다. 카드 청구서가 도착하면 또 다른 신용카드로 지출을 덮는 식이다. 이런 삶을 상상해 볼 수 있을까?

만일 우리가 매달 돌아오는 신용카드 청구서를 갚기 위해 일하는 대신 다른 카드를 가지고 무한히 대금을 돌려막는다면 어떻게 될까? 당장은 버틸지 몰라도 곧 감당하지 못할 수준으로 부채가 불어나 빚의 늪에 빠지게 되고, 결국은 집이나 차를 잃게 될 것이다. 빚은 계속 미래로 미루는 대신, 언젠가 진짜 돈으로 갚아야만 한다. 그러나 정부 부채는 결코 완전히 갚아지지 않는다. 기존 부채를 상환하기 위해 새로운 부채를 계속 발행하기 때문이다. 연방 부채가 급증했다는 말은 바로 이 구조를 뜻한다.

이런 이유로, 대규모 달러를 보유한 다른 나라들은 미국이 그 많은 달러를 담보할 만큼의 금을 충분히 보유하고 있는지 걱정하기 시작했다. 달러가 금의 가치를 유지할 것이라는 확신에 차츰 균열이 나타났다. 달러와 달러의 금 태환성에 대한 신뢰 위에서 작동해 온 브레턴우즈 체제는 점점 더 많은 국가들이 달러의 안정성에 의문을 제기하자 흔들리기 시작했다.

1960년대에 들어서자 일부 국가는 행동에 나섰다. 그들은 달러를 미국 금고의 금과 교환하며 금을 본국으로 되찾아 가기 시작했다. 이것은 미국에 심각한 문제를 야기했다. 달러는 '금만큼 가치 있는' 것이어야 했지만, 미국의 금고에는 전 세계에 유통되는 달러에 비해 턱없이 부족한 금만 들어 있었기 때문이다.

이것은 6장에서 설명했던 '초과 예약된 탑승권'과 매우 비슷한 상황이었다. 다만 어마어마하게 더 큰 규모일 뿐이다. 단순히 몇몇 승객이 자리에 나타나지 않기를 바라는 수준이 아니었다. 통화 시스템 전체가 금을 청구할 수 있는 수많은 이들이 한꺼번에 금을 요구하지 않기만을 바라는 희망에 기반을 두고 있었던 것이다. 달러 보유자들이 모두 동시에 금을 찾으러 온다면 그들 손에 들고 있는 탑승권(달러)이 사실은 텅 빈 약속에 불과하다는 사실을 깨닫게 되었을 것이다.

좀 더 직접적으로 말하자면 많은 국가들이 미국이 더는 금 태환 약속을 지킬 것이라고 믿지 못하게 되었고, 달러의 가치가 계속해서 떨어질 것이라고 우려하기 시작했다. 이 시기에 미국이 보유한 금이 점차로 빠져나가 경제에 큰 부담이 되었고, 그와 동시에 미국 정부의 브채는 점차로 늘어났다.

미국은 사실상 '세계의 돈 찍는 장치'를 운용하는 특권을 스스로 남용했고, 다른 국가들은 미국의 통화정책이 유발한 인플레이션이 미국 금고에 맡겨 놓은 자신들의 금 보안을 위협한다며 분노했다. 이 국가들은 미국에 금을 넘겨주고 달러를 받았다. 달러의 안정성과 금 태환성을 믿었기 때문이었다. 하지만 미국은 과도하게 찍어 낸 돈으로 세계 경제를 범람시켰고, 달러에 대한 신뢰는 무너지기 시작했으며, 다른 국가들은 다시 금을 돌려받기를 원했다.

점차로 더 많은 국가가 달러를 금으로 바꾸자 미국 금고의 금은 위험할 정도로 줄어들었다. 브레턴우즈 체제를 떠받치고 있던 아슬아슬한 균형, 즉 모든 달러는 일정량의 금으로 뒷받침된다는 전제가 더는 유지될 수 없게 된 것이다. 미국 금고로 집중되었던 세계의 금은 1960년대에 이르러 다시 빠져나가기 시작했다. 달러가 세계 통화 체계를 떠받치는 기반이었던 만큼, 달러가 흔들리는 것은 전체 글로벌 통화 시스템의 붕괴 위험을 의미했다.

결정적 사건은 1971년에 찾아왔다. 그해 8월 15일, 리처드 닉슨(Richard Nixon) 대통령은 TV 연설을 통해 '닉슨 쇼크'로 알려진 발표를 했다. "달러는 더 이상 금으로 교환되지 않는다"라는 것이 요지였다. 이것은 마치 은행 정문 앞에 고객들이 줄지어 서 있는데, 은행 직원이 나와서 갑자기 셔터를 내리고 "오늘은 문 닫습니다"라고 선언하는 것과 같았다. 닉슨의 선언은 청천벽력과도 같았고, 브레턴우즈 체제는 그 순간을 기점으로 완전히 막을 내렸다. 금 태환의 중지는 이후에다시는 재개되지 않았다. 그때, 달러가 빚을 갚겠다는 약속인 정부의 차용증(IOU)만으로 담보되는 진정한 법정통화(Fiat) 체제가 탄생했다.

여러분은 아마도 궁금해질 것이다. 미국 정부가 금 태환 약속을 파기해서 세계 경제에 불안정을 초래한 이후에도 어떻게 미국이 전 세계의 준비 통화 보유국 지위를 유지할 수 있었을까? 그에 대한 대답은 상당 부분 전략적 외교와 많은 이들이 '페트로달러(Petrodollar) 체제'라고 부르는 시스템의 구축에 있다. 1971년 달러의 금 태환을 종료한 이후, 미국은 세계가 여전히 달러를 필요로 하도록 만들 새로운 장치가 필요했다. 1970년대에 미국은 사우디아라비아와 같은 산유국들과 협정을 맺어, 세계에서 가장 중요한 자원인 석유를 오직 달러로만 거래하도록 만들었다.

헨리 키신저(Henry Kissinger) 등 핵심 인사들이 주도한 페트로달러 체제는 1970년대에 정착되었으며(이 제도적 합의는 약 25년 뒤인 1999년에 공식 종료되었다) 달러의 패권을 공고히 하고 연장하는 데 결정적 역할을 했다. 이 체제 아래에서는 석유를 구매하려는 모든 나라가 대량의 달러를 보유해야 했다. 한편 석유 수출국들은 벌어들인 달러를 미 재무부 국채에 투자했다. 이는 달러 가치를 떠받치며 미국의 글로벌 경제력을 더욱 강화하는 순환 구조를 만들었다. 이처럼 달러에 대한 지속적인 세계적 수요가 보장되자, 미국은 다시금 늘어나는 재정적자를 부담 없이 조달할 수 있게 되었다. 적어도 한동안은 그랬다.

곧 이러한 '기축통화 프리미엄'이 어떻게 양날의 검으로 작용하게 되었는지 살펴볼 것이다. 이 프리미엄은 미국에 막대한 국제적 영향력을 부여하고, 수많은 국민이 의존하는 사회복지 프로그램의 확대를 가능하게 했다. 하지만 의도하지 않은 결과였을지라도, 동시에 미국 노동계급의 몰락을 부추기고 미래 세대의 자원을 조용히 도둑질하는 결과를 가져오기도 했다.

오늘날 많은 미국인이 겪는 고통, 예를 들어 중산층 공동화와 치솟는 주거비와 의료비 등은 사실 미국이 세계 기축통화 발행국이라는 지위와 직접적으로 연결되어 있다. 그렇다면 이 현상을 좀 더 자세히 들여다볼 필요가 있다. 불과 얼마 전까지만 해도 미국은 제조업 강국이었다. 소비재에서 첨단 기술에 이르기까지, 미국은 소비하는 것보다 더 많이 만들던 나라였다. 미국은 직접 '무언가를 만드는 나라'였다.

미국의 기업가 정신과 공동체 의식은 이 모든 것들을 떠받치고 있는 학교, 도로 같은 기반 시설과 함께 전 세계의 사람들의 눈에 미국을 '기회의 땅'이자 '희망의 등대'로 보이게 했다. 우리 가족도 바로 그런 사람들이었다. 그 희망은 다양한 미국적인 제품들로 상징되었다. 어머니는 내가 어릴 적에 폴란드에서는 누구나 '메이드 인 USA' 제품을 갖고 싶어 했다고 이야기해 주곤 했다. 가장 선망되던 미국 제품들 가운데 미국의 상징과도 같은 청바지가 있었다. 리바이스(Levi Strauss & Co.)는 그들의 표현대로 전 세계 사람들에게 '자유와 독립을 상징'했다.[3] 특히 동유럽 사람들에게 그러했다.

미국인들에게나 해외 사람들에게나 실망스럽게도 그토

록 빛났던 미국의 이미지는 최근 빛이 바랬다. 리바이스 청바지조차 이제 거의 대부분 미국 밖에서 생산되고 있다. 오늘날 우리가 입는 옷이나 집 안에서 사용하는 제품의 라벨을 보면 대부분 아시아에서 제조되고 있음을 알 수 있다. 만일 어떤 제품이 메이드 인 USA일 경우, 그 사실은 포장에 매우 크게 강조된다. 이는 제조업이 미국 내에서 점점 어려워진 현실을 뚫고 생산되었음을 나타내거나, 암묵적으로 미국산 제품을 위해 조금 더 돈을 지불할 의향이 있는 소비자를 겨냥한다는 의미일 수 있다.

이러한 변화의 배경에는 무엇이 있을까? 무역정책도 분명 영향을 미쳤지만 더 근본적으로는 '트리핀 딜레마(Triffin Dilemma)'라 불리는 구조적 문제가 작동한다. 이는 한 나라의 통화가 세계 기축통화 역할을 할 때, 국내 경제적 이익과 글로벌 의무 사이에 필연적 충돌이 발생함을 보여 준다. 달러가 기축통화이기 때문에 해외 중앙은행들은 무역 결제와 자국 금융 안정을 위해 대규모 달러를 보유해야 한다. 그리고 달러를 얻는 가장 확실한 방법은 전자제품, 석유, 의류 등 각종 제품을 미국 시장에 팔고 대금을 달러로 받는 것이다. 그 결과 미국에는 전 세계 물건이 끊임없이 들어오고, 달러는 세계 곳곳으로 흘러 나가며, 달러에 대한 구조적, 지속적 수요가 유지된다.

계속되는 무역적자는 달러가 기축통화 지위를 유지하기

위해 치러야 하는 본질적인 대가인 것이다. 이러한 시스템은 전 세계가 달러에 접근할 수 있게 해 주지만, 그만큼 부담도 있다. 미국 제조업은 값싼 해외 제품과 서비스와의 경쟁 압력에 지속적으로 시달려야 했다. 제조업이 낮은 비용을 찾아 해외로 이전하면서 미국의 일자리는 감소했고 임금은 정체되었다. 그 충격을 고스란히 떠안은 것은 노동계급이었다. 시간이 흐름에 따라 미국에서 고임금 일자리는 점점 줄어들었고, 이와 같은 산업 기반의 침식은 경제적 불평등을 확대하며 중산층 기반을 무너뜨렸다.

몇 년 정도의 무역적자는 큰 문제가 아닐 수 있지만, 그것이 수십 년간 계속되면 구조적으로 굳어져 되돌리기가 어려워진다. 무역적자는 겉으로 보기에는 미국이 종이 차용증(달러)을 주고 물건을 얻는 유리한 거래처럼 보인다. 하지만 실제로는 기업 지분이나 토지 같은 귀중한 자산을 외국에 넘기고 있는 셈이다. 이것은 장기적 부를 쌓는 것이 아니라, 단기 소비를 위해 미래 자산을 팔아 치우는 것과 같다. 그 결과, 시간이 갈수록 외국 투자자들이 더 많은 미국 기업과 미국 정부의 부채를 보유하게 되고 미래 세대가 가질 자산은 점점 줄어든다.

20세기 말에 이르자 미국은 생산과 수출하는 것보다 훨씬 더 많은 상품을 수입하는 나라가 되었다. 겉으로는 달러의 패권이 유지되는 것처럼 보였지만, 이면에서는 미국 경제가 점점 더 속 빈 강정처럼 변해 가고 있었다. 결국 미국은 생산하는 것보다 더 많이 소비하면서, 한때 자신을 초강대국으로 이끌었던 경제적 토대를 저버렸던 것이다. 기축통화국이라는 특권은 그 뒤에 감추어진 더욱 심원한 진실을 가려 버린다. 기축통화국으로서 받는 혜택과 치르는 대가가 모든 미국인에게 골고루 분배되지 않는다는 것이 진실이다.

공장이 문을 닫고 생산이 해외로 빠져나갔음에도 미국은 무너지지 않았다. 미국은 제조업을 포기하고 돈을 중심으로 스스로를 재편했다. 자동차나 세탁기를 만들어 수익을 얻는 대신, 금융 포트폴리오를 만들어 돈을 벌었다. 주택 담보 대출을 이리저리 묶어 내고, 주식을 밀리초 단위로 거래하며, 부채를 잘게 쪼개 투자상품으로 재포장하는 방식들이었다. 이런 변화를 '금융화(Financialization)'라고 하는데, 금융화 시대에는 월스트리트와 대형 은행, 부동산 재벌들이 천문학적 부를 쌓았다. 그러는 동안 조립 공정에서 일하던 사람들의 일자리는 사라져 갔다.

동시에 돈은 신흥 기술 산업으로 흘러 들어갔다. 이 돈들은 소프트웨어, 플랫폼, 최첨단 디지털 산업에 대한 투기적 투자를 기반으로 한 새로운 형태의 부에 연료를 공급했다. 간단히 말하자면 경제의 권력 중심이 공장 바닥에서 트레이딩 플로어로 이동한 것이다. 과거에는 물건을 만드는 사람들이 향유하던 이익을 이제는 돈을 '관리하는' 사람들이 가져가게 되었다.

역사적으로 금융의 역할은 생산적 경제 활동을 지원하기 위해 자본을 공급하는 것이었다. 은행은 기업이 공장을 짓고, 장비를 사고, 사람을 고용하도록 자금을 대출해 주었다. 그러나 금융화된 경제에서는 금융 자체가 목적이 된다. 실제 물자나 서비스를 생산하고 판매하는 데서가 아니라 투기, 금융상품 거래, 부채 레버리지를 통해 이익이 창출된다.

만일 여러분이 소비자 상품이라는 개념은 직관적으로 이해가 되지만 2008년 금융위기의 핵심 촉매였던 상품인 주택담보 대출 증권(MBS)과 같은 개념이 낯설게 느껴진다면, 그런 생각을 하는 사람이 여러분만이 아니고 실제로 전혀 틀린 생각이 아니다. 월스트리트는 이런 것들을 '상품'이라고 부르지만, 금융상품들은 우리가 일반적으로 이해하는 상품과는 매우 거리가 멀다. 전 세계 시장에 팔 물건들이 점점 줄어드는 상태에서 미국은 종종 위험한 방식으로 기축통화국 지위를 활용해 왔다.

자유 은행 시대에는 지나친 위험 감수로 은행이 파산하는 일이 흔했다. 그러나 몸집을 불린 은행들은 더 이상 위험 감수에 신중해야 할 이유가 없어졌다. 은행과 금융기관 들은 연준이 항상 자신들을 구해 줄 것이라는 사실을 알고 있기 때문이다. 실제로 2008년 위기 당시, 정부는 약 4,980억 달러 또는 미국 GDP의 약 3.5%를 투입[*]해서 은행들을 구제했다.[4] 그리고 비용은 늘 그렇듯, 성실히 일하는 미국 시민들이 부담했다.

다시 말해, 미국이 기축통화국으로 자리 잡는 데 밑바탕이 되었던 노동자들은 새로운 경제에서 오히려 소외되고, 그 빈틈을 메우는 부담은 결국 모든 미국인에게 돌아간 것이다. 그리고 중앙은행이 통화 가치를 희석할 수 있다면, 정부의 우선순위에 따라 자원이 은밀히 재배분될 수 있다. 중앙은행과 정치인은 경제를 자신들이 원하는 방향으로 유도하기 위해 시대에 따라 새로운 수단을 만들어 낼 수 있다. 그들에게 제약이 있다면 그것은 오직 특정 시대에 책임을 맡고 있는 특정 사람들의 신념, 상상력, 세계관뿐이다. 통화량 공급의 통제가 권력을 가진 계층의 손에 달려 있다면, 그 권력은 필연적으로 점점 더 적은 수의 사람에게로 집중되고 강화될 수밖에 없다.

특정 개인이나 집단, 혹은 어느 정당을 비판하려는 것이 아니다. 문제는 구조적 결함이며, 오히려 이러한 결함은 왜 미국이 '통제되지 않은 중앙집중'을 막기 위해 그토록 신중하게 제도를 설계했는지를 분명하게 보여 준다. 끊임없는 견제와

---

[*] 2008년 금융위기 당시 미국 의회가 승인한 TARP의 규모는 7,000억 달러였지만, 실제로 집행된 금액은 약 4,260억 달러 수준이었다. 또한 은행, 보험사, 자동차 기업 등을 포함한 정부의 전체 구제 조치 비용은 약 4,980억 달러로 추정된다.

균형, 그리고 권력의 분산 없이는 독재를 막기 위해 마련된 안전장치는 서서히 침식되고, 미국 건국의 아버지들이 극도로 경계했던 권력 집중이 다시금 가능해진다.

전 세계가 강한 화폐에서 멀어진 과정은 우리가 상상하는 것처럼 완전히 우연도, 완벽히 계획된 음모도 아니었을 것이다. 지난 6장에서 보았듯, 금이 국제 통화로서 가진 물리적 한계의 피할 수 없는 결과였을 것이다. 금은 휴대성이 떨어지고, 대규모 거래에 비효율적이며, 그 결과 필연적으로 중앙집중화될 수밖에 없는 통화이다. 이와 같은 금의 속성은 점점 더 연결되는 세계 경제 속에서 중앙집중화가 편리할 뿐 아니라, 필연적인 흐름이 되게 만들었다.

결국 상황은 이렇게 정리할 수 있다. '규칙'의 체계가 '통치자'의 체계로 대체되기 위한 조건은 이미 모두 갖춰져 있었다. 돈의 흐름을 죄거나 풀 수 있는 세상에서는 밸브를 쥔 자가 모든 것을 좌우하게 된다. 여기에서 한 가지 명확히 하자면, 나는 미국 달러가 더 이상 기축통화가 되어서는 안 된다고 주장하는 것이 아니다. 달러의 역할은 세계 안정과 무역 확대에 상당한 기여를 해 왔다. 그러나 이 시스템의 의도치 않은 결과(끝없는 부채 증가, 극심한 부의 집중, 금융 불안정)를 보면 미래를 위해서는 더 신중하고 회복력 있는 접근이 필요하다는 사실이 분명하다.

달러가 계속 국제 거래의 통화로 사용되더라도 어떤 단일 국가의 정책이나 권력에 의해 흔들리지 않는 중립적 준비자산을 그려야 한다. 시간이 지나도 가치가 보존되고, 어느 정부도 마음대로 조작할 수 없는 자산 말이다. 다음 장들에서 비트코인이 어떻게 국제 준비자산으로서 적합한 속성을 지니고 있는지 살펴볼 것이다. 고정된 공급량, 탈중앙화된 구조, 투명한 운영 방식을 가진 비트코인은 국가 통화를 보완하고, 다시금 강한 화폐 체계로 돌아가는 길을 제시할 수 있음을 보여 준다.

앞서 말한 것처럼 정부가 담보 없이 발행하는 화폐를 '법정화폐'라고 한다. 법정화폐는 금처럼 보편적 가치를 지닌 실물자산에 연동되지 않고, 단지 정부의 약속(예컨대 미국 정부의 완전한 신뢰와 신용)이나 군사력에 의해 가치가 뒷받침되는 통화를 뜻한다. 금본위제가 작동하던 세계에서는 자연(금)이 화폐의 가치를 단단히 고정하는 닻(혹은 고정축)이었고, 지폐는 실제 가치를 추상적으로 표현한 것에 불과했다. 그러나 그러한 가치를 붙잡아 줄 자연의 자원이 없는 법정화폐 체제에서 돈은 전적으로 중앙은행을 운영하는 불완전한 인간들의 판단과 재량에 달려 있다.

금본위제의 쇠퇴는 수십 년에 걸쳐 이루어진 돈의 가치와 실물 금의 점진적 단절 과정이었고, 1971년 달러의 완전한 금 태환 종료로 절정에 이르렀다. 그 이후 세계 경제는 완전한 전인미답의 영역으로 들어섰다.

8장 요약

제2차 세계대전 이후 정부 지출이 급증하면서
이를 뒷받침할 금보다 훨씬 많은 달러가
시중에 풀리기 시작했다. 그러자 외국 정부들은
다시금 자신들이 보유한 달러를 금으로 교환하기
시작했고, 미국의 금 보유량은 빠르게 고갈되었다.
1971년 닉슨 대통령은 달러의 금 태환을 전격
중단했다. 그리고 이 결정은 세계 경제의 지형을
근본적으로 바꾸어 놓았다. 화폐가치를
금의 자연적 희소성에 고정하는 대신,
달러는 중앙은행과 정치인의 판단에 의존하는 체제로
전환된 것이다. 이때부터 정부의 약속만을 담보로 하는
법정통화 시대가 시작되었다.
달러가 금에서 완전히 분리된 순간,
세계는 화폐 희소성을 지탱하던 마지막 닻을 잃었다.
이 변화는 미국 경제뿐만 아니라,
전 세계 경제 질서를 완전히 새롭게 재편했다.

모두
대가를 치렀다

"임시 조치만큼
영구적인 것은 없다."

― 알렉스 글래드스타인(*Alex Gladstein*)

1971년 미국이 금본위제를 포기한 결정은 장기적으로 그 어떤 것보다 극적이고 심원한 영향을 미쳤다. 거의 모든 지표에서, 그 결정은 경제가 두 갈래로 갈라지는 거대한 분기점이었음이 드러난다. 다음 도표에서 보이는 노동자의 임금과 생산성 사이에 벌어진 차이도 두드러진 사례이다. 닉슨 쇼크 이전의 세계와 그 이후의 세계는 분명히 달랐다.

도표는 생산성(노동자 한 사람이 1시간 동안 산출하는 작업량)과 노동자의 평균 임금이라는 두 개의 선을 보여 준다. 두 선은 1970년대 초까지는 매우 가깝게 같이 움직였다. 그러나 달러가 금에서 완전히 분리된 순간부터 생산성은 계속 상승

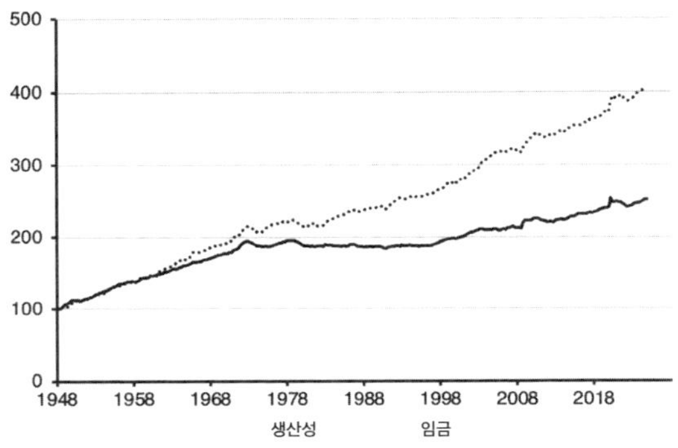

출처: 미국 노동 통계국(U.S. Bureau of Labor Statistics) 산하 경제 정책 연구소(Economic Policy Institute)

했지만, 임금은 거의 늘지 않았다. 즉 더 많이 생산된 이윤은 기업과 투자자에게 돌아갔고, 노동자의 급여로는 이어지지 않았던 것이다.

그렇다면 왜 이런 일이 벌어졌을까? 새로 발행된 돈이 경제 안으로 흘러 들어올 때, 항상 돈의 발원지 근처에 있는 사람들(대기업, 부유층, 정치 및 금융 네트워크에 가까운 사람들)에게 가장 먼저 흘러간다는 사실을 기억하자. 이들은 돈을 장기적으로 더 많은 이익을 낼 수 있는 사업이나 금융상품에 투입한다. 기업은 기본적으로 투입한 자본 대비 수익률 극대화를 목표로 한다. 기업은 노동자의 임금을 높이는 데에는 큰 관심이 없다.

임금을 올리는 것은 장기적 가치를 높이는 투자라기보다

는 당장 나가는 비용으로 여겨진다. 돈 찍어 내는 장치에 가까이 있는 자들에게는 자금을 자산에 투자하는 것이 가장 빠르고 확실한 이익이 된다. 하지만 만약 돈 자체의 가치가 안정적으로 유지되는 환경이었다면, 기업 입장에서 오히려 노동자에게 투자하고 사업의 내실을 키우는 쪽이 훨씬 더 매력적인 선택지가 되었을 것이다. 그런데 대부분의 임금 노동자는 주식이나 부동산과 같은 자산을 부유층만큼 많이 보유하고 있지 않다. 이들은 생계를 월급에 의존하고 있지만, 임금 상승 속도는 주식이나 부동산 가격 상승 속도를 따라가지 못한다. 그 결과, 부유층과 나머지 사람들 사이의 격차는 점점 벌어진다.

1980년대부터 대기업 경영자들의 보상은 점점 주가와 연동되기 시작했다. 즉 기업의 주가가 오르면 경영진이 큰 보상을 받게 되었다. 그것은 주로 스톡옵션(Stock Option)* 지분 보상의 형태였다. 애초에는 경영진과 주주의 이해를 일치시키기 위한 취지였지만, 결과적으르는 직원 임금, 설비 투자, 근무 환경 개선과 같은 장기적 투자보다는 단기 주가 부양에 집중하도록 만드는 강력한 유인을 만들었다.

그 결과는 어땠을까? 1970년대 이후 CEO 보수는 무려

---

* 회사가 임직원 등에게 일정 기간 후에 미리 정해진 가격으로 회사의 주식을 매수할 수 있는 권리를 부여하는 제도.

1,000% 이상 상승했다. 과거 CEO는 일반 노동자보다 약 20배 정도 더 벌었는데, 오늘날 그 차이는 거의 300배로 벌어 졌다.[1] 기업들이 주가를 부양하기 위해 흔히 사용하는 전술은 자사주 매입이다. 자사주 매입이란 말 그대로 기업이 잉여 현금을 가지고 시장에서 자신의 주식을 다시 사들이는 것이다. 그 결과 유통 주식 수가 줄어들면 주당 가치가 올라가고, 이는 주가를 끌어올린다. 자사주 매입 자체는 문제가 아니다. 그런데 1980년대 이후, 규제가 완화되고 싼 돈이 시장으로 밀려 들어오자, 기업들은 종종 낮은 이자로 빌린 돈까지 투입해서 엄청난 규모로 자사주를 매입했다.

자사주 매입 규모는 해가 갈수록 늘어났다. 2022년, S&P500 기업들은 9,000억 달러 이상을 자사주 매입에 사용했다.[2] 투자수익 극대화를 위한 다른 유인들과 마찬가지로, 자사주 매입은 주주와 경영진에게 혜택을 주었다. 경영진 보상의 상당 부분이 주가에 연동된다. 반면, 기업의 직원이나 생산설비에 대한 투자는 뒷전으로 밀려나게 만든다. 그 결과 점점 더 불균형이 커지고 있다. 자산을 가진 이들의 이익은 눈덩이처럼 불어나지만, 평범한 노동자들은 제자리걸음을 할 수밖에 없는 구조가 고착되고 있는 것이다.

노동계급 사람들은 사방에서 압력을 받기 시작했다. 캠벨 토마토 수프 캔의 가격을 떠올려 보자. 이 유명한 제품은 과거 75년 가까이 가격이 거의 오르지 않았다. 그러나 1970년

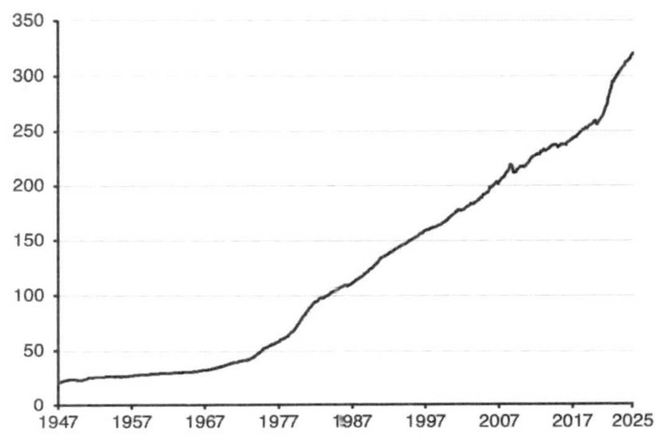

출처: 미니애폴리스 연준 은행, 미국 노동 통계국

대 초중반 이후 가격은 가파르게 상승하기 시작했다. 위 그래프를 보면 상황이 더욱 분명해진다. 지난 100년간 누적 인플레이션을 나타내는 도표를 슬쩍 보기만 해도 같은 이야기가 반복되고 있음을 단번에 알아챌 수 있다. 바로 그 당시 뭔가 결정적인 변화가 일어났고, 그 여파가 지금까지도 계속되고 있다는 사실 말이다.

미국 경제의 장기간 패턴을 추적하는 거의 모든 그래프의 거의 모든 지표에 있어서 공통적인 패턴이 발견된다. 1971년 즈음을 기점으로 경제의 대전환이 일어났다. 달러가 금으로부터 최종적으로 분리된 것은 마치 거대한 댐이 열리는 것과 같았다. 막대한 양의 물이 빠르고 힘차게 흘러내렸다. 한 번 풀려난 힘은 그것을 풀어 준 시스템조차 다시 가두거나 되돌릴 수 없다.

화폐가치의 '방정식'에서 금이 사라지고, 돈이 금의 무게가 아니라 정부의 약속으로 대체되는 순간부터, 화폐의 가치는 정치적 결정에 따라 오르내릴 수밖에 없게 되었다. 법정통화의 시대에 들어선 것이다. 법정통화는 미리 정해진 일정에 따라 발행되지 않고, 금 태환 같은 제약 조건의 구속을 받지도 않는다. 대신, 법정통화의 공급은 신용의 확장과 축소를 목적으로 조절된다. 즉 금융의 수도꼭지를 쥔 당국이 마음만 먹으면 신용의 물줄기를 늘리거나 줄일 수 있다.

미국이 세계 제조업 경쟁에서 점점 뒤처지는 동안, 미국 경제가 단순히 손 놓고 포기하거나 붕괴한 것은 아니었다. 8장에서 살펴본 것처럼, 미국은 생산 중심의 경제에서 금융 중심의 경제, 금융화로 방향을 틀었다. 강한 화폐를 기반으로 한 경제에서는 신용 규모를 마음대로 키우거나 허공에서 찍어 내는 일이 불가능하다. 하지만 은행들이 그런 규칙을 따르지 않아도 되는 순간부터, 온갖 공격적이고 위험한 베팅을 자유롭게 할 수 있게 된다. 게다가 설사 그들이 오판을 하더라도, 연준이 나타나 구해 줄 것이라는 사실을 알고 있다면 베팅은 더욱 쉬워진다.

조금만 생각해 보면 은행들의 이런 위험 감수를 '오판'이라고 부르는 것도 정확하지 않다. 은행들이 위험한 베팅을 하는 것은 단순히 확률을 오판해서가 아니다. 그들은 위험을 감수하면 보상을 받고, 손실은 사회 전체가 떠안도록 설계된 시스템에 지극히 합리적으로 반응하는 것이기 때문이다. 이러한 역학은 바로 도덕적 해이(Moral Hazard)라 불린다. 실패해도 책임을 지지 않아도 되는 구조에서는 누구나 더 큰 위험을 감수할 유인을 갖게 된다.

따라서 은행 입장에서는 오히려 도박을 하지 않는 것이 무책임한 일처럼 보일 수도 있다. 특히 일이 잘못되더라도 연준이 나서서 손실을 메워 줄 것이라는 확신이 있을 때는 더더욱 그렇다. 돈이 더 이상 객관적으로 측정 가능한 무엇인가(예컨대 금)와 연결되어 있지 않게 되는 순간, 정부가 당면한 문제를 해결하기 위해 '돈 찍어 내는 장치'에 손을 대고 싶은 유혹은 사실상 거부할 수 없어진다.

다시 강조하지만, 이는 특정 개인이나 특정 결정, 혹은 특정 정당을 비난하려는 것이 아니다. 모든 것은 순전히 동기의 문제다. 어느 진영의 지도자이든 '지금 당장' 성과를 보여 달라는 대중의 요구에 부응해야 한다는 생각은 거의 본능과 같이 각인되어 있다. 설사 그 결과로 미래에 감당해야 할 부담이 커지더라도 말이다.

그러므로 정당을 불문하고 정치인의 약속이 시간이 지날수록 가치가 떨어지는 것처럼 보이는 것은 결코 이상한 일이 아니다. 마치 그들이 대표하는 돈이 시간이 지날수록 가치가 떨어지는 것과도 같다. 개별 은행들이 연준이라는 우산 아래

통합되고, 돈을 찍어 내는 권한이 중앙에 집중되자 경제 전체는 점점 통화 공급 확대에 의존하게 되었다. 이는 마치 중독자가 또 하루를 버티기 위해 계속해서 약물을 찾는 것과 같은 모습이다.

이 비유는 '수확 체감의 법칙'을 생각해 보면 더 명확해진다. 중독이 깊어질수록, 중독자는 같은 효과를 얻기 위해서 이전보다 더 많은 양의 물질을 필요로 한다. 이와 마찬가지로 통화 중독에 빠진 시스템도 점점 더 많은 돈을 필요로 한다.

법정통화 시스템은 은행과 기업, 그리고 부유한 투자자들에게 막대한 혜택을 안겨 주었다. 은행은 대출을 내주고, 인플레이션으로 물가가 오르면 주택 같은 실물 자산의 가치 또한 함께 오른다. 자산 보유자는 자산을 팔아 이익을 얻고, 그 돈으로 대출을 갚은 뒤 다시 새로운 자산을 산다. 은행은 들어온 돈으로 다음 구매자에게 또다시 대출을 내주며 매번 이자를 챙긴다. 이 순환은 끝없이 반복되며, 자산을 가진 이들과 은행을 계속해서 더 부유하게 만든다.

신용에 기반을 두고 인플레이션을 추진력으로 돌아가는 시스템에서는 자산을 보유하는 것이 앞서 나가는 유일한 길이 된다. 돈이 새로 만들어질수록 물가가 오르고 주택, 주식, 토지와 같은 자산의 가치는 더욱 상승한다. 반면 현금은 시간이 갈수록 구매력을 잃기 때문에 생산적인 저축 수단이 될 수 없다.

인플레이션은 저축하는 사람들을 처벌한다. 만일 강한 화폐에 기반한 세계였다면 저축은 장기적 계획과 안정의 초석이 되었을 것이다. 미래를 잠식하는 것이 아니라, 미래를 견고하게 세워 나가는 수단이 되었을 것이다. 그리고 앞서 살펴본 것처럼, 주택과 같은 자산이 가격이 오르는 이유는 근본적으로 자산의 가치가 올라가서가 아니다. 단지 통화 공급이 늘어날수록 같은 단위의 달러가 구매력을 잃어 가기 때문이다. 즉 같은 물건을 사기 위해 더 많은 달러가 필요하기 때문일 뿐이다. 우리가 '모노폴리' 예시에서 보았던 바로 그 현상이다.

자산을 이미 보유하고 있는 부유한 개인과 기업은 이렇게 새로 찍어 낸 '값싼 달러'를 이용해 물가가 오르기 전에 더 많은 자산을 선점할 수 있다. 그 돈이 경제 전체로 퍼져 나갈 무렵이면, 일상적인 상품들의 가격은 이미 올라 있다.

오늘날 벌어지는 통화 인플레이션의 상당 부분은 실질 성장을 전혀 반영하지 못한다. 부채가 '성장'의 가면을 쓰고 나타난 착시에 가깝다. 통화 공급의 폭발적 확대는 마술이 아니라 단지 빚의 결과물일 뿐이다. 이렇게 조성된 경제는 겉으로는 활황처럼 보이지만, 속을 들여다보면 차용증(IOU)을 차곡차곡 쌓아 올린 구조에 지나지 않는다.

생산이 늘지도 않고 고객이 늘지도 않는데 계속해서 빚을 내서 마치 성장이 일어나는 것처럼 보이도록 하는 기업을 상상해 보자. 겉으로는 모든 것이 좋아 보인다. 실적이 늘어나는 것처럼 보이고, 사업은 확장되는 듯하며, 언론은 성공 스토리를 써낸다. 하지만 그럴듯한 겉모습 아래에는 언젠가 반드시 갚아야 할 빚이 끝없이 쌓여 있을 뿐이다.

지금 세계적으로 벌어지는 일이 바로 이와 같다. 2023년 기준 세계 경제 규모가 약 105조 달러로 성장한 반면[3], 전 세계 부채는 사상 최고치인 313조 달러에 달했다.[4] 이는 경제가 1달러 성장할 때마다 거의 2.5달러의 빚을 더 쌓아 왔다는 의미다. 만약 미국 재무부가 영리 기업이었다면, 어느 은행도 대출을 승인해 주지 않았을 것이다. 그럼에도 우리는 계속 같은 전략을 더 큰 규모로 반복하고 있다. 점점 더 많은 빚을 지는데, 그 부채가 만들어 내는 성과는 점점 더 작아지는 악순환에 접어든 것이다.[5]

2023년에는 미국 역사상 처음으로 국방비보다 부채 이자 상환에 더 많은 예산을 썼다.[6] 부채에 기대 성장하는 구조는 분명 지속 가능하지 않다. 부채가 쌓일수록, 부채를 유지하는 비용(이자를 지불하는 비용)은 미래의 성장을 짓누르는 무거운 짐이 된다. 과도한 레버리지를 안고 버티는 기업이 언젠가는 한계에 봉착하듯, 한 나라의 경제도 미래의 성장 능력을 저당 잡힌 채 영원히 버틸 수는 없다. 따라서 매년 통화 공급이 늘어나는 모습을 본다면, 그것은 건강한 신호가 아니라 경고등이라고 이해해야 한다.

일부 경제학자들은 정부 부채는 가계 부채와 달리 갚을 필요가 없고, 새로 부채를 발행해서 돌려막기만 하면 된다고 주장한다. 그러나 이는 신뢰, 자원, 현실에 한계가 있다는 사실을 무시한 의견이다. 부채의 한계를 한도 끝도 없이 팽창시켜 은하계 바깥까지 밀어붙일 수는 없지 않을까? 조만간 어떤 형태로든(인플레이션이든, 세금이든, 국가 부도든, 사회적 붕괴든) 청구서가 날아올 것이다. 우리 경제는 지금 점점 늘어나는 빚 속에서 무너지지 않고 간신히 버티고 있는 형국이다. 그러나 그 빚은 언젠가, 누군가가 갚아야만 한다.

이런 현상의 반대편, 그러니까 동전(코인)의 뒷면에는 디플레이션이 있다. 디플레이션 체제에서는 시간이 지날수록 물가가 계속 떨어지고, 돈의 구매력은 더 강해진다. 이런 상황에서는 빚을 내는 사람보다 돈을 저축하는 사람이 더 앞서 나간다. 오늘 저축한 달러로 미래에 더 많은 재화와 서비스를 살 수 있기 때문이다.

하지만 이런 세상을 상상하기는 쉽지 않다. 우리가 인플레이션이 자연스럽고 필연적이라고 믿는 이유는《미래의 가격》의 저자 제프 부스가 지적하듯, 인플레이션 없이는 유지될 수 없는 시스템 안에서 살아왔기 때문이다.[7] 가격 하락은 직관적으로 좋은 일처럼 느껴진다. 예컨대, 한때 수천 달러나 하던 개인용 컴퓨터나 GPS가 지금은 누구나 살 수 있도록 저렴해졌다는 사실은 분명 반가운 일이다.[8] 하지만 현재 우리의 경제 모델에서는 디플레이션이 재앙으로 여겨진다.[9] 어떤 이유에서든 디플레이션은 재화에 대한 수요가 줄어들어서 그에 따라 가격을 낮추어야 하는 압력을 뜻하기 때문이다.

그런데 부스는 이보다 더 근본적인 이유가 있다고 주장한다. 디플레이션이 두려운 진짜 이유는 지금의 경제 모델이 신용 위에 구축되어 있기 때문이다. 그리고 디플레이션과 신용은 절대 섞어서는 안 되는 위험한 조합이다. 앞서 살펴보았듯, 신용 기반 경제에서는 은행이 대출을 오래 유지할수록 더 많은 이자를 벌 수 있다. 그런데 물가가 떨어지면 문제가 생긴다. 대출이 만기가 될 때 담보 자산의 가치가 대출 당시보다 낮아질 수 있기 때문이다.

동시에 우리가 갚아야 하는 돈의 가치는 오히려 높아지기 때문에, 부채 상환 부담은 더 커진다. 대출을 갚기가 어려워지면 연체가 늘고, 은행은 대출을 줄일 수밖에 없다. 이런 일이 계속 반복되면 신용은 말라붙고 경제 전체가 멈춰 설 위험이 있다. 지금처럼 부채에 흠뻑 젖은 시스템에서는 대출이 위축되는 것은 큰 문제다. 하지만 부채 의존도가 낮은 경제라면, 물가 하락은 문제가 아니라 오히려 장점이 될 수 있다. 물건은 더 저렴해지고, 월급으로 할 수 있는 일이 더 많아지고, 저축은 시간이 갈수록 더 큰 힘을 갖는다. 이런 환경에서는 경제 성장의 혜택이 지금처럼 이자를 통해 돈을 빌려준 은행으로 쭉 빨려 올라가는 대신 좀 더 직접적으로 근로자와 저축하는 사람들에게 돌아갈 것이다.

아마도 여러분은 지금쯤 연준이 사실상 자신이 만들어 낸 인플레이션 기반 경제를 떠받쳐야 하는 임무를 지고 있다는 사실을 분명히 깨달았을 것이다. 그리고 연준은 그 과정에서 원래 자신이 막아야 했던 바로 그 금융 거품과 위기의 빈도와 강도를 오히려 직접 높여 왔다. 2008년 글로벌 금융위기가 전 세계를 뒤흔들었을 때, 지도자들은 혹독한 선택 앞에 서 있었다. 무모하게 위험을 떠안으며 대출을 과도하게 늘린 은행들을 그냥 무너뜨려 세계 경제 전체를 붕괴시키게 둘 것인가, 아니면 또다시 너무 커져서 무너지게 둘 수 없는 대마불사라는 이유로 막대한 돈을 찍어 내 그들을 구제할 것인가.

지난 수십 년 동안 우리 대부분이 먹고살기 바빠서 알아차리지도 못한 사이에, 금융 시스템은 현실과의 연결 고리를 잃고 광기에 가까운 상태로 치달았다. 은행들은 아무런 상환 능력이 없는 사람들에게까지 신나게 대출을 해 주었다. 어차피 대출 만기가 돌아올 때쯤이면 그 대출은 모호한 각종 금융 '상품'으로 포장되어 어디론가 팔려 나갈 터였다. 대출 상환 여부는 이제 남의 문제가 된 것이다.

어떤 의미에서는 그들의 계산이 맞았다. 무책임한 행동의 대가를 치르는 대신, 대부분의 은행과 은행가 들은 위기에서 멀쩡하게 빠져나갔다. 새로 찍어 낸 막대한 자금은 그들의 무책임함을 오히려 보상해 주었다. 반면 우리 부모님과 같은 평범한 사람들이 집과 직장을 잃었다. 분노한 시민들은 비난할 대상을 찾아 각각의 이데올로기 극단으로 멀어져 갔고, 정치적 양극화는 암처럼 사회 전반에 번져 나갔다. 시중에 풀린 막대한 자금으로 향후 10년 이상 지속될 인플레이션의 밥상이 차려졌다. 그리고 그 부담은 다음 세대로 넘겨졌다. 미국뿐만 아니라 전 세계의 새로운 세대가 함께 겪게 될 고통이었다.

우리는 아직도 2008년 금융위기를 둘러싼 결정들과 그 결정이 초래한 인플레이션의 그림자 속에서 살아가고 있다. 어디에서나 영향을 체감할 수 있다. 이런 환경에서는 저축이 사실상 무의미해졌고, 노력해서 경제적으로 앞서 나아가는 것 또한 사실상 불가능해졌다. 앞서 살펴보았듯, 인플레이션은 저축에 대한 동기를 억제한다. 미래를 위해 모아 둔 돈이 오늘보다 가치가 떨어질 수밖에 없기 때문이다.

생애 첫 차를 사기 위해 잔디 깎기 부업을 하는 소년부터 내 집 마련을 위해 모기지 계약금(Downpayment)*을 모으는 젊은 부부까지, 불안정한 화폐 시스템의 영향은 눈에 보이지 않을지 몰라도 삶 곳곳에서 체감된다. 해가 바뀔 때마다 우리의 돈은 가치를 잃어 가고, 오늘의 소득으로 미래의 꿈을 지킬

---

* 모기지(주택 담보 대출)를 받아 주택을 구입할 때 선납하는 자기 부담금으로 보통 집값의 10~20%에 해당한다.

기회는 점점 멀어져 간다.

20세기 후반과 21세기 초반의 역사는 현실 세계에 묶어 놓았던 닻을 끊어 낸 금융 시스템이 어떻게 작동해 왔는지를 보여 준다. 그리고 바로 그 시스템이 오늘날 우리를 이 지점으로 데려왔다. 평범한 사람들에게 지금의 상황은 일종의 함정처럼 느껴진다. 구매력을 지키고 키울 방법을 찾지 못하면 미래를 위해 저축할 수가 없다. 하지만 정작 그런 도구들은 노력이 아니라 연줄을 가진 사람들에게만 혜택을 주는 구조이기 때문이다.

과연 난국에서 빠져나올 길이 있을까? 그런 의문이 무르익던 어느 시점, 정체를 알 수 없는 장소에서 '사토시 나카모토(Satoshi Nakamoto)'라는 가명으로 알려진 한 암호학자가 문제를 해결하기 위한 해독제를 조용히 만들어 내고 있었다.

9장 요약

금본위제를 버린 순간 경제 시스템은 필연적으로
부채에 기반을 둔 성장으로 방향을 틀 수밖에 없었다.
생산성이 높아졌음에도 노동자의 임금은 정체되었고,
기업들은 부채를 활용해 이익을 극대화하는 방식에
더욱 의존했다. 그 과정에서 근로자 보상은 희생되었고
불평등은 더욱 깊어졌다.
오늘날에는 경제를 1달러만큼 성장시키기 위해서
3달러의 부채가 필요한 상황에 이르렀다.
이는 지속 불가능한 구조다. 통화 인플레이션은 마치
‘성장’처럼 포장되지만, 실제로는 근로자의
주머니에서 자산 보유자에게로 부를 조용히
이전시키는 과정이다. 보통 사람들에게 부과되는
일종의 ‘숨겨진 세금’인 인플레이션은 이러한 시스템을
떠받치기 위해 필수적이다. 결국 저축하는 사람들이
아닌, 빚을 내는 이들과 자산을 굴리는 이들이
보상받는 구조가 고착되었다. 법정통화가 작동하기
위해서는 영구적 인플레이션이 필요하다.
실질적 성장은 끝없이 늘어나는 부채에 압도되고,
돈은 더 이상 신뢰할 만한 가치 저장 수단으로
작동하지 못한다.

모두 묻는다
"비트코인은 대체 무엇인가?"

*"일반 대중에게 비트코인을 설명하는 글을 쓰는 것은
정말 어려운 일이다.
비교할 만한 것이 아무것도 없기 때문이다."*

— *사토시 나카모토*(Satoshi Nakamoto)

비트코인의 탄생은 거의 신화적인 색채를 띤다. 종종 성모 마리아의 '원죄 없는 잉태'[*]에 비유되기도 한다. 오늘날 전설로 회자되는 백서(프로젝트의 목적, 설계, 실행 방침을 개발자들과 투자자들에게 명확하게 설명하는 상세한 기술적 청사진을 말한다) 〈비트코인: 개인 대 개인 전자 화폐 시스템〉[1]이 2008년 10월 31일 사토시 나카모토라는 이름으로 암호학 애호가들의 메일링 리스트에 공개되었을 때, 저자의 신원을 드러낼 만한 단

---

[*]   로마 가톨릭에서 성모 마리아가 잉태된 순간부터 원죄의 오염이 없었다는 것을 의미하며, 무염시태(無染始胎)라고도 한다.

서는 모조리 의도적으로 감춰져 있었다. 사토시는 오픈소스인 비트코인 네트워크에 지도자도, 지휘 체계도, 권력 구조도, 위계도 없도록 설계했다. 이는 다른 어떤 암호화폐도 내세우기 어려운 특징이다. 오직 비트코인만이 블록체인의 '원조'*인 것이다.

불과 9쪽에 불과한 논문에서, 사토시는 중앙 권위를 신뢰할 필요 없이 수학과 연산 능력으로 보호되는 공개 원장을 활용해서 누구든지 어디에서든 은행도, 회사도, 문지기도 거치지 않고 다른 사람에게 디지털 '현금'을 곧바로 보낼 방법을 제시했다.

암호화폐(Cryptocurrency)라는 명칭은 암호학(Cryptography)에서 비롯되었다. 암호학은 디지털 메시지를 뒤섞인 코드로 변환하여 딱 맞는 열쇠(키)를 가진 사람만 읽을 수 있도록 보호하는 학문이다. 여기서 수학은 데이터를 잠그는 '자물쇠' 역할을 한다. 디지털 화폐에서는 각 화폐 단위가 동일한 방식으로 잠겨 있어서 오직 키를 가진 사람만이 자금을 움직일 수 있다. 모든 코인이 이러한 자물쇠로 보호되기 때문에, 네트워크는 중앙의 권위 없이도 거래를 안전하게 기록하고, 새로운

---

* Original Gangster의 약자, OG라고도 한다. 본래 갱스터 문화에서 유래한 말로 경험이 풍부하고 연륜이 있으며, 해당 분야에서 진정으로 인정받는 원로를 뜻한다. 현대에는 단순히 어떤 분야의 진짜배기를 의미하는 슬랭으로 폭넓게 사용된다.

코인을 생성하며, 가치를 이전할 수 있다.

이 분야에서는 '블록체인'이라는 용어가 흔히 사용되고 있다. 우리는 블록체인 개념에 좀 더 살을 붙여서 비트코인을 다른 블록체인 프로토콜들과 구별하고 본질적 의미를 더 깊이 파헤칠 것이다. 블록체인이라는 이름이 암시하듯, 금융 거래 같은 암호화된 데이터를 담은 디지털 '블록'들이 서로 사슬처럼 연결되어 하나의 디지털 장부를 이루는 구조를 말한다. 한 번에 이해하기에는 복잡해 보일 수 있지만 걱정하지 않아도 된다. 이제부터 그 모든 의미를 하나씩 차근차근 풀어 나갈 것이다.

모든 것은 '제네시스 블록'이라고 불리는 비트코인의 첫 번째 블록에서 시작되었다. 이 블록에는 특별한 메시지가 새겨져 있다. 〈더 타임스〉에 실린 한 기사의 제목을 보면 힌트를 얻을 수 있다. "더 타임스, 2009년 1월 3일, 은행들에 대한 두

블록체인 거래

블록체인

번째 구제금융을 앞둔 재무장관." 이것만 봐도 사토시가 비트코인을 발명할 때 글로벌 금융 시스템의 문제점들을 염두에 두고 있었다는 것은 분명해 보인다. 비트코인의 등장은 은행 위기와 우연히 겹친 것이 아니었다. 전통적인 금융 시스템이 신뢰를 무너뜨리고 중산층의 부를 빼앗아 간 현실에 대한 직접적인 반응이었던 것이다.

그런 다음 사토시는 마치 비트코인의 운명을 공동선의 도구로 봉인하듯, 오픈소스 프로토콜을 세상에 건네주고 홀연히 사라졌다. 이익을 위해 자신의 창작물을 독점하는 대부분의 발명가들과 달리, 또 수많은 디지털 토큰 설립자들과는 정반대로 사토시는 걸작을 완성하고 모습을 감췄다. 사토시는 최초의 비트코인들에 단 한 번도 손을 대지 않았다. 그는 순전히 자체적인 장점만으로 성공하거나 실패하도록 설계된 시스템을 세상에 선사했다.

비트코인을 알게 된 사람들은 대부분 그동안 '돈'에 관해 제대로 생각해 보지도 않은 채 얼마나 많은 것을 안다고 가정해 왔는지 깨닫고 놀라게 된다. 사람들이 내가 비트코인 교육자라는 것을 알게 되면 보통 이런 질문을 먼저 한다. "도대체 비트코인이 뭔가요?" "비트코인은 실제로 어디서 나오나요?" "손으로 만질 수 있는 실체가 있나요?"

동전이나 지폐와 달리 비트코인은 물리적 형태가 없다. 실제로 손으로 만질 수는 없다. 휴대폰으로 읽는 전자책이나 스포티파이에서 스트리밍하는 음악처럼 비물질화되어 있기 때문이다. 그렇다고 해서 그것이 실재하지 않는다는 뜻은 아니다. 그 실재성은 물리적 공간이 아니라, 불변의 규칙이 지배하는 분산 원장이라는 사이버 공간에서 확인된다.

비트코인은 물리적 객체가 아니지만, 지금까지 만들어진 화폐 중 가장 '강한' 화폐로 여겨진다(이유는 뒤에서 자세히 설명할 것이다). 비트코인은 공급량이 영구적으로 고정되어 있어 마음대로 늘릴 수 없기 때문에 인플레이션 우려가 없다. 애초의 설계부터 부여된 변경 불가능한 희소성 덕분에 비트코인은 비길 데 없는 가치 저장 수단으로 기능한다.

이어지는 장들에서는 비트코인이 왜 인플레이션 우려가 없으며, 어떻게 역사상 어떤 자산보다 효과적으로 가치를 저장하는지를 보여 줄 것이다. 또한 비트코인이 '돈의 인터넷(Internet of Money)'이라 불리는 통화 네트워크로서 어떤 역할을 하는지도 살필 것이다. 인터넷을 통제하는 사람이 없듯, 비트코인 역시 누구의 통제도 받지 않는다. 돈을 만들고 통제하는 권한이 오류투성이인 인간에게서 물리와 수학 법칙에 기반을 둔, 미리 정해진 불변의 규칙으로 이양된 것이다.

먼저 한 가지를 분명히 해 두자. 여러분은 'Bitcoin'이라는 단어가 보통 대문자로 시작하는 것을 눈치챘을 것이다. 대문자 B의 'Bitcoin'은 전 세계 사람들을 잇는 고속도로 같은 네트워크, 결제 시스템을 뜻한다. 소문자 b의 'bitcoin'은 고속도

로 위를 달리며 사람과 사람 사이에 가치를 나르는 디지털 토큰 하나하나를 가리킨다.

나는 비트코인 네트워크를 인터넷에 비유할 때 훨씬 명확하게 이해할 수 있었다. 인터넷은 본질적으로 컴퓨터들이 서로 소통하게 하는 일련의 규칙, 즉 프로토콜이다. 일종의 보편 언어인 셈이다. 인터넷은 탈중앙화되어 있다. 어떤 회사도, 어떤 정부도 인터넷을 통제하지 않는다. 본사도, 중앙 권위도, 지배 기구도 존재하지 않는다. 개인과 기업이 이메일이나 웹사이트 같은 애플리케이션을 개발하려면 정보가 네트워크를 가로질러 송수신되는 방식을 표준화하는 TCP/IP라는 공통 프로토콜을 사용해야 한다. 이 프로토콜은 국경을

넘나들며 어느 나라의 컴퓨터든 원활하게 상호작용하게 해
준다.

비트코인 네트워크도 유사하게 작동한다. 비트코인 소프
트웨어를 실행하는 모든 컴퓨터가 '공유하는' 또 하나의 탈중
앙화된 프로토콜, 즉 '지배자(Ruler) 없는 규칙(Rule)의 집합'
인 것이다. 다만 인터넷이 정보를 담은 패킷을 전송한다면(모
든 이메일, 사진, 영상은 잘게 쪼개진 데이터 묶음으로 전송되어 목적
지에서 재조립된다) 비트코인 프로토콜은 가치를 담은 패킷을
전송한다. 즉 네트워크를 가로질러 한 디지털 지갑에서 다른
지갑으로 안전하게 이동할 수 있는 범용 디지털 토큰인 비트
코인을 송금하는 것이다.

본질적으로 비트코인은 인터넷이나 국가 고속도로 시스템
과 같은 공공 디지털 인프라다. 비트코인은 개인과 기업, 심
지어 정부까지도 자신들이 해야 할 일을 더 효율적이고 안전

정보의 패킷과 가치의 패킷(비트코인)의 대비

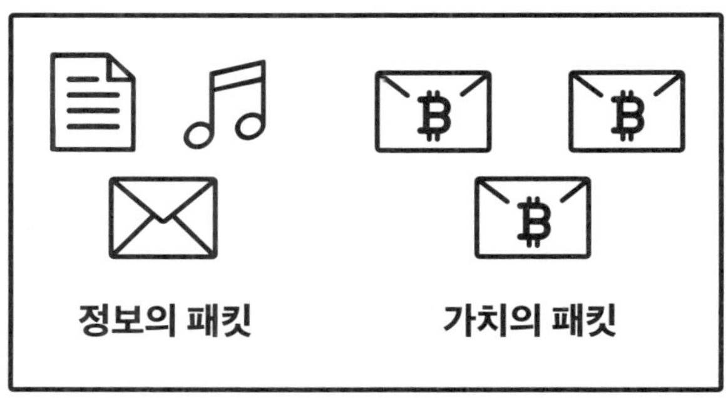

하게 수행할 수 있도록 힘을 실어 준다. 비트코인은 기술과 경제학의 획기적인 성과다. 과거의 혁신들을 결합하여 완전히 새로운 형태, 즉 실질적 가치를 저장하기 위한 탈중앙화된 디지털 기반을 창조해 냈다. 이러한 설계에 익숙하지 않은 사람들에게 비트코인은 다른 디지털 자산들과 비슷해 보일 수도 있다.

그러나 비트코인은 비트코인만의 고유한 범주를 차지하고 있다. 어떤 이들은 가치 저장 수단으로서의 역할을 설명하기 위해 비트코인을 '디지털 금'이라고 부르지만, 비트코인은 이러한 비유를 뛰어넘는다. 비트코인은 화폐 역사상 완전히 새로운 장을 연 존재다. 그것은 지금까지 우리가 본 그 어떤 것보다도 더 나은, 가치 저장을 위해 설계된 디지털 자본의 한 형태이면서 동시에 복원력 있고 신뢰할 수 있으며 모두가 접근할 수 있는 형태를 지향한다.

앞서 논의했듯이 화폐는 원장이라고 생각할 수 있다. 즉 누가 무엇을 얼마나 소유하고 있는지를 추적하는 시스템이다. 과거 부기 담당자들이 두꺼운 장부에 수입과 지출을 한 줄씩 기록했던 것처럼, 비트코인 역시 디지털 장부를 사용해 비트코인이 교환될 때마다 이를 문서화한다. '블록체인'이라고 불리는 이 장부는 각 거래를 영구적으로 기록하여 네트워크상의 모든 활동에 대한 안전하고 투명한 이력을 생성한다. 그리고 이는 관심 있는 누구든지 볼 수 있다.

비트코인에서는 부기 담당자가 필요하지 않다. 블록체인 상의 거래는 비트코인 소프트웨어를 실행하는 전 세계의 안전한 컴퓨터 네트워크에 의해 자동으로 검증되고 기록된다. 공유 스프레드시트와 같은 이 글로벌 원장은 유효한 거래들로 구성된 새로운 블록이 추가될 때마다 업데이트된다. 비트코인이 전송될 때마다 해당 거래의 기록은 이를 보고자 하는 누구에게나 영구적으로 제공된다.

'분산형 글로벌 원장'이라는 말이 다소 건조하게 들릴 수 있지만, 그 함의는 무한에 가깝다. 이것이 바로 기존의 모든 화폐 형태들이 갖고 있던 다양한 함정들을 이해하는 것이 중요한 이유이며, 비트코인의 충격적인 본질과 세상을 바꿀 잠재력을 설명하기 위해 앞서 9개 장이 필요했던 이유이다.

이미 여러 번 말했지만, 다시 한번 강조할 만한 사실이 있다. 인터넷에 책임자가 없듯, 비트코인을 책임지는 사람도 없다는 점이다. 만일 여러분이 이 책에서 단 몇 가지 핵심만 가져가겠다고 한다면, 이것은 반드시 챙겨가야 할 내용 중 하나다. 어떤 개인도, 개인들의 집단도, 어떤 기업이나 이사회도, 정부나 중앙은행조차도 비트코인을 통제할 권한을 갖고 있지 않다.

심지어 비트코인의 창시자인 사토시도 비트코인을 통제할 수 없다. 사토시가 다시 모습을 드러낸다고 해도 (전 세계의 폭발적인 관심을 불러일으키기야 하겠지만) 네트워크를 통제할 수는 없다. 사토시의 재등장이 미칠 수 있는 현실적 영향은 비트코인 가격에 있을 뿐이며[*], 사토시가 다시 돌아올 조짐은 지금까지 단 한 번도 없었다.

이 사실의 중요성은 아무리 강조해도 지나치지 않다. 책 제목이 밝히듯, 비트코인은 국적, 인종, 성별, 사회경제적 배경과 상관없이 모두를 위한 화폐다. 컴퓨터 한 대와 인터넷 연결만 있으면 누구나 이 공개 원장에 접근하고, 내용을 검증하며, 전 세계 누구와도 가치를 주고받을 수 있다.

비트코인 네트워크는 승인이 필요 없는 시스템이다. 우리는 모두 동등한 참여자로서, 누가 누구의 위에 있거나 아래에 있지 않다. 그리고 합의에 기반을 둔 메커니즘을 가진 비트코인은 우리가 특정 개인이나 조직, 또는 정부가 이 시스템을 제대로 운영해 줄 것이라고 신뢰해야 하는 구조가 아니라, 애초에 신뢰 자체가 필요 없도록 설계되어 있다. 직관과는 다르게 들릴지 모르지만, 이는 불신을 낳는 것이 아니라 신뢰라는 요소를 거의 무의미하게 만들어 버린다. 그 결과, 역설적으로 시스템 자체에 대한 신뢰는 오히려 더 강해진다.

[*] 사토시는 비트코인 초창기 채굴을 통해 약 100만 개의 비트코인을 보유한 것으로 추정된다. 이는 전체 발행량(2,100만 개)의 약 5%에 해당하는 규모다. 만약 사토시가 갑자기 모습을 드러내거나 그가 보유한 비트코인을 움직인다면, 대량 매도 가능성에 대한 시장의 우려만으로도 가격에 큰 영향을 줄 수 있다. 다만 지금까지 사토시의 지갑은 단 한 번도 움직인 적이 없다.

그런데 문득 이런 의문이 들 수 있다. 책임지고 관리하는 사람이 아무도 없다면, 어떻게 전 세계 사람들이 디지털 분산원장의 상태에 모두 동의할 수 있을까? 자, 이제 정비공이 보닛을 열고 자동차 엔진을 살피듯 비트코인의 내부를 본격적으로 들여다보자.

수년 동안 암호학자들(안전한 통신 기술을 연구하는 컴퓨터 과학자들)은 인터넷 환경에 맞는 진정한 디지털 현금을 만들기 위해 고심했다. 점점 더 많은 거래가 온라인에서 이루어지고 있기 때문이었다. 그런데 겉보기에 간단해 보이는 두 가지 문제가 해결되지 않고 남아 있었다. 한 사람이 다른 사람에게 은행이나 결제 회사, 그밖에 중앙집중적 기관의 개입 없이 어떻게 디지털 돈을 직접 보내느냐 하는 것이 첫 번째 문제였고, 같은 돈이 복사되어 두 번 사용되지 않도록 막는 것이 두 번째였다.

'이중 지불' 문제를 이해하기 위해 휴대폰에서 사진을 공유하는 상황을 떠올려 보자. 이때 나의 휴대폰에서 다른 사람의 휴대폰으로 사진 파일이 실제로 옮겨 가는 것이 아니다. 사진 파일은 복사된다. 나에게도 여전히 남아 있고, 전송받은 사람에게도 새로 생긴다. 마치 워드프로세서에서 텍스트를 복사하여 붙여넣기 하는 것과 같다. 그런데 디지털 화폐에서는 이런 식의 복제가 큰 문제가 된다. 일단 어디론가 보내거나 쓴 디지털 돈을 다시 복제하거나 사용하지 못하도록 하는 것을 어떻게 보장할 수 있을까?

현실 세계에서는 이 문제가 너무나 자연스럽게 해결되다 보니 우리는 거의 의식조차 하지 못한다. 친구들 여럿이 함께 저녁을 먹었을 때, 한 사람이 신용카드로 결제하고 나머지 사람들은 나중에 그 친구에게 현금으로 갚는다. 매우 익숙한 상황이다. 내가 그 친구에게 10달러 지폐를 건네면, 그 지폐는 물리적으로 내 지갑에서 나와 친구의 지갑으로 들어간다. 그 지폐가 동시에 두 사람의 지갑에 들어 있을 수는 없다. 거래 관계는 여기서 깔끔히 정리된다. 그런데 비트코인이 등장하기 전 디지털 세계에서는 이것이 풀기 어려운 딜레마였다.

저녁값을 친구에게 디지털 방식으로 송금했는데 현금이 실제로는 내 지갑에 그대로 남아 있다면? 이런 식이라면 디지털 화폐 시스템 전체가 붕괴하고 말 것이다. 20달러를 쓰고도 동시에 그 20달러를 그대로 갖고 있을 수 있다면 그렇게 하지 않을 사람이 누가 있겠는가? 결과는 뻔하다.

암호학자들은 또 다른 난제도 마주했다. 중앙에서 거래를 검증하고 승인해 줄 기관이 없다면, 네트워크 전체가 어떻게 거래 기록에 대한 보편적 합의를 이룰 수 있을까? 책임지는 사람(기관)이 없는데, 네트워크 참여자 모두가 원장의 기록을 어떻게 신뢰할 있을까?

이때 등장한 것이 바로 비트코인이었다. 이 두 가지 난제를 단번에 해결한 혁신적인 해법이었다. 고급 암호기술, 탈중앙화된 합의 메커니즘, 경제적 인센티브를 결합함으로써, 비트코인은 어떤 중앙기관에도 의존하지 않고 디지털 가치를 안전하게 전 세계로 전송하는 일을 가능하게 만들었다.

다음 장에서는 비트코인이 어떻게 채굴(Mining)이라고 불리는 과정을 통해서 탈중앙화 합의를 이루어 내는지, 즉 통제 없이도 모든 참여자의 합의를 이끄는지 살펴볼 것이다. 그 핵심에는 '작업증명(PoW; Proof-of-Work)'이라는 독특하고 멋진 메커니즘이 있다. 이 시스템은 네트워크 보안을 유지하고, 사전에 정해진 일정에 따라 새로운 비트코인을 만들어 낸다. 또한 한정되고 예측 가능하며 투명한 통화 공급을 보장한다.

그러나 지금 여기에서 중요한 점은 비트코인 세계에서는 여러분이 돈을 찾거나 누군가에게 돈을 보낼 때 더는 벤모나 페이팔, 은행, 공항 환전소 같은 중개자를 찾을 필요가 없다는 점이다. 돈의 가치를 수신자에게 곧바로 보낼 수 있고, 기록은 네트워크 전체에 남는다.

여기서 꼭 짚고 넘어가야 할 점이 하나 더 있다. 다른 금융 서비스들은 우리의 거의 모든 금융 활동을 추적하고, 감시하고, 데이터로 수집한다. 반면 비트코인 네트워크는 단지 코인이 어느 지갑에서 어느 지갑으로 이동했는지만 기록할 뿐이다. 그 이상의 정보, 그러니까 개인을 특정하거나, 마케팅에 활용하거나, 다른 목적에 이용할 수 있는 정보는 담지 않는다. 비트코인은 사용자를 차별하지 않는다. 몇 달러를 보내든, 10억 달러를 보내든 상관없다. 여러분이 누구인지, 돈을 얼마나 가지고 있는지, 그 돈을 어디에 쓸 것인지에도 아무 관심이 없다.

그 점에서 비트코인은 현금과 닮았다. 디지털 현금의 난제를 푼 것만으로도 엄청난 도약이지만, 우리가 지금까지 살펴본 '돈의 문제'가 모두 해결됐다고 보기는 어렵다. 디지털 현금은 어쩌면 종이 지폐보다 더 쉽게 찍어 낼 수 있는 것 아닌가? 그렇게 되면 훨씬 더 파괴적인 결과를 낳을 수도 있다. 바로 이 지점에서 비트코인은 단지 유용한 도구를 넘어, 완전히 새로운 자산군을 만들어 내는 공학적 혁신으로 도약한다. 이전의 모든 화폐와 달리, 비트코인의 공급량에는 영구적 상한선이 있다. 예외도 없고, 꼼수도 없다.

다시 한번 말한다. 이 책에서 반드시 기억해야 할 핵심 중 하나이기도 하다. 비트코인은 지금도, 앞으로도 영원히 2,100만 개를 넘을 수 없다. 달러, 금, 부동산, 미술품과 달리 비트코인의 공급량은 프로그램으로, 그리고 되돌릴 수 없는 방식으로 고정되어 있다. 어떤 일이 벌어지든 우리가 가질 수 있는 비트코인은 2,100만 개가 최대이다. 마지막 비트코인이 채굴되는 순간, 비트코인 네트워크는 새로운 비트코인을 만들어 내는 일을 영구히 멈춘다.

이처럼 공급량의 상한이 완전히 고정되어 있기 때문에 비트코인은 인플레이션이 일어날 수 없는 화폐다. 시민이든, 은행가든, 정부 관료든, 회의실에 모여 얼굴이 벌게지도록 언성을 높이며 정책을 논의한다 해도 비트코인의 공급량을 조절하거나 조작할 수 없으며 정해진 통화정책을 바꿀 수도 없다. 비트코인 프로토콜을 따르는 모든 컴퓨터가 그 정책을 강화한다. 이를 '노드(Node)'라고 부르는데, 물리 법칙과 자기 이익이라는 부정할 수 없는 원리에 기반한 합의를 통해 네트워크를 지키고, 시스템을 조작 불가능한 상태로 유지한다.

공급량이 이렇게 영구적으로 제한되어 있다는 사실 때문에 비트코인이 너무 희소해서 아예 접근하기 힘든 자산이라고 오해할 수도 있다. 비트코인은 부자들이나 살 수 있다거나, 비트코인을 사려면 코인 한 개 단위로 사야 한다고 생각하는 사람들도 있을 것이다. 하지만 그런 걱정은 내려놓자. 그런 생각이 잘못되었다는 것을 보여 주는 일이야말로 이책의 핵심 목적 중 하나이기 때문이다. 비트코인은 온전히한 개를 살 필요는 전혀 없다. 1달러가 100센트로 쪼개지듯, 1비트코인은 1억 개의 최소 단위로 나뉘는데, 이를 '사토시(Satoshi)' 혹은 줄여서 '샛(Sat)'이라고 부른다. 여러분은 지금부터 바로 샛을 조금씩 모으기 시작할 수 있다.

여러분이 일단 비트코인을 샛 단위로 샀다면, 샛들의 가치는 지구상에서 가장 안전한 시스템 가운데 하나에 의해 보호된다. 다음 장에서 살펴보겠지만, 비트코인 채굴자들은 실세계의 연산 능력(컴퓨팅 파워)과 에너지를 사용해서, 마이클 세일러의 표현대로라면 '암호화된 에너지의 벽'을 만든다. 이 벽은 비트코인 네트워크를 해킹하는 일을 상상하기 어려울 정도로 비싸게 만들어서, 사실상 불가능에 가깝게 만든다.

여기서 앞서 언급했던 '작업증명'이 등장한다. 작업증명은 수많은 컴퓨터가 전 세계 곳곳에 흩어져 있고, 신원을 알 수 없고, 서로를 신뢰할 이유도 전혀 없는 상황에서 어떻게 거래를 검증하고 블록을 유효하다고 인정할지 결정하는 과정이다. 이 과정을 통해 새로운 블록들이 블록체인에 영구적으로 추가된다. 작업증명이란 말 그대로 '일을 했다는 증거'다. 실제 세상에서 쓰이는 에너지를 들여, 실제 컴퓨팅 자원을 투입해 문제를 풀어야 비트코인을 받는다.

이 모든 과정은 정부나 은행, 혹은 개인이 자신의 이익을 위해 시스템을 조작하려고 나설 여지를 원천적으로 차단한다. 전 세계에 존재하는 175개 이상의 법정통화와 달리, 비트코인은 이익을 위해 일하는 은행이나 기업의 통제가 미치지 않는다. 전 세계 어디서나 비트코인을 보유한 모든 사람에게 동일하게 적용되는 규칙이 코드로 새겨진 채 탈중앙화된 블록체인에 저장되어 있다는 점에서, 비트코인은 말 그대로 '사람들의 돈'이다.

새로운 거래들이 모여 하나의 블록을 이루어 원장에 추가될 때마다, 그 블록은 바로 이전 블록과 깨뜨릴 수 없는 수학적 연결 고리로 결합한다. 비트코인에서는 블록의 내용이 올바른지 검증하는 과정이 대략 10분마다 한 번씩 일어난다. 이때 노드들이 중요한 역할을 한다. 거래가 검증되고 원장에 반영된 순간, 그 기록은 앞서 설명했듯 영구적인 형태로 남아 누구든 원하면 확인할 수 있다.

이처럼 복잡한 개념을 이해할 때는 시각화한 비유가 큰 도움이 된다. 내가 들어본 것 가운데 가장 인상 깊었던 블록체인 비유는 팀 페리스 쇼(Tim Ferriss Show) 팟캐스트에서 나발 라비칸트(Naval Ravikant)가 소개한 것이었다. 그는 같은 에피소드에서 먼저 비슷한 이미지를 제시했던 닉 재보(Nick Szabo)의 생각을 발전시켜 이렇게 설명했다.[2]

"호박(Amber) 속에 파리가 하나 박혀 있다고 해 봅시다. 파리를 둘러싼 층이 겨우 1밀리미터에 불과하다면, 파리가 갇힌 때가 어제인지 1년 전인지 알기 어렵지요. 그런데 그 파리가 아주 두꺼운 호박 덩어리 깊숙이 갇혀 있다면 어떨까요? 이 경우 파리가 오랜 시간 동안, 정말 긴 세월 동안 거기에 있었음을 알 수 있습니다. 층층이 쌓여 온 것이니까요. 블록체인은 그 층에 해당되는 블록들의 연속입니다. 각 블록은 전 세계 컴퓨터들이 어마어마한 암호 연산을 통해 만들어 낸 계산의 집합입니다. 이 계산은 되돌리기가 매우 어렵게 설계되어 있습니다. 블록 하나하나가 얇은 호박의 층이고, 블록체인은 켜켜이 쌓여 온 층들의 깊이를 나타냅니다. 파리가 얼마나 깊이 갇혀 있는지를 보면 이 이렇게 생각해 보면 블록체인은 오히려 체인이라기보다 얇은 층들이 층층이 쌓인 구조에 더 가깝게 느껴질지도 모른다. 비록 '블록레이어(Block-layer)'는 블록체인만큼 입에 착 붙는 말은 아니지만 말이다. 비트코인 네트워크에 연결된 각 컴퓨터는 이 시스템이 블록 하나하나를 제대로 작동시키도록 만드는 데 직접적인 이해관계를 가진 참여자다. 나도 노드를 돌린다. 당신도 노드를 돌릴 수 있다. 노드를 운영하는 데는 MBA 학위도, 금융권 인맥도, 은행 계좌도, 신용 점수도 필요 없다. 컴퓨터 한 대면 충분하다. 다시 한번 말하지만, 비트코인은 사람들의 돈이다.

앞에서 우리는 기존 은행 시스템이 소비자의 신뢰에 전적으로 의존하고 있다는 점을 살펴보았다. 그 신뢰에 금이 가는 순간, 아무리 크고 명망 있는 은행이라고 해도 순식간에 무너질 수 있다. 이상 징후가 조금이라도 보이면 예금자들은 돈을 찾으러 우르르 몰려간다. 그러나 이미 배웠듯이, 부분지급준비 제도에서는 돈의 상당 부분이 은행 금고에 실제로 존재하지 않는다. 은행은 이미 그 돈을 대출로 내보냈다. 이런 구조에서 신용경색이 시작되면 붕괴는 필연적이다.

물론 그 전에 정부가 개입해 은행을 구제하지 않는다면 말이다. 과도한 레버리지에 의존하는 은행들과, 그들을 구출해 주겠다고 약속하는 정부의 관계는 어쩌면 약물 중독자와 배우자의 상호의존적 관계와 비슷하다. 중독자는 거듭해서 사고를 치고, 배우자가 뒤치다꺼리를 해 주는 패턴이 계속된다. 사토시가 제네시스 블록에 새겨 넣은 유명한 문구인 "은행들에 대한 두 번째 구제금융을 앞둔 재무장관"이 가리키는 것도 바로 이런 관계일 것이다.

사토시는 이런 신뢰의 필요성 자체를 없애 버리는 프로토콜 기반의 컴퓨터 네트워크를 만들었다. 이제 우리는 내 돈을 내가 필요해서 찾을 때 정말로 거기에 있기를 마음 졸이며 바라는 대신, 암호학적 증명에 기반하고 실시간으로 계정 원장을 업데이트하는 컴퓨터 네트워크를 의존하면 된다. 원장에 적힌 것은 실제로 거기에 있는 것이다. 그 이상도, 이하도 아니다.

비트코인 사용자들이 이런 상황을 가리켜 즐겨 쓰는 말이 있다. "믿지 말고, 검증하라(Don't trust, verify)." 권력이 소수 개인이나 기관에 집중될 때마다 필연적으로 터져 나오는 문제들을 해결하기 위해, 비트코인은 전 세계 곳곳에 흩어져 있는 컴퓨터들에 의해 지속적으로 보호되는 분산 원장을 채택한다. 시간이 흐를수록 이 네트워크는 말 그대로 더 강해진다.

물론 내 말을 그대로 믿을 필요는 없다. 진짜 증거는 항상 결과 안에 있다. 이 경우 그 증거는 블록체인에 축적된 작업 그 자체다.

물론 내 말을 그대로 믿을 필요는 없다. 이 경우 그 증거는 블록체인에 축적된 작업 그

10장 요약

비트코인이 2008년에 등장했다는 사실은
매우 상징적이다. 전 세계 정부들이 무모하게
운영해 왔던 은행들을 구제하기 위해 서둘러 돈을 풀고
중앙은행에 대한 신뢰가 바닥까지 떨어져 있던
바로 그때, 비트코인이 모습을 드러냈다.
비트코인은 그런 시스템과 정반대로 설계되었다.
CEO도, 이사회도, 뒤에서 레버를 당기는 중앙은행도
없다. 그 대신 비트코인은 오픈소스 코드와 고정된
규칙 집합에 따라 작동한다. 가장 유명한 규칙은 말할
것도 없이, 공급량을 2,100만 개로 제한한 '하드캡
(Hard Cap)'이다. 모든 거래는 인간의 재량이 아니라
수학에 의해 보증되기 때문에 비트코인은 투명하고,
전 세계 누구나 접근할 수 있으며, 법정통화가 빠질 수
밖에 없는 인플레이션 압력에서도 벗어나 있다.
비트코인은 역사상 처음으로 공급량이 고정되어
바꿀 수 없는 형태의 화폐다.
따라서 정치적 이유로 가치가 희석되거나,
임의로 조작되는 것이 구조적으로 불가능하다.

모두 비트코인 코드를 검증할 수 있다

*"이 시스템이 요구하는 작업은
전기를 진실한 기록으로 바꾸는 것이다."*

— *할 피니(Hal Finney)*

여러분은 지금쯤이면 비트코인이 어딘가에서 갑자기 튀어나온 괴짜 프로그래머들의 흥밋거리나 교묘한 신종 투기가 아님을 분명히 이해했으리라 믿는다. 다시 정리해 보자. 비트코인은 1970년대 이래 암호학자들을 괴롭혀 온 경제학과 컴퓨터 과학의 난제를 풀어냈다. 그것은 바로 가치가 훼손되지 않고, 두 번 쓸 수 없으며, 서로를 믿을 필요도, 중간 매개자에게 의존할 필요도 없이 직접 가치를 주고받을 수 있는 디지털 화폐를 어떻게 만들 것인가 하는 문제였다.

그동안 여러 컴퓨터 과학자들이 탈중앙화된 통제 구조와 규칙 기반의 수학적 시스템을 이용해 건전한 디지털 화폐를 만들고자 시도해 왔다. 하지간 그러한 시도를 막아섰던 기술적 난관을 실제로 돌파한 것은 비트코인이 처음이었다. 모든 위대한 돌파구는 질문에서 출발한다. 그러나 이 질문을 사토시 나카모토가 처음 던진 것은 아니었다. "전 세계의 사람들이 중앙 권위에 의존하지 않고서 어떻게 신뢰할 수 있는 디지털 기록에 합의할 수 있을까?'

이 질문은 이미 여러 사람이 던졌지만, 그에 대해 결정적인 답을 제시한 사람이 바로 사토시였다. 이 솔루션은 난제를 해결했을 뿐 아니라, 금융 시스템이 지닌 깊은 결함을 드러내고 그것을 고칠 수 있는 길까지 함께 보여 주었다. 사토시의 업적은 이론에만 머무르지 않는다. 실용적이고, 우아하며, 근본적으로 평등주의적이다. 그 핵심에는 수학과 암호학이 뒷받침하는 탈중앙화된 합의에 따라 소유권과 검증을 관리하는 시스템이 있다.

여러분이 가진 비트코인은 단순히 화면에 찍힌 숫자가 아니라, 혁명적인 무언가를 표상한다. 비트코인은 지구상에서 가장 강력한 컴퓨터 네트워크가 뒷받침하는 검증 가능하고 유한한 디지털 자산이다. 비트코인을 단 한 개, 아니 일부만 가지고 있더라도 역사상 오직 2,100만 개뿐인 비트코인 중 자신의 지분을 갖고 있는 것이다. 그 비트코인을 다른 사람에게 보내기로 결정하는 순간까지, 네트워크 전체가 집단적으로 당신의 소유권을 검증하고 증명해 준다. 지금은 비트코인이 일종의 '디지털 사서함'에 들어 있다고 상상해 보자.* 이 사서함은 네트워크 위에 있는 아주 안전한 공간이고, 열쇠는 오직 당신만이 가지고 있다.

이쯤 되면 자연스럽게 이런 의문이 들 것이다. "비트코인 전체 가치가 수조 달러에 이른다는데, 영리한 해커가 원장을 조작해서 비트코인을 탈취하려고 하지 않을까?" 그에 대한 답은 어떠한 속임수나 지름길도 통하지 않는 것, 즉 현실 세계의 에너지가 보안 장치 역할을 하는 오픈소스 원장이다.

전 세계 곳곳에 있는 수천 대의 특수 컴퓨터가 10분마다 '작업증명 채굴'이라 불리는 레이스에 뛰어든다. 각각의 컴퓨터를 근육 대신 전기로 달리는 단거리 선수라고 상상해 보자. 이 선수는 칼로리 대신 전력을 태우며, 비트코인 원장의 다음 '페이지'를 봉인할 수 있는 당첨 숫자를 맞히려고 전력을 다한다. 숫자를 가장 먼저 찾아낸 채굴자는 해답을 전 세계에 발표하고, 블록 안의 거래 수수료와 새로 찍어 낸 비트코인을 보상으로 받는다.

중요한 점은 틀린 답을 얻는데도 정답을 맞힐 때와 똑같은 양의 전기가 소모된다는 것이다. 그래서 이 레이스는 무지막

---

* 사서함은 우체국에 비치된 잠글 수 있는 우편함으로, 개인이나 사업체가 우체국에서 임대해 사용하는 우편함이다. 사서함에는 고유 번호가 있어 해당 번호가 적힌 우편물은 해당 사서함으로 배달된다.

지하게 비싸다. 누군가 과거의 거래를 조작하고 싶다면, 바꾸고 싶은 블록까지 거슬러 올라가 그 이후의 모든 레이스를 처음부터 다시 치러야 한다. 그것도 정직한 채굴자 전부를 합친 것보다 더 빠른 속도로 말이다.* 전기 요금만 해도 얻을 수 있는 이익을 한참 넘어서 버린다. 그러니까 에너지라는 거의 뚫을 수 없는 방화벽이 원장을 감싸고 보호하고 있는 셈이다.

채굴자들 말고도 두 번째 방어선도 준비되어 있다. 바로 '노드'라고 불리는, 전 세계에 흩어져 있는 독립 컴퓨터들이다. 이 기계들은 레이스에서 이기는 것을 목표로 하지 않는다. 그들의 역할은 단 하나, 타협할 줄 모르는 심판이다. 각 노드는 블록체인의 전체 사본을 보관하고, 누군가 새로운 블록을 제안할 때마다 그 블록을 비트코인 규정집(Rulebook)과 대조한다. 그리고 디지털 서명이 올바른지, 코인이 이중지불되지 않았는지, 블록 안 수학 계산이 정확한지를 일일이 확인한다.

규칙이 단 하나라도 지켜지지 않은 것이 발견되면 노드들은 블록을 받아들이지 않는다. 블록을 만드는 데 얼마나 많

---

* 비트코인에서는 이미 생성된 과거 블록을 '열어서 수정'할 수는 없다. 과거 거래를 바꾸려면, 그 블록에서 갈라져 나오는 새로운 체인(일종의 대체 역사)을 다시 채굴해 정직한 체인보다 더 길게 만들어야 네트워크가 기록을 받아들인다. 즉 저자가 말하는 "과거로 돌아가 다시 경주한다"라는 것은 실제로 과거 블록을 고치는 것이 아니라 막대한 전력을 들여 과거부터 현재까지의 블록을 통째로 다시 만들어야 한다는 뜻이고, 현실적으로는 정직한 채굴자들의 전체 연산 능력을 이길 수 없기 때문에 불가능한 공격이다.

은 전력을 썼는지는 상관없다. 정직한 원장 사본이 단 하나라도 살아 있는 한, 규칙은 그대로 유지된다. 이렇게 해서 채굴자와 노드는 비트코인의 보안 고리를 이룬다. 채굴자는 실제 에너지를 쏟아부어 새로운 '역사'의 층을 굳게 잠그고, 노드는 층 하나하나가 제대로 쌓였는지 감시하는 파수꾼 역할을 한다.

스스로 관리하고 통제하는 시스템에는 중앙 권위가 필요 없다. 이 두 시스템이 맞물려 돌아가면서 비트코인은 기존 금융 시스템의 권력 역학을 치워 버리고 대신 그 자리에 분산된 검증과 열역학(위조할 수 없는 에너지 비용)을 도입해 시스템의 정직함을 유지한다.

여러분의 비트코인이 안전한 이유는 간단하다. 규칙을 깨려면 상상을 초월하는 연산 능력뿐 아니라, 네트워크 참여자들이 공격을 눈치채고 방어하는 데 드는 전력을 훨씬 앞설 만큼의 어마어마한 전기가 필요하기 때문이다. 공격이 실행되기도 전에 정직한 참여자들에게 압도당해 끝내 성공할 수 없다. 다시 말해, 비트코인은 전통적인 금융 시스템을 완전히 거꾸로 뒤집어 놓는다.

10장에서 우리는 비트코인이 오랫동안 디지털 현금의 발목을 잡아 온 '이중 지불' 문제를 어떻게 해결했는지 살펴보았다. 물리적 현금은 사용할 때 눈앞에서 실제로 돈이 오가니 문제가 없다. 하지만 디지털 현금은 암호학자들에게 새로운 고민거리를 던졌다. 마치 사진 파일을 복제해서 여러 명에게 보내듯, 디지털 토큰이 복제되어 여러 번 사용되는 게 아닌지 어떻게 확신할 수 있을까?

사토시의 혁신적 발명이 나오기 전에는 이중 지불을 막을 수 있는 방법은 은행과 같은 신뢰할 수 있는 중개자에 의존하는 것뿐이었다. 은행 같은 기관이 모든 거래를 기록하고 관리하면서 누군가가 같은 돈을 두 번 쓰지 못하도록 막아야만 했다.

사토시의 돌파구는 네트워크 참가자 전원이 동일한 분산 원장을 공유하도록 만든 것이다. 각 노드는 원장의 실시간으로 동기화되는 사본을 들고 있고, 계속해서 업데이트한다. 그 동안 채굴기 또는 ASIC[*]이라고 부르는 채굴용 컴퓨터들은 복잡한 암호 퍼즐을 풀기 위해 보상이 걸린 복권 게임에 참여한다. 전통적인 복권에서처럼 채굴자가 자기 복권을 마음대로 인쇄해서는 절대 당첨될 수 없다. 이들이 '복권을 사는' 방식은 현실 세계의 에너지를 쏟아부어, 블록체인에 새 거래 블록을 추가하고 채굴 보상을 얻을 기회를 사는 것이다.

비트코인 시스템에는 이 과정을 관리, 감독하는 사람이나

---

* ASIC은 원래 특수 용도 맞춤형 집적회로(Application-Specific Integrated Circuit)라는 특수 반도체를 뜻한다. 비트코인 채굴을 위해 설계된 전용 칩으로, 일반 CPU나 GPU보다 훨씬 높은 연산 효율을 가지고 있어서 오늘날 비트코인 채굴에 사용되는 '채굴기(Miner)'는 대부분 ASIC 기반 장비를 가리킨다.

회사가 없다. 복권을 운영하는 기관도 없다. 대신 암호 퍼즐 자체가 처음부터 현실 세계의 에너지를 입장료로 요구하도록 설계되어 있다. 이 에너지가 바로 참여 비용이고, 눈으로 확인할 수 있는 증거다. 자연을 맘대로 찍어 낼 수 없듯, 에너지 역시 원하는 대로 무한정 만들어 낼 수 없다. 이 에너지 장벽이 채굴자들이 부정한 방법으로 경쟁에 참가하거나 그 결과를 조작하지 못하도록 보장하는 역할을 한다.

이것이 바로 네트워크를 안전하게 지키고 사기를 막는 작업증명이다. 물리 법칙에 기반하고 바꿀 수 없는 규칙들로 시행되는 이 영리한 메커니즘은 경쟁 과정, 그리고 나아가 네트워크 전체가 스스로를 관리하도록 만든다. 채굴자가 암호 퍼즐을 풀어 새 블록을 제안할 권리를 얻으면, 그 해답과 블록(블록 안에 기록될 거래들을 포함)을 비트코인 네트워크 전체에 방송하듯 공표한다. 그러면 모든 노드가 블록을 독립적으로 검증한다. 각 거래가 비트코인 합의 규칙을 따르는지, 예를 들어 돈을 보내는 사람이 충분한 잔고를 갖고 있는지, 이중 지불이 없는지를 확인한다.

네트워크가 블록체인의 상태에 대해 합의에 이르기 전까지는 어떤 원장 변경도 최종 확정되지 않는다. 이러한 분산된 합의 덕분에 거래 기록은 결함 없이 깨끗하게 유지된다. 이렇게 보면 채굴기와 노드는 마치 굳게 맞잡고 있는 두 개의 손과 같다. 이 결합은 인류가 지금까지 고안한 것 가운데 가장 안전하고 탄탄한 네트워크를 만들고 또 강화해 나간다. 그것도 누구 하나 책임자 없이 말이다.

이제 이 '복권'이 실제로 어떻게 돌아가는지 좀 더 가까이 들여다보자. 대략 100만 대에 이르는 채굴기가 암호 퍼즐을 풀어 값비싼 비트코인을 얻기 위해 경주를 벌이고 있다.[1] 채굴 경쟁을 극도로 단순화해서 비유하자면, 1부터 10 사이 숫자를 하나 맞히는 게임과 비슷한 데가 있다. 하지만 비트코인 채굴에서 맞혀야 하는 숫자는 1과 10 사이가 아니다. 우주에 존재하는 모든 원자의 개수 정도의 범위에서 하나를 고르는 것에 가깝다. 말할 필요도 없이, 그 숫자를 찾기 위해서는 엄청난 계산 노력과 운이 필요하다.

퍼즐을 한 번 풀려고 시도할 때마다 상당한 전력이 소모되므로 비용이 든다. 하지만 그만한 가치가 있다. 정답을 맞힌 컴퓨터는 다음 거래 묶음을 블록체인에 추가할 수 있는 권리를 얻는다. 그리고 컴퓨터의 주인은 그 블록에 포함된 거래 수수료를 챙길 수 있다. 하지만, 그들이 진짜 노리는 것은 '블록 보조금' 또는 '블록 보상'이라 불리는 비트코인 보상이다. 이 보상이 바로 채굴자들이 네트워크를 계속 안전하고 작동 가능한 상태로 유지하도록 만드는 경제적 인센티브다.

네트워크의 나머지 구성원들도 각 블록이 정확하고 바뀔 수 없게 기록되는지에 깊은 이해관계가 걸려 있다. 비트코인의 가치는 시스템이 모두에게 공유되고 조작 불가능한 진실의 기록이라는 사실에 달려 있기 때문이다. 기억하자. "믿지 말고, 검증하라." 믿기 어려울 정도로 복잡한 숫자 맞히기 퍼즐의 해답이 전 세계 곳곳에서 동시에, 판사도 심판도 없이 어떻게 순식간에 검증되는지 이해하기 위해서 자전거 자물쇠를 떠올려 보면 도움이 된다.

자전거를 훔치려고 시도해 본 사람이라면 잘 알겠지만, 다섯 자리 숫자 조합을 맞히는 것만 해도 결코 쉽지 않다. 게다가 시간에 쫓기기까지 하면 더 어렵다. 그런데 이제 인간의 상상력을 아득히 넘어설 만큼 거대한 조합의 자물쇠를 풀어야 한다고 상상해 보자. 이것이 바로 본질적으로 비트코인 채굴자들이 하는 일이다. 초당 수조 번에 이르는 추측을 쏟아내며, 누구보다 먼저 그 코드를 깨기 위해 치열한 레이스를 벌인다.

하지만 일단 승자가 정해지고 나면 검증은 놀라울 만큼 간단하다. 자전거 자물쇠가 올바른 조합을 넣는 순간 '딸깍' 열리듯, 승리한 해답도 곧바로 알아볼 수 있고 누구나 쉽게 확인할 수 있다. 이 경우 '누구나'는 네트워크에 있는 모든 노드를 뜻한다. 흥미로운 대목은 그다음이다. 만약 모든 채굴 컴퓨터가 똑같은 자전거 자물쇠를 풀고 있다면 결과는 어느 정도 예측 가능할 것이다. 더 강력한 장비와 더 많은 전력을 투입하는 쪽이 코드를 더 빨리, 더 자주 풀어낼 것이기 때문이다.

삽 하나만 들고 금을 캐는 대신 대형 유압펌프를 쓰는 것과 비슷하다. 그런 상황이라면 비트코인 공급량은 순식간에 고갈될 것이다. 가장 앞선 기술과 가장 두툼한 지갑을 가진 소수에게 이익이 집중되고, 전체 블록체인은 몇몇 강력한 플레이어가 지배하거나 심지어 조작할 위험에 빠지게 된다. 이런 일이 일어나지 않도록 막아 든 것이 사토시의 가장 빛나는 업적 가운데 하나다. 그리고 그 핵심에 자리 잡은 완벽한 해법이 바로 '채굴 난이도 조정'이다. 난이도 조정이 어떻게 작동하는지 이해하기 위해서 잠시 뒤로 물러나서 바라보자.

앞에서 비트코인 채굴의 기본 개념을 단순화하여 설명하기 위해서 '1과 우주에 존재하는 모든 원자의 수 사이 어딘가에 있는 숫자를 맞히는 것'에 비유했다. 이제 이 비유를 조금 더 정교하게 다듬어 보자. 채굴자들이 실제로 찾으려는 것은 자전거 자물쇠의 조합처럼 딱 하나의 정확한 숫자가 아니다. 그들이 노리는 것은 네트워크가 정해 놓은 허용 가능한 숫자의 범위이다. 그리고 이 목표 범위는 계속해서 조금씩 변화한다.

《인벤팅 비트코인(Inventing Bitcoin)》의 저자 얀 프리츠커(Yan Pritzker)[*]는 이 개념을 이해하기 쉽게 이렇게 비유한다. 비트코인 채굴은 거대한 다트판에 다트를 던지는 것과 같다.

---

[*] 비트코인 전문 투자서비스 회사인 '스완비트코인(Swan Bitcoin)'의 공동창업자이자 CTO.

한가운데 과녁이 바로 '목표 구간'에 해당한다. 채굴자가 승리하려면, 막 만들어지고 있는 새 블록의 데이터에 무작위 숫자를 더해 암호학적 과정을 거쳐 만든 값, 즉 자신의 추측값이 그 구간 안에 들어가게 해야 한다. 하지만 여기에는 한 가지 반전이 있다. 이 목표 구간은 고정돼 있지 않다. 네트워크에 현재 얼마나 많은 연산 능력이 투입되어 있는지, 그리고 유효한 정답이 얼마나 빠른 속도로 나오고 있는지에 따라 범위가 넓어지기도 하고 좁아지기도 한다.

자전거 자물쇠의 조합 범위가 탄력적으로 바뀌는 장치라거나, 과녁의 크기가 수시로 달라지는 다트판을 떠올릴 수도 있다. 핵심은 비트코인 네트워크가 스스로 상황에 적응하도록 설계되어 있다는 점이다.

내장된 적응 메커니즘은 실시간으로 작동한다. 채굴자들이 너무 빨리 정답을 맞혀 버린다면 목표 범위가 너무 넓다는 뜻이다. 과녁이 너무 커서 다트가 맞기 쉬운 것이다. 그러면 과녁은 자동으로 줄어들어 맞히기 더 어려워지고, 당첨 속도도 느려진다. 반대로 채굴자들이 좀처럼 정답을 찾지 못한다면 목표 범위가 너무 좁다는 뜻이다. 이럴 때는 과녁이 넓어져서 맞히기 쉬워지고, 새 블록이 더 빠르게 발견된다.

얼마나 많은 채굴자가 새로 참여하든, 그들이 얼마나 막대한 연산 능력을 투입하든 상관없이 네트워크는 새 블록이 평균적으로 10분마다 하나씩 생성되도록 스스로 난이도를 조정한다. 비트코인은 마치 지휘자가 없어도 완벽한 박자를 맞추는 방법을 찾아낸 오케스트라와 같다.

이제 전 세계를 무대로 한 게임 쇼에 수백만 명의 참가자가 동시에 등장했다고 상상해 보자. 모두가 말도 안 되게 복잡한 암호를 푸느라 달려가고 있다. 사회자도 심사위원도 없다. 대신 천문학적인 속도로 추측값을 내놓는 컴퓨터 수백만 대가 있을 뿐이다. 그러다 어느 순간 한 채굴자가 정답을 맞히면, 나머지 네트워크 전체가 그 정답이 진짜인지 합의해야 한다.

자, 이제 진짜 중요한 지점이다. 도대체 나머지는 어떻게 우승자를 검증할까? 자전거 자물쇠 비유로 말하자면, 어떻게 정말로 자물쇠가 찰칵하고 풀렸다는 걸 확인할 수 있을까? 우승자를 검증하는 과정에는 '해싱(Hashing)'이라는 컴퓨터 과학 개념이 동원된다. 비트코인에서는 해싱이 두 가지 역할을 한다. 첫째, 채굴자들이 경쟁 과정에서 정답 후보를 만들어 내는 데 쓰이고, 둘째, 네트워크에 있는 모든 노드가 그 '우승 답안'이 유효한지 즉시 검증할 수 있게 해 준다.

해싱

해싱을 스무디를 만드는 과정이라고 상각해 보자. 먼저 정해진 재료들을 가져온다. 이를테면 바나나, 딸기, 요거트를 준비한다. 이것들을 믹서기에 넣고 갈면 하나의 고유한 스무디가 나온다. 일단 갈아 버리고 나면 다시 바나나와 딸기를 분리해서 되돌릴 수 없다. 남는 건 최종적인 스무디

뿐이다.

비트코인에서 재료는 '거래 데이터'이고, 스무디는 '해시(Hash)'다. 해시는 특정 암호 수식을 통과한 결과로 만들어지는 데이터의 고유한 디지털 지문이다. 재료(데이터)를 아주 조금만 바꿔도 완전히 다른 스무디, 즉 전혀 다른 해시가 나온다.

채굴자 입장에서 해싱은 초당 수백만 잔의 스무디를 만드는 것과 비슷하다. 재료를 조금씩 바꾸어 가며, 네트워크가 미리 정해 둔 '비밀 레시피'와 일치하는 스무디를 찾으려는 것이다. 어떤 채굴자가 마침내 완벽한 스무디(승리한 해시)를 만들어 내면, 레시피를 네트워크 전체와 공유하고 나머지 노드들은 정말 맞는 레시피인지 빠르게 확인할 수 있다.

물론 실제 과정은 스무디를 만드는 것보다 훨씬 정교하다. 해싱은 주관적인 맛 평가가 아니라 순수한 수학이다. 하지만 이 스무디 비유는 해싱 과정이 얼마나 민감하고 되돌릴 수 없으며, 작은 변화에도 완전히 달라진 결과를 내는지 이해하는 데 도움이 될 것이다.

해싱 덕분에 승자의 추측이 진짜인지, 안전한 것인지, 위조가 아닌지 확인할 수 있다. 한 번 갈아 버린 스무디를 다시 만들 수 없듯, 한 번 나온 해시값은 조작하기가 사실상 불가능하다. 이것이 해싱의 마법이다. 맞는 조합을 찾기는 믿을 수 없을 만큼 어렵지만, 누군가 조합을 찾고 나면 나머지 모두가 정답을 검증하는 일은 믿을 수 없을 만큼 쉽다.

이제 2조 3,000억 번이나 다트를 던진 끝에 마침내 당신의 다트가 과녁 한가운데에 꽂혔다고 상상해 보자. 정말 운이 좋다. 보통의 게임 쇼라면 사회자가 다트판 앞으로 걸어 나와 다트를 확인하고 바로 상금을 건네주었을 것이다.

하지만 비트코인 시스템에는 다트판을 들여다보고 명중

여부를 판정해 줄 사람이 없다. 그 대신 네트워크에 있는 모든 컴퓨터가 마치 전 세계 수학 교사들이 한꺼번에 모이기라도 한 것처럼 당신을 둘러싸고 이렇게 말한다. "작업 과정(계산)을 보여 주십시오." 당신이 정말로 정직하게 이겼다면, 그러니까 '완벽한 스무디'를 직접 갈았다면 각 컴퓨터는 결과를 즉시 검증할 수 있다. 그러면 당신은 다음 블록에 거래들을 기록할 권리를 얻는다.

반대로 만일 당신이 속이려 했다면? 시도는 즉시 들통날 것이고, 당신의 주장은 자동으로 거부된다. 그리고 그동안 채굴에 쏟아부은 에너지는 모조리 사라진다. '통치자는 없지만 규칙은 있는' 시스템 안에서는 편법도, 예외도, 사정을 봐줄 사람도 없다. 규칙을 따르고 자신의 작업을 검증받아 보상을 받거나, 아니면 전기료만 태우고 빈손으로 돌아가거나 둘 중 하나뿐이다.

이것이 바로 '작업증명'의 핵심이다. 작업증명 시스템은 부정행위에 확실한 비용을 부과함으로써, 그리고 그 비용을 감당하기 어렵게 만듦으로써 네트워크를 안전하게 지킨다. 우리가 집에서 지폐를 인쇄해서 카드값을 갚을 수 없는 것과 마찬가지로, 채굴자들도 전기, 연산 능력, 하드웨어 같은 현실 세계의 자원을 실제로 투입해야만 보상을 얻을 수 있다. 비트코인은 이렇게 모든 베팅에 비용을 붙여 버림으로써 현실의 에너지 소모를 자신의 강도와 보안의 토대로 만든다. 이 에너지 사용에 대한 비판은 12장에서 자세히 다룰 것이다. 미리 말해 두자면 이 조건은 결함이 아니라, 오히려 시스템을 신뢰할 수 있고 조작 불가능하게 만들어 주는 핵심 기능이다.

자, 이제 채굴 컴퓨터들이 무슨 일을 하고 있는지는 어느 정도 알게 됐다. 그들은 복잡한 퍼즐을 푸는 동시에 블록 보상을 놓고 경쟁한다. 하지만 이 장의 앞부분에서 이야기했듯, 이들은 비트코인 생태계의 절반만 담당할 뿐이다. 여기서 노드가 또다시 등장한다. 블록이 채굴되는 동안, 노드들은 장부에 기록된 모든 거래를 끊임없이 검증하고 보호한다. 비트코인을 '사람들의 돈'이라고 부를 수 있는 근거가 바로 이 노드들이다.

노드란 간단히 말해서, 오픈소스 비트코인 소프트웨어를 실행하면서 전체 블록체인을 저장하고 있는 컴퓨터다. 설치 과정은 데스크톱 컴퓨터에 앱 하나 까는 정도의 난이도다. 마이크로소프트 워드 프로그램을 설치할 수 있다면 비트코인 노드도 설치할 수 있다. 적당한 사양의 컴퓨터와 인터넷만 있으면 누구나 네트워크에 참여할 수 있다.

노드를 똑똑한 보안 카메라라고 상상해 보자. 보통 카메라는 하나의 출입구만 비추지만, 이 카메라는 비트코인 장부 구석구석을 전부 들여다본다. 각 노드는 비트코인의 변하지 않는 규정집에 따라, 모든 거래와 모든 블록을 줄 단위로 독립적으로 검증한다. 수많은 디지털 감시인들이 모든 규칙이 지

커졌다는 데 만장일치로 동의하기 전까지, 어떤 결제도 어떤 블록 보상도 영구 기록으로 낙지 못한다.

이렇게 해서 노드들은 전 세계에 흩어져 있지만 한목소리로 노래하는 '진실의 합창단'이 된다. 이들은 채굴자들의 작업을 계속해서 감사하고, 전체 블록체인의 무결성을 지켜 낸다. 누구나 자기 컴퓨터에서 전체 시스템을 검증할 수 있다는 사실이야말로 비트코인의 탈중앙화 특성의 핵심이다. 이 진실은 비트코인의 설계에 그대로 나타난다. 누구나, 어느 나라에 있든, 노드를 돌려 네트워크를 감시하고 정직하게 유지할 수 있도록 비트코인은 애초에 의도적으로 블록 크기를 일반 가정용 컴퓨터로도 운영할 수 있는 수준으로 제한해 두었다.

만약 한 블록이 너무 크다면 어떻게 될까? 노드를 돌리는 데 필요한 하드웨어(저장 공간, 처리 능력, 대역폭)가 지나치게 비싸질 것이다. 그러면 자연스럽게 상당한 재정적 여력이 있는 사람들만 참여할 수 있게 되고, 그 결과 권력이 소수 부유층에게 집중될 것이다. 따라서 비트코인의 핵심 원칙인 탈중앙화와 보편적 접근성은 훼손될 것이다. 이와 달리, 비트코인의 가벼운 설계 덕분에 인터넷 연결과 그리 비싸지 않은 기기만으로도 누구나 집에서 전체 블록체인을 내려받고, 거래를 검증하며, 네트워크 보안에 기여할 수 있다.

우리가 기존 금융 시스템을 어깨너머로 몰래 들여다보고, 은행들이 실제로 무슨 일을 하고 있는지 확인할 수 있다고 상상해 보자. 현재 우리 모두의 삶에 막대한 영향을 미치는 가장 중요한 결정들, 이를테면 돈을 얼마나 새로 찍어 낼지와 같은 결정이 다양한 이해와 동기를 가진 극소수 사람들 사이에서 닫혀 있는 문 안에서 이루어진다. 보통 사람들은 그들의 결정에 항의할 방법이 없다. 심지어 그들이 무엇을 하고 있는지조차 제대로 볼 수 없다.

이제 또 하나의 시스템을 상상해 보자. 모든 통화 활동이 투명하게 공개되고, 누구나 어디서든 규칙이 제대로 지켜지고 있는지 검증할 수 있으며, 아무도 몰래 규칙을 바꿀 수 없는 시스템을 말이다. 비트코인이 바로 그런 시스템이다. 그리고 실제로 작동하고 있다.

비트코인에 대한 흔한 비판 가운데 하나는 생성되는 블록 사이에 10분의 간격이 있어서 '느리다'는 인식이다. 이제 우리는 그 시간이 난이도 조정에 의해 결정된다는 걸 알고 있다. 이것은 약점이 아니라, 비트코인의 가장 중요한 특징 가운데 하나다. 이 의도적인 느림 덕분에 전 세계 사람들이 평범한 가정용 컴퓨터로도 노드를 실행할 수 있다.

비트코인이 속도에서는 조금 부족할지 모르지만, 그 대신 탄탄한 회복력과 전 지구적 접근성이 단점을 상쇄하고도 남는다. 캘리포니아에서 아르헨티나까지, 태국에서 이탈리아까지, 사람들은 집에 있는 데스크톱 정도의 컴퓨터로 비트코인 네트워크를 지키고 있다. 그리고 다음 장에서 살펴보겠지만,

비트코인의 계층형 구조 덕분에 이 기초 레이어 위에 더 빠른 결제 네트워크들을 올려 쌓을 수 있다. 그 결과, 누구나 쉽게 검증에 참여할 수 있는 보안성과 커피 한 잔을 살 때처럼 눈 깜짝할 사이에 결제할 수 있는 처리 속도를 함께 누릴 수 있다.

따라서 누군가 비트코인이 느리다고 비판한다면, 그 사람은 비트코인을 세계에서 가장 안전하고 탈중앙화된 금융 시스템 중 하나로 만들어 주는 의도된 선택의 결과임을 놓치고 있다고 생각하면 된다.

아마 예상했겠지만 나 역시 직접 노드를 운영하고 있다. 나는 노드 시스템을 비트코인 네트워크를 위한 일종의 자율 방범대라고 생각한다. 감시하는 사람이 많을수록, 그 동네는 더 안전해지고, 더 강해진다. 비트코인을 사용하기 위해서 노드를 반드시 돌려야 하는 것은 아니고, 노드를 운영한다고 해서 따로 보상을 받는 것도 아니다.

하지만 사람들이 비트코인이 어떻게 인플레이션 경제에 대한 대안을 제시하는지, 그리고 어떻게 당신의 저축이 조용히 녹아 버리는 일을 막아 주는지 이해하고 나면 많은 이들이 자연스럽게 이 시스템을 돕고 싶어 한다. 노드를 돌리는 것은 네트워크를 더 튼튼하게 만들고, 투명성과 회복력을 높여 준다. 신뢰가 아니라 진실 위에 세워진 시스템을 직접 지원하고 있다는 점에서, 이것은 꽤 뿌듯한 만족감을 선사한다.

이제 노드와 채굴자의 기본적인 역할 분담을 이해했다. 노드는 네트워크를 정직하게 유지하고, 채굴자는 새 블록을 추가해 경제적인 보상을 얻기 위해 경쟁한다. 그러면 이제 채굴자들이 그렇게 열심히 노리는 보상(막 새로 발행된 비트코인과 블록에 담긴 거래 수수료) 자체에 시선을 옮겨 보자. 한마디로, 사람들이 왜 이렇게 난리를 치는지 이유를 살펴볼 시간이다.

'블록 보상', 또는 '블록 보조금'이라고도 부르는 보상은 비트코인 채굴의 가장 중요한 인센티브다. 이 보상은 비트코인 코드 안에 미리 정해진 일정에 따라 지급되도록 설계되어 있어서, 공정성과 예측 가능성을 보장한다. 비트코인이 2009년에 처음 실행되었을 때, 블록 보상은 블록당 50비트코인으로 설정되어 있었다. 최초로 채굴된 제네시스 블록을 떠올려 보자. 바로 사토시 나카모토가 첫 보상을 받았다. 당시만 해도 이 50비트코인은 아무런 가치도 없었다. 비트코인은 사토시와 극소수 암호학자들을 제외하면 아는 사람도 거의 없었고, 새로운 디지털 토큰을 원하거나 필요로 하는 사람도 없었다.

오늘날 50비트코인의 가치는 어마어마한 액수다. 여기서 사토시가 왜 그런 수준으로 보상을 정했는지 이해하는 것이 중요하다. 당시에는 비트코인을 아는 사람도 거의 없었고, 관심 있는 사람은 더 적었으며, 실제로 채굴을 위해 에너지를 쓰겠다고 나서는 사람은 정말 손에 꼽았다. 동시에 퍼즐 자체도 훨씬 쉬웠다. 과녁의 정중앙이 지금보다 훨씬 컸고, 그 안에 다트를 꽂는 데 필요한 계산 노력도 미미했다.

요약하자면 초기 채굴자들은 호기심, 그리고 거대한 실험에 기꺼이 참여한 대가로 아주 후한 보상을 받은 셈이다. 당시 비트코인은 현실 세계에서 아무 가치도 없었기 때문에, 그만큼 과감한 인센티브가 있어야만 누군가 노력을 투입하려 들었을 것이다. 그때의 비트코인은 정말 말 그대로 '마법의 인터넷 돈'에 가까웠다. 실제로 사토시가 백서를 발표한 지 1년쯤 지난 뒤, 두 명의 암호화폐 마니아가 비트코인을 현실 세계에서 처음으로 사용했다. 라즐로 한예츠(Laszlo Hanyecz)라는 프로그래머가 파파존스 피자 두 판을 사면서 무려 1만 비트코인을 지불한 사건이다.

오늘날 가격으로 따지면 이 피자 두 판은 10억 달러가 넘는 인류 역사상 가장 비싼 식사가 된다. 하지만 이 거래의 핵심은 피자가 아니었다. 이 순간은 비트코인에 있어 엄청난 이정표였다. 비트코인이 상업 거래에서 실제로 교환의 매개체로 사용된 첫 번째 사례였고, 비트코인이 정말로 디지털 머니로 기능할 수 있음을 증명한 사건이었기 때문이다.

이 사건은 비트코인이 현실 세계로 진출할 잠재력이 분명히 있음을 증명했다. 하지만 장기적인 가치를 지키기 위해 사토시는 중요한 설계 선택을 추가했다. 블록당 보상을 일정하게(예를 들어 블록당 50비트코인으로) 고정하는 대신, 시간이 갈수록 보상이 줄어드는 스케줄을 코드에 심어 둔 것이다. 21만 개의 블록이 생성될 때마다 대략 4년에 한 번꼴로 블록 보상이 절반으로 줄어들도록 미리 프로그램해 두었다. 이 예정된 이벤트를 우리는 '반감기'라고 부른다.

왜 이게 중요할까? 이러한 설계 덕분에 비트코인의 발행 일정은 예측 가능하면서도 유한한 궤적을 따라가게 되고, 최종적으로는 총공급량이 2,100만 개에서 영원히 멈추게 된다. 반감기는 비트코인 인센티브 구조의 핵심 요소다. 금처럼 자연에서 희소한 자원의 특성을 모방함과 동시에, 초기 참여자에게는 그에 걸맞은 보상이 돌아가도록 설계된 장치이기도 하다.

이렇게 시간이 갈수록 공급 증가 속도가 줄어드는 디스인플레이션(Disinflation)[*] 구조는 굉장히 의도적인 선택이다. 네트워크 초창기에는 강력한 채굴 활동을 유도하고, 시간이 지나 네트워크가 성숙하면서(그리고 기초 프로토콜 위에 다양한 결제 레이어가 쌓여 가면서) 점차 속도를 늦춘다. 이것은 비트코인이 교환 수단으로 자리 잡아 가는 과정을 정교하게 지원하는 설계다.

아주 먼 미래에 블록 보상이 0에 가까워지게 되면 채굴자들은 주로 거래 수수료를 인센티브로 삼게 될 것이다. 그때쯤

---

[*] 물가가 계속 오르긴 하지만 속도가 점차 느려지는 경제 현상. 이는 물가가 떨어지는 '디플레이션'과는 다르며, 인플레이션이 서서히 꺾이는 과정을 말한다. 비트코인의 경우, 한동안 계속 공급되어 유통량이 늘어나긴 하지만 그 속도는 줄어든다는 의미다.

이면 전 세계를 잇는 효율적인 결제 네트워크 위로 끊임없이 거래가 오갈 것이고, 그 활동에서 나오는 수수료만으로도 채굴이 충분히 매력적인 사업이 될 수 있다. 반감기가 올 때마다 블록 보상 자체는 줄어들지만, 역사적으로 비트코인의 가격과 채택률은 계속해서 증가해 왔다. 사람들이 현실 세계의 에너지를 투자해 네트워크를 강화해 온 덕분이다. 이와 같은 네트워크의 성장은 보상의 감소를 충분히 상쇄해 왔다. 이러한 우아한 설계 덕분에, 블록 보상이 줄어드는 와중에도 비트코인 채굴은 계속해서 경제적으로 의미 있는 활동으로 남을 수 있다.

사토시가 제네시스 블록을 채굴한 이후, 블록 보상은 여러 차례 반감기를 거쳤다. 2012년 보상은 블록당 50비트코인에서 25비트코인으로 줄었고, 이후 12.5비트코인, 6.25비트코인, 그리고 마지막으로 3.125비트코인까지 줄어 현재에 이르렀다.

지금까지 약 15년 남짓한 시간 동안 2,100만 개 비트코인 가운데 거의 2,000만 개가 이미 채굴되었다는 사실은 꽤 놀랍게 느껴질 수 있다. 하지만 더 놀라운 점은 앞으로의 일정이다. 남은 190만 개의 비트코인을 전부 채굴하는 데에는 대략 2140년까지 엄청나게 긴 시간이 필요하다. 이처럼 서서히, 예측 가능한 속도로 배분되는 일정은 비트코인 설계에서 가장 뛰어난 아이디어 중 하나다. 희소성과 인센티브, 장기적인

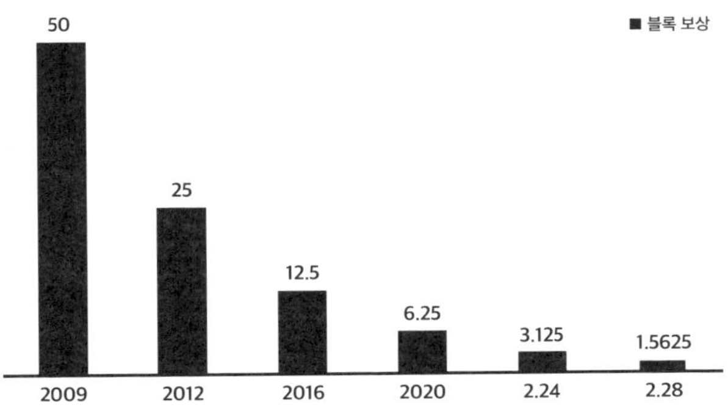

출처: 사카시 나카모토, 〈비트코인: 개인 대 개인 전자 화폐 시스템〉, 2008

지속 가능성을 정교하게 조율하고 있기 때문이다.

마지막 비트코인이 채굴되는 순간, 세상에 존재하는 2,100만 개의 비트코인이 앞으로 영원히 존재할 모든 비트코인이 된다. 그 뒤로는 어떤 식으로든 비트코인이 더 만들어지지 않는다. 이쯤 되면 비트코인을 '마법의 인터넷 돈'이라고 부르는 것은, 수학을 두고 '마법 같다'고 말하는 것과 비슷하다. 수학 공식이 손에 잡히지 않는다고 해서 그것이 실제가 아닌 것은 아니다. 비트코인은 처음에는 검증되지 않은 실험으로 시작되었을지 모르지만 이제는 아무리 강력한 권력을 가진 사람일지라도 마음대로 조작할 수 없는, 불변의 토대 위에 세워진 전 지구적 네트워크로 진화했다. 그 토대는 다름 아닌 에너지 그 자체다.

11장 요약

비트코인은 '신뢰할 만한 제3자의 개입 없는
디지털 화폐를 만드는 방법'이라는 컴퓨터 과학의
거대한 난제를 풀었다. 이 돌파구를 가능하게 한 것이
바로 작업증명이다. 채굴자가 현실 세계의 에너지를
사용해 복잡한 암호 퍼즐을 풀도록 함으로써
네트워크를 보호하고 새로운 코인을 발행하는
방식이다. 따라서 비트코인의 가치는
사람의 약속이 아니라, 전기라는 물리적 현실에 기반을
두고 있다. 비트코인은 코드에 설계된 일정에 따라
예측 가능한 속도로 발행되며, 이를 유지하기 위해
'난이도 조정'이 작동한다. 이런 발행 구조는
2,100만 개 비트코인이 모두 채굴될 때까지,
즉 2140년까지 계속된다.
비트코인은 물리 법칙이 강제하는 현실의 에너지와
깨지지 않는 수학에 자신의 가치를 고정함으로써,
정치가 아니라 물리학이 보장하는
진정한 희소성을 지닌 디지털 자산을 만들어 냈다.

모두
에너지가 필요하다

"에너지는 우주의 통화다."

— 에밀리 마루티안(Emily Maroutian)

비트코인에 관심이 있다고 말하면 사람들이 가장 먼저 꺼내는 이야기 가운데 하나가 바로 비트코인이 쓰는 에너지다. 그들의 우려를 충분히 이해한다. 나 역시 처음엔 가장 궁금하고 걱정스러운 부분이었다. 우리는 모두 맑은 공기와 깨끗한 물, 생명력 넘치는 바다와 숲, 영양가 있는 먹거리를 길러 낼 비옥한 토양이 있는 건강하고 번영하는 지구를 원한다.

대부분의 사람들은 비트코인이 왜 에너지를 쓰는지 정확히 알지 못한다. 비트코인이 어떤 문제를 풀고 있는지, 그리고 그 에너지 사용이 다른 에너지 집약적 산업들과는 근본적으로 어떻게 다른지도 모른다. 비트코인은 쓸데없이 에너지를 태우고 있는 것이 아니다. 어떤 정부도, 기업도, 개인도 속이거나 조작하거나 통제할 수 없는 통화 네트워크를 지키고 있는 것이다.

비트코인 채굴이 에너지 낭비라는 비판은 비트코인 자체에 대한 오해에서 비롯될 뿐 아니라, 비트코인 채굴이 앞으로 전 세계 에너지 경제에서 맡게 될 점점 더 중요하고 긍정적인 역할을 이해하지 못한 데서 나온다. 비트코인 채굴은 자원을 무의미하게 빨아들이는 구멍이 아니라, 혁신과 효율성, 심지어 환경 보호를 이끄는 강력한 동력이 되어 가고 있다. 비트코인은 이윤을 좇는 회사가 아니다. 고장 난 통화 체제가 초래한 인플레이션의 혼란을 바로잡기 위한 오픈소스 기반의 해법이다.

비판자들이 비트코인의 에너지 소비를 문제 삼을 때, 그들은 종종 더 큰 그림을 놓치고 있다. 다음 도표에서 보듯, 비트코인이 사용하는 에너지는 그보다 훨씬 더 많은 에너지를 쓰면서도 거의 관심을 받지 않는 산업들과 비교해 보면 사실 미미한 수준이다. 그중에는 우리의 문제를 해결해 주기는커녕 오히려 문제를 키우는 산업들도 있다.

숫자만 봐도 금세 알 수 있다. 비트코인이 쓰는 에너지는 관광, 패션, 담배 같은 산업들에 비하면 정말로 작은 비중에 불과하다. 예를 들어 담배 산업은 비트코인보다 훨씬 많은 에너지를 소비할 뿐 아니라, 의료 시스템에 이미 연간 수천 테라와트시(TWh)에 이르는 전력을 사용하는 것으로 추정되는 부담을 가중시킨다. 이는 여행 산업이 쓰는 에너지보다 조금 적은 수준이다.[1] 하지만 우리는 이 산업을 에너지 관점으로 거의 생각하지 않는다.

투자 전략가 린 올든은 이 모든 것을 다음과 같이 한마디로 정리한다. 비트코인은 "전 세계 에너지 소비의 0.1%도 안 되는" 부분만을 차지할 뿐이라는 것이다.[2] 올든은 비트코인이 점점 성장해 전 세계적으로 널리 채택되는 자산군이 된다 해도, 비트코인이 사용하는 에너지는 전 세계 에너지 소비의 겨

케임브리지 비트코인 전력 소비 지수

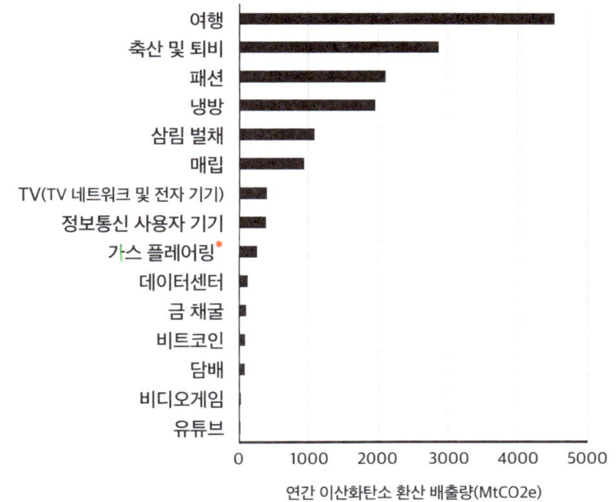

출처: 케임브리지 대학교 "케임브리지 비트코인 전지 소모 인덱스", www.ccaf.io

*   석유 시추나 정제 과정에서 발생하는 불필요한 가스를 태워 없애는 공정.

우 1퍼센트도 되지 않으며, 많아야 0.2~0.3% 수준에 그칠 것이라고 주장한다. 전 세계 에너지 사용량을 놓고 보면 사실상 반올림 오차에 가까운 수준이라는 얘기다.

이어서 올든은 이렇게 말한다. "과학자들이 전 세계가 1년에 쓰는 에너지양을 추정할 때, 그 수치는 어느 쪽으로든 2~3%포인트 정도는 쉽게 오차가 날 수 있습니다. 하물며 0.2~0.3%포인트 같은 미세한 차이는 말할 것도 없지요." 논지를 더욱 분명히 하기 위해 올든은 이렇게 덧붙인다. "사용하지 않는 전자 기기의 전원을 단 10%만 더 자주 꺼도 비트코인 네트워크 전체가 소비하는 전력보다 더 많은 에너지를 아낄 수 있습니다."[3] 그런데 우리는 전통 금융 시스템 자체는 말할 것도 없고 많은 다른 산업들이 쓰는 에너지에 대해서는 너그럽게 넘어가면서, 왜 에너지 파이에서 비트코인이 차지하는 조그만 조각에만 그토록 집착할까? 그 이유는 비트코인이 실제로 어떤 좋은 일을 하고 있는지 사람들이 잘 모르기 때문이다.

비트코인은 우리가 흔히 생각하는 것보다 에너지를 적게 쓸 뿐 아니라, 더 지속 가능하고 효율적인 에너지 미래를 만드는 데 적극적으로 기여할 수도 있다. 앞으로 살펴보겠지만 비트코인은 다음과 같은 역할을 한다. 첫째, 버려지거나 고립되어 활용되지 못했을 재생에너지를 활용할 수 있게 돕는다. 둘째, 오랫동안 안정적인 전력 공급을 누리지 못했던 지역에 신뢰할 수 있는 에너지 접근성을 넓혀 준다. 셋째, 공급과 수요를 조절해 전력망의 안정성을 높이고, 에너지 시스템 전체를 더 효율적으로 만든다. 넷째, 장기적인 저축을 장려함으로써 환경에 해로운 과소비를 줄이는 데 기여한다.

이 모든 것을 가능하게 하면서 우리가 제대로 된 저축을 할 수 있게 해 주고, 서로 직접 거래할 수 있게 해 주며, 전 세계 금융 시스템에 공정성과 무결성을 되돌려 줄 수 있는, 조작도 부패도 불가능한 디지털 머니라면 괜찮지 않을까? 시야를 조금 더 넓혀 보자. 여러분이 비트코인에 대해 어떤 생각을 갖고 있든 부정할 수 없는 사실이 하나 있다. 우주는 전적으로 물질과 에너지로 이루어져 있다는 점이다.

에너지 보존 법칙에 따르면 우리는 에너지를 새로 만들어 낼 수도, 없애 버릴 수도 없다. 다만 우리와 주변 사람들의 삶을 더 낫고, 더 풍요롭고, 더 편안하게 만들기 위해서 에너지를 어떻게 쓸지 선택할 수 있을 뿐이다. 그러니까 핵심 질문은 에너지 사용 자체가 좋은 것인지 나쁜 것인지가 아니다. 수많은 연구 결과가 입증하듯, 에너지 접근성은 더 나은 건강과 더 높은 삶의 질을 포함한 인간의 번영과 강하게 연결되어 있다.[4] 진짜 질문은 이것이다. 지금 우리가 가진 에너지를 어떻게 활용해야 우리 자신뿐 아니라 전 세계 사람들의 삶까지 함께 개선할 수 있을까?

비트코인의 보안은 에너지와 물리 법칙에 뿌리를 두고 있다. 우리는 필요할 때마다 다법처럼 비트코인을 맘껏 만들어 낼 수 없다. 각 블록은 분산된 컴퓨터 네트워크가 에너지를 써서 바로 앞 블록과 암호학적으로 연결하는 과정을 통해 생성되고 보호된다. 그 계보는 거슬러 올라가면 사토시 나카모토의 제네시스 블록까지 이어진다. 이 난공불락의 요새는 그동안 네트워크에 쏟아부어진 에너지와 연산 노력이 층층이 쌓여 만들어진 것이다. 비트코인 소프트웨어를 실행하는 컴퓨터들이 계속 존재하는 한 요새는 그대로 유지된다.

그 이유는 이 시스템이 실제로 검증 가능한 에너지 위에 세워져 있기 때문이다. 비트코인의 탄탄함은 어떤 기관이나 개인에 대한 신뢰에 기대지 않는다. 매번 모든 거래 블록을 유지하고 검증하는 데 필요한 막대한 연산 능력에서 나온다. 앞서 살펴보았듯, 새로운 블록을 하나 더 추가할 때마다 거기에 에너지가 들어가고, 그 결과 블록체인에는 지울 수 없는 기록이 새겨진다. 그 작업이 실제로 수행되었고, 네트워크의 무결성이 지켜졌다는 증거다.

블록체인을 보디빌더에 비유해 보자. 헬스장에서 반복해서 드는 무게와 매 끼니 챙겨 먹는 영양가 있는 식사가 그의 몸에 그대로 반영되듯, 비트코인 네트워크에 더해지는 각 블록 역시 그동안 투입된 에너지와 노력이 응축된 결과물이다. 실물 세계의 에너지가 축적되어 디지털 구조 안에 영구적으로 반영되고, 계속되는 노력을 통해 유지된다.

11장에서 보았듯, 비트코인 채굴기들은 비트코인 채굴이
라는 단 하나의 임무만 수행하도록 설계된 특수한 기계들이
다. 이들에게 필요한 것은 에너지원과 네트워크 연결, 단 두
가지뿐이다. 이 기계들의 특별한 장점은 에너지가 있는 곳이
라면 어디서든 돌아갈 수 있다는 점이다. 평소라면 그냥 버려
졌을 전기를 쓰는 곳에서도 마찬가지다. 이들은 퍼즐을 풀고,
블록 보상을 얻고, 가능한 한 많은 이익을 챙기기 위해 끊임
없이 값싼 에너지를 찾아다니는 기계 버전의 팩맨이라고 상
상해 볼 수 있다.

많은 사람들이 에너지의 미래에 대해 우려를 품고 있고 충
분히 그럴 만한 이유가 있다. 에너지 자체는 풍부하다. 〈포브
스〉의 한 기사 제목처럼 "사하라 사막 면적의 1%만 태양광으
로 활용해도 전 세계를 먹여 살릴 수 있다." 하지만 재생에너
지를 대규모로 포집하고, 저장하고, 운반하는 능력은 여전히
큰 도전 과제다. 배터리 기술과 같은 것이 발전하고 있지만,
전 세계적으로 늘어나는 에너지 수요를 감당하기에는 아직
충분히 빠른 속도로 개선되지 못하고 있다.

비트코인의 에너지 소비는 종종 환경 운동가들의 비판을
받는다. 겉으로 보기엔 비트코인이 쓰는 에너지가 본질적으
로 낭비적이거나, 지속 가능성을 추구하는 목표와 양립할 수
없는 것처럼 보일 수 있다. 하지만 세계은행 같은 기관들조차
점점 인정하듯[5], 비트코인 채굴은 오히려 더 효율적이고 탄

탄한 글로벌 에너지 시스템을 구축하는 데 도움을 줄 수 있는
잠재적 협력자로 떠오르고 있다.

지난 10여 년 동안 신재성에너지 분야의 투자 규모는 폭발
적으로 늘어났다. 그런데 문제는 대개 우리가 에너지를 충분
히 생산하지 못해서가 아니라, 그렇게 만들어진 에너지를 저
장하지 못한다는 데 있다. 앞에서 언급했듯, 현재의 배터리
기술로는 잉여 에너지를 의미 있는 규모로 저장하기 어렵다.
잉여 전기를 보낼 곳이 없으면 전력 생산은 종종 '출력 제한'
을 당한다. 즉 전력망이 전기를 다 흡수하지 못하기 때문에
일부 발전을 의도적으로 줄이거나, 아예 허공에 날려 버리는
것이다. 지금까지는 그렇게 버려지는 전기가 갈 곳이 없었다.

비트코인 채굴은 어차피 버려질 전기를 소비하기에 딱 안
성맞춤이다. 그런 전기는 대개 가장 값싼 전기이고, 에너지
비용을 낮추는 것은 채굴 수익성의 핵심이기 때문이다. 세계
곳곳에서 사례가 이미 나타나고 있다. 히말라야의 수력 발전,
미국 텍사스 서부의 대규모 태양광 발전소, 케냐의 지열 발전
소의 전기가 비트코인 채굴에 쓰이면서 기존에는 묶여 있거
나 남아돌던 전기가 경제적 가치로 전환되고 있다.

이처럼 전 세계에는 아직 제대로 활용되지 못한 지속 가능
하면서도 풍부한 에너지원들이 셀 수 없이 많다. 누군가가 써
주기만을 기다리고 있을 뿐이다. 세계경제포럼(WEF)에 따르
면[6] 2022년 캘리포니아 한 곳에서만 태양광으로 생산했으나

출력 제한으로 버려진 전기가 20만 가구에 1년 내내 전기를 공급하고도 남을 정도였다고 한다. 잉여 에너지를 생산적으로 활용했을 때 얻을 수 있는 경제적, 환경적 잠재력은 상상을 뛰어넘는다.

많은 비판자들은 강한 화폐 없이 돌아가는 경제가 만들어 내는 막대한 낭비(자산 버블과 잘못된 투자, 끊임없는 불안정성이라는 형태로 나타나는 어마어마한 비용)를 보지 못한다. 비트코인은 우리가 날마다 겪고 있는 경제적 부작용을 줄이는 데 기여할 뿐 아니라, 에너지 분야에서도 현실 세계에 강력한 인센티브를 만들어 내서, 우리가 모두 의존하는 전력망을 개선하는 데 독보적인 역할을 할 수 있다.

전력망은 그 자체로 경이로운 공학적 성취다. 전등 스위치를 켜거나 냉장고 문을 여는 순간, 과학과 경제, 물류가 정교하게 맞물린 시스템이 작동하기 시작한다. 전기의 공급과 수요는 실시간으로 완벽하게 균형을 맞춰야 한다. 이 완벽한 균형을 유지하기 위해 발전 회사, 송배전 회사, 계통 운영자 들이 세심하게 관리하고 있다.

풍력이나 태양광처럼 출력이 들쭉날쭉한 에너지원이 많아질수록 균형을 맞추기가 더욱 어려워진다. 태양은 늘 비추지 않고, 바람도 항상 불지 않는다. 놀랍게도 전력이 부족한 상황만 문제가 되는 게 아니다. 계통에 전기가 너무 많이 흘러 들어가는 것도 전기가 부족할 때만큼이나 큰 문제를 일으킨다. 둘 다 계통 불안정과 비효율, 심지어 정전으로까지 이어질 수 있다.

전력망을 자동차 엔진처럼 생각하면 좀 더 간단해진다. 윤활유가 너무 적으면 엔진이 멈춰 버리고, 너무 많으면 넘쳐흘러 고장이 나는 것과 같다. 비트코인 채굴자는 유연한 압력 배출 밸브처럼 작동한다. 전력이 남아도는 시간에는 빠르게 전원을 켜 남는 에너지를 빨아들이고, 다른 곳에서 더 많은 전력이 필요할 때는 곧바로 전원을 끈다. 이런 독특한 능력 덕분에 비트코인 채굴은 전력망을 안정적이고 효율적으로 유지하는 데 매우 유용한 도구가 된다.

에너지 비용은 비트코인 채굴에서 유일한 변수는 아니지만, 가장 중요한 요소 가운데 하나다.[7] 전력 수요와 가격이 높을 때는 채굴 장비를 꺼 두면 되고, 수요가 줄어 전기가 싸지면 다시 가동하면 된다. 이런 자연스러운 조절 덕분에 비트코인 채굴과 전력망 효율성 사이에는 이상적인 파트너십이 형성된다. 그래서 아랍에미리트(UAE),[8] 아이슬란드, 텍사스, 퀘벡처럼 신재생에너지가 특히 풍부한 지역들이 전력망 안정화를 돕기 위해 비트코인 채굴 업자를 적극적으로 유치해 온 것은 매우 자연스러운 일이다.[9] 신재생에너지를 지지하는 사람이라면 에너지 인프라의 균형을 맞추고 강화하는 데서 비트코인이 수행하는 역할을 분명한 장점으로 봐야 한다.

비트코인 채굴은 에너지 낭비를 막는 데서 그치지 않는다.

신재생에너지 프로젝트의 경제성을 높여 이들이 성장할 수 있도록 적극적으로 지원한다. 에너지의 수요와 공급이 잘 맞지 않는 지역에서는 비트코인 채굴 업자들이 유연한 '전력 소비자' 역할을 한다. 이 같은 적응력 덕분에 전력망의 울퉁불퉁한 부분이 매끄러워지고, 재생에너지가 더 신뢰할 만하고 지속 가능한 자원이 되며, 세금으로 지원금을 퍼부을 필요도 줄어든다. 그야말로 모두에게 이익이 되는 구조다.

하지만 전력망 위에서의 수요와 공급의 균형이 전부는 아니다. 어떤 경우에는 남아도는 전기가 아니라, 고립된 에너지가 문제다. 전 세계 곳곳에는 잠재력이 풍부하지만 너무 외진 곳에 있거나, 연결 비용이 너무 많이 들어서 제대로 쓰이지 못하는 에너지원이 널려 있다. 이런 기회들은 가치를 실현할 현실적인 방법이 없다는 이유만으로, 그대로 버려지는 경우가 많다.

팩맨 게임을 해 본 적이 있다면 화면 구석에 끝까지 남아 있는 한 점을 바라보는 심정을 이해할 것이다.[*] 고립된 에너지가 게임에서 마지막 남은 점과 같다. 멀리 뚝 떨어져 있고, 접근하기 어려워서 전력망의 나머지 부분과 연결하기가 거

---

[*] 팩맨에서는 화면 곳곳의 점을 모두 먹어야 스테이지를 클리어할 수 있다. 구석이나 외진 곳에 있는 점은 플레이어가 자주 놓치거나 먹으러 가기 까다로워 '마지막까지 남아 있는 점'이 되곤 한다. 저자의 비유는 이러한 '버려지기 쉬운 마지막 자원'을 가리킨다.

의 불가능하다. 예를 들어 쓰레기 매립지를 생각해 보자. 매립지는 여러 측면에서 환경 문제의 집합체다. 매립지에서는 메탄이 방출되는데, 메탄은 대기 온난화 효과 기준으로 이산화탄소보다 80배 넘게 강력한 온실가스다. 또한 메탄은 매년 전 세계에서 100만 명이 넘는 사람들이 호흡기 질환으로 조기에 사망하는 데 간접적인 원인이 되기도 한다.[10] 미국 환경보호청(EPA)에 따르면, 매립지는 미국 전체 메탄 배출량 가운데 17%를 차지한다.[11]

메탄을 포집해 다른 데 쓰자는 발상은 이론상으로는 아주 매력적이다. 하지만 메탄을 전력망에 연결하기 위한 인프라를 구축하는 비용은 너무나도 비싸다. 미국 전역에 수천 개의 매립지가 흩어져 있는 현실에서, 메탄은 대부분 아무런 통제도 받지 않은 채 해마다 다기 중으로 새어 나가고 그 결과는 말 그대로 재앙에 가깝다.

여기서 비트코인 채굴이 등장한다. 혁신적인 기업들은 이제 매립지에서 메탄이 방출되기 전에 전기로 바꾸고, 전기로 비트코인 채굴기를 돌려서 수익을 얻고 있다. 그로 인해 대기 중 메탄이 줄어들고, 환경 피해도 줄어들며, 이전까지는 그저 유독한 쓰레기였던 것이 새로운 돈벌이 수단으로 탈바꿈한다. 말 그대로 '한 사람의 쓰레기가 다른 사람의 보물'이 되는 셈이다.

비슷한 일이 원유 채굴 과정에서 나오는 천연가스에서도

벌어진다. 천연가스를 경제적으로 포집해 운반할 방법이 마땅치 않다 보니, 석유 회사들은 가스를 아예 태워 없앤다. 이것을 '플레어링(Flaring)'이라 한다. 통제된 연소라고는 하지만, 이 과정에서도 메탄을 포함한 각종 유해 물질이 대기 중으로 배출된다. 하지만 기업들은 점점 더, 이렇게 버려지고 있는 천연가스(2022년 한 해에만 해도 1,500억 세제곱미터에 달해, 몇 개 나라에 충분한 전력을 공급하고도 남을 양)를 비트코인 채굴에 활용해서, 폐기물에서 수익을 만들어 내면서 유해가스 배출량을 크게 줄일 수 있다는 사실을 깨닫고 있다. 이런 시도는 세계은행으로부터도 주목과 인정을 받고 있다.

환경 오염과 전력망 효율 문제를 넘어서, 비트코인 채굴은 또 다른 중대한 가능성을 품고 있다. 바로 오랫동안 전기 없이 살아온 지역사회에 전기를 공급할 수 있다는 사실을 당연하게 여기지만, 아직도 수십억 명이 에너지 빈곤[12]에 시달리고 있다. 에너지 빈곤이란 안정적인 전기 접근성이 부족해 경제 성장, 교육, 의료, 삶의 전반적인 질이 심각하게 제약받는 상태를 말한다.

비트코인이 고립되어 있던 에너지를 활용할 수 있다는 점은 환경 운동가들에게만 반가운 소식이 아니다. 전기가 여전히 부족하거나 불안정한 사하라 이남 아프리카 지역 같은 곳에 사는 사람들에게는 삶을 바꿔 놓을 수 있는 일이다. 이 지역에서는 지금도 인구의 43%가 아예 전기를 사용하지 못하고 있으며,[13] 도시 지역에서도 정전이 일상적이고, 전력망이 불안정하다. 햇빛, 바람, 수력처럼 자연 자원은 풍부하지만, 이런 자원을 효율적으로 활용할 금융 인프라와 투자 여력은 부족하다.

이런 에너지 빈곤은 단순한 불편을 넘어 발전을 가로막는 치명적인 장벽이다. 안정적인 에너지가 없으면 농업의 규모를 키울 수 없고, 깨끗한 물에 접근하기 어려우며, 의료 체계는 취약한 상태에 머무르고, 학교 역시 제대로 기능하기 힘들다. 국제 비영리단체 '해비타트 포 휴매니티(Habitat for Humanity)'가 설명하듯, "에너지가 부족하다는 것은 일반적으로 농업과 제조업을 발전시키는 것이 불가능하다는 뜻이다. 가장 가난한 국가들은 가난해서 에너지를 생산할 수 없고, 그로 인해 빈곤에서 벗어날 수 없는 악순환에 갇히게 된다."[14]

비트코인 채굴은 이런 악순환을 끊어 낼 잠재력을 지니고 있다. 에너지 인프라를 구축하고 유지하도록 하는 재정적 유인을 제공함으로써, 채굴 업자들은 외딴 지역이나 전력 공급이 부족한 지역에 전기를 공급하는 일을 경제적으로 성립 가능한 사업으로 만들 수 있다. 정부나 국제기구가 언젠가 이 격차를 메워 주기를 마냥 기다리는 대신, 지역사회가 비트코인 채굴을 발판 삼아 에너지 자립을 시작할 수 있는 것이다.

인권재단(Human Rights Foundation)의 알렉스 글래드스타인은 통화 체제와 에너지 접근성이 인권과 전 세계의 번영에 미치는 영향을 서로 얽히고설킨 문제들의 매트릭스라는 관점에서 분석해 왔다. 그는 비트코인이 전력 소외 지역의 에너지 개발을 촉진하고, 지역사회에 경제 성장과 기회의 불씨를 지피는 데 필수적인 역할을 한다고 확신한다.

아프리카 동남부에 위치한 말라위는 수력 발전 잠재력이 풍부하지만, 전기에 접근할 수 있는 인구는 15%에 불과하다.[15] 과거에도 수력 자원을 농촌 전력화에 활용하려는 시도가 있었지만, 높은 비용과 물류를 둘러싼 난관 때문에 매번 실패했다. 그런데 2023년, 한 비트코인 채굴 회사가 뛰어들어 전력망 안정성, 저렴한 전기, 더 광범위한 연결을 목표로 프로젝트를 시작했다. 이 회사는 수력 에너지를 사용해 채굴을 돌렸고, 이를 통해 이익을 낼 뿐 아니라 해외 원조에 의존하지 않고도 현지 주민들의 전기 접근성을 향상시켰다.

이와 비슷한 성공 사례는 부탄[16]에서 우루과이[17]에 이르기까지 전 세계 곳곳에서 나타나고 있다. 노르웨이에서는 비트코인 채굴 과정에서 나오는 폐열을 양식장과 지역 커뮤니티 건물의 난방에 재활용하고 있다.[18] 콩고에서는 한 초콜릿 공장이 수력 발전으로 비트코인을 채굴하고, 그 수익을 직원 임금, 기반 시설, 카카오 가공 시설에 다시 투자하고 있다.[19] 이러한 프로젝트들은 그동안 활용되지 못하던 에너지원을 활용해서 경제 성장과 지역사회의 역량 강화를 이루어 내는 비트코인의 잠재력을 입증한다. 이 모든 사례에서 엄청난 희망이 보인다.

외딴 지역사회에 전기가 들어오는 일은 단순한 기술적 성취가 아니다. 특히 여성들에게는 삶을 송두리째 바꾸는 사건이다. 안정적인 전기 공급이 없으면 요리와 빨래 같은 가장 기본적인 집안일조차 하루 종일 시간을 빼앗는다. 결국 교육, 직장, 취미 활동이나 휴식을 위한 시간은 거의 남지 않는다. 볼리비아의 한 세계은행 관계자가 지적했듯, 에너지 접근성이 높아지면 여성들이 집안일에 써야 하는 시간이 줄어들고, 그만큼 임금 노동, 교육, 창업 기회를 추구할 여지가 커진다.[20]

전 세계 30억 명에 이르는 사람들이 1년 동안 사용하는 전기가, 평균적인 미국 가정 냉장고 한 대가 1년에 쓰는 전기보다도 적다는 사실을 떠올려 보자.[21] 이 정도면 전 세계적인 에너지 불평등을 해결하는 일이 얼마나 시급한지 명확해진다. 그리고 비트코인은 우리가 가진 수단 가운데 가장 강력한 도구 중 하나일 수도 있다.

미국처럼 에너지가 풍부한 곳에서는 비트코인이 해결하는 문제가 눈에 잘 들어오지 않을 수 있다. 우리는 자주 비트코인의 에너지 사용을 비판하면서도, 정작 매일 의존하는 시스템들(은행, 이메일과 클라우드 서버를 돌리는 데이터센터, 그리고 앞의 도표에서 살펴본 다른 산업들)이 쓰는 막대한 에너지에 대해서는 눈감곤 한다. 이런 시스템에서 얻는 가치가 너무나 당연하게 느껴지기 때문에 환경적 비용은 잘 따져 보지도 않는 것이다.

또 한 가지 짚고 넘어갈 점은 풍요로운 에너지의 경험이 우리의 시각을 규정한다는 것이다. 미국 대부분 지역에서는 화석연료냐 재생에너지냐를 두고 논쟁을 벌일 여유가 있다. 두 가지 모두를 비교적 안정적으로 누리고 있기 때문이다. 하지만 이런 관점은 때로 비트코인이 긴급한 세계적 문제들을 해결하는 데 어떤 잠재력을 지니는지 보지 못하게 막는다.

겉으로 보기에는 비트코인이 이미 과부하가 걸린 에너지 시스템에 또 하나의 짐을 얹는 것처럼 느껴질 수도 있다. 코뿔소 등에 달라붙어 사는 작은 새 '옥스페커'는 얼핏 보면 큰 동물 등에 올라타서 살아가며 공짜로 이득만 얻는 성가신 기생충같이 보일지도 모른다. 하지만 옥스페커는 사실 코뿔소에게 짐이 되는 존재가 전혀 아니다. 이 새는 기생충을 쪼아 먹어 없애 주고, 포식자나 위험이 다가오면 코뿔소에게 경고해 준다.

이런 식으로 옥스페커는 자신이 기대 사는 동물을 더 건강하고 안전하게 지켜 준다. 옥스페커는 스와힐리어로 '아스카리 와 키파루(Askari wa kifaru)'인데, 직역하면 '코뿔소의 경비병'이라는 뜻이다.[22] 비트코인은 옥스페커처럼, 에너지망에 짐을 얹는 존재가 아니라 오히려 전력망에 균형을 잡아 주고, 가둬져 있거나 버려지던 에너지를 돈으로 바꾸며, 재생에너지 개발에 동기를 부여하는 방식으로 에너지 시스템을 적극적으로 돕는다.

코뿔소처럼 우리는 모두 편안함을 원한다. 사실 인류 혁신의 역사는 더 편안하고 안전하며 충만한 삶을 향한 끊임없는 추구라고 요약할 수 있을 것이다. 현대 의학에서부터 깨끗한 식수, 세탁기에서부터 지구 반대편에 사는 사랑하는 사람과의 영상 통화에 이르기까지, 거의 모든 혁신은 에너지에 의존한다. 필수적인 것들(식량 생산 시스템)에서부터 삶을 아름답게 만드는 것들(예술, 음악, 영화)에 이르기까지 사회의 모든 층위에서 에너지는 다른 모든 것의 근원이 된다.

비트코인은 한정된 에너지에서 무언가를 빼앗아 가는 것이 아니라, 에너지 사용을 최적화한다. 전 세계 에너지 시스템 곳곳에서 마찰과 비효율이 생기는 지점을 찾아내고, 그 부분을 매끄럽게 다듬어 더 효율적으로 만드는 것이다. 코뿔소를 돌보는 옥스페커처럼, 비트코인 역시 분명한 목적을 가지고 가볍고 날렵하게 날아다니면서 우리에게 이익을 가져다주는 존재이다.

에너지가 계속해서 비트코인 네트워크 안으로 흘러 들어올수록, 비트코인의 보안성과 회복력은 더 강해질 것이다. 하지만 투입되는 에너지가 아무리 커져도, 그 에너지가 새로운 비트코인을 더 만들어 내지는 않는다. 비트코인의 공급량은 고정되어 있다는 사실을 기억하자. 이는 곧 비트코인이 현실 세계의 에너지에 의해 뒷받침되는 전례 없는 가치 저장 수단으로 자리 잡는다는 뜻이다.

만약 비트코인이 재생에너지 개발에 자연스러운 인센티브를 제공하고, 수천만 명을 에너지 빈곤에서 벗어나게 하며, 동시에 화폐 시스템을 바로잡을 수 있다면, 그리고 비효율적이고 비용이 많이 드는 전 세계의 결제 네트워크를 간소화하는 일까지 해낼 수 있다면 더는 비트코인이 쓸데없이 전기만 낭비한다고 주장하지 못할 것이다.

12장 요약

비트코인이 사용하는 에너지는
전 세계 에너지 소비의 0.1%도 되지 않는다.
이는 다른 산업들과 비교해도 미미한 수준이다.
그뿐만 아니라, 우리가 겪고 있는
수많은 에너지 관련 문제를 해결하는 데
도움을 줄 수 있는 위치에 있다.
비트코인 채굴은 언제 어디서든 가동될 수 있으며,
많은 경우에 버려졌을 플레어링 메탄이나
잉여 태양광처럼 낭비되는 에너지를 활용한다.
또한 전력의 수요와 공급의 균형을 맞춰
전력망을 강화하고 안정시킨다.
그와 동시에 우리는 추가적인 인프라를
거의 필요로 하지 않는 효율적인 통화 시스템을
확보할 수 있다.
즉 비트코인이 에너지를 사용하는 것은 낭비가 아니라,
금융적 회복력을 만들어 내는 과정이다.

모두 돈의 인터넷에
접속할 수 있다

---

*"이 '전화기'는 통신 수단으로 진지하게 검토하기에는
결함이 너무 많다."*

— 웨스트유니언(*West Union*) 내부 메모, 1876년

새로운 아이디어는 사람들에게 받아들여지기 전에 종종 무시당한다. 때로는 아주 거칠게 공격당하기도 한다. 전기가 처음 도입됐을 때 비판자들은 집에 불이 나서 다 타 버릴 거라고 걱정했다. 자동차가 처음 등장했을 때 사람들은 믿음직한 말에 비해 시끄럽고 고장 잘 나는 장난감에 불과하다고 조롱했다. 비행기는 어떨까? 라이트 형제가 하늘로 떠오르기 전까지 사람들은 대부분 애초에 불가능한 것이라고 여겼다. 심지어 지금은 우리 삶 구석구석에 스며든 인터넷조차 한때는 폄훼되고 무시되었다.

"적어도 100만년 안에는 사람이 하늘을 날지 못할 것이다."
— 1903년 12월 8일, 〈뉴욕타임스〉

"인터넷은 수백만 명이 등을 돌리면서
그저 잠깐 스쳐 지나가는 유행에 그칠지 모른다."
— 2000년 12월 7일, 〈데일리 메일〉

1994년, 내가 좋아하는 아침 뉴스 프로그램 중 하나에서 앵커 케이티 커릭(Katie Couric)은 "도대체 인터넷이라는게 뭔가요?"라고 물었다.[1] 옆에 앉아 있던 진행자들은 이 새로운 기술을 두고 어리둥절한 채로 약간 조롱하듯 이런저런 추측을 쏟아 놓았다. 어떤 전문가들은 인터넷이 경제에 미치는 영향이 "팩스 기계를 크게 벗어나지 못할 것"이라고 단언한 사람들도 있었다.[2] 이런 예측들이 지금 와서 어떻게 되었는지는 말할 필요도 없다. 인터넷은 우리가 소통하고 정보를 주고받고 전 세계에서 비즈니스를 하는 방식을 완전히 바꿔 놓았다.

비트코인도 다르지 않다. 진정으로 혁신적인 새로운 기술이 늘 그렇듯 비트코인 또한 오랫동안 오해받고, 조롱당하고, 장난스러운 투기 대상이나 잠깐 반짝하고 지나갈 테크 유행 정도로 여겨져 왔다. 하지만 앞선 혁신들이 그랬듯, 비트코인은 단순히 새로운 도구가 아니라 완전히 새로운 패러다임이다. 여러 면에서 비트코인은 '돈의 인터넷'이다. 인터넷이 정보를 거칠 것 없이 이동시키듯, 비트코인은 가치를 거칠 것 없이 이동시키도록 설계된 탈중앙 네트워크다.

만약 1990년대에 인터넷 그 자체의 지분(월드와이드웹의 토대에 대한 소유권을 나타내는 토큰)을 살 수 있었다면, 인류 역사상 최고의 투자 가운데 하나가 되었을 것이다. 우리는 인터넷의 일부를 살 수는 없지만, 비트코인을 살 수는 있다. 앞 장에서 이야기했듯, 인터넷은 재화와 서비스를 '비물질화'해서 책과 음악, 심지어 도서관 전체를 웹에 연결된 모든 사람의 주머니 속으로 옮겨 놓았다. 인터넷은 전 세계 수십억 명에게 지식과 문화, 엔터테인먼트를 전례 없는 규모로 전달해 왔다.

인터넷은 우리의 삶을 너무 빠르고 급진적으로 변화시켜서, 어떤 경우에는 우리가 얼마나 달라졌는지조차 인식하기 어려울 지경이다. 여러분은 어쩌면 이 책을 전자책으로 읽고 있거나 오디오북으로 듣고 있을지도 모른다. 불과 몇십 년 전만 해도 상상조차 할 수 없었던 일이다. 버튼 하나만 누르면 물건이 집 앞까지 배달되는 세상은 어떨까? 예전에는 공상과학 소설 속 이야기였다. 언제든지 원할 때 지금까지 제작된 거의 모든 TV 프로그램과 영화를 스트리밍해서 보는 세상은 꿈도 꾸지 못할 일이었다.

비트코인 역시 온갖 의심과 혼란의 구름 속에서 등장했다. 지금도 사람들 사이에서 안개는 완전히 걷히지 않았다. 우리 삶을 바꾸어 놓는 인터넷의 혁명적 잠재력이 한때 심각하게 과소평가되었던 것처럼 '돈의 인터넷', 그러니까 탈중앙화된 디지털 금융 네트워크 또한 처음에는 제대로 이해받지 못하는 것이 지극히 당연하다.

언어나 전기, 또는 돈처럼 인터넷은 우리 삶에 너무 깊이 스며들어 있어서 정작 그것이 정확히 무엇인지 곰곰이 생각해 보는 일이 거의 없다. 따라서 인터넷의 핵심 특징을 짚고 넘어가 보면, 어째서 비트코인이 또 하나의 엄청난 돌파구인지 이해하는 데 도움이 된다.

인터넷의 본질은 네트워크다. 이름만 봐도 알 수 있다. 이 네트워크를 특별하게 만드는 점은 탈중앙화된 구조다. 특별히 네트워크를 통제하는 부분이 따로 없기 때문에, 어느 한 곳의 고장으로 전체가 멈춰 서는 일도 없다. 특정 지역에서는 인터넷 접근이 차단되거나 정부에 의해 제한될 수 있다. 하지만 그것은 어디까지나 예외일 뿐, 규칙이 아니다. 본질적으로 인터넷은 글로벌한 시스템이다. 전 세계 수십억 대의 기기를 서로 연결하는 거대하고 회복력 강한 네트워크다.

중요한 점은 인터넷이 어떤 한 사람이나 하나의 기업 또는 기관이 지배하는 시스템이 아니라는 것이다. 인터넷은 네트워크에 연결된 모든 컴퓨터가 서로 원활하게 통신할 수 있도록 해 주는 표준화된 규칙인 '프로토콜(Protocol)'에 따라 작동한다. 10장에서 간단히 언급했듯, 인터넷의 핵심 프로토콜은 TCP/IP(Transmission Control Protocol/Internet Protocol)다. 이 프로토콜은 전 세계 컴퓨터들이 신뢰할 수 있고 효율적인 방식으로 정보를 주고받게 해 주는 공통 언어로 기능한다.

하지만 전 세계가 공유하는 언어도 실제로 모두가 함께 사용해야만 비로소 힘을 갖는다. 인터넷이 처음 세상에 나왔을 때, 당신과 가장 친한 친구 둘이서만 그 존재를 알고 있었다고 상상해 보자. 그렇다면 인터넷이 흥미롭긴 하겠지만 삶을 변화시킬 만한 뭔가는 아닐 것이다. 그런데 당신과 친구가 인터넷을 다른 사람들에게 조금씩 나누어 알려 주고, 그들이 주변 친구와 가족에게 알려 주는 일이 반복된다면 어떻게 될까? 밈을 공유해 본 적이 있거나 귀에 쏙쏙 꽂히는 노래가 입소문을 타서 대유행을 일으키는 것을 본 사람이라면 누구나 알겠지만, 시스템은 들불처럼 퍼져 나갈 것이다.

사람이 많이 모일수록 네트워크는 더욱 강력해진다. 세계 은행에 따르면, 디지털 경제는 실물 경제보다 2.5배 빠른 속도로 성장해 왔다.[3] 이 흐름은 쉽게 꺾일 기미가 보이지 않는다. 이것이 바로 '네트워크 효과(Network Effect)'이다. 네트워크 효과는 비트코인을 더 가치 있게 만들 뿐 아니라, 더 안전하게 만든다. 앞서 살펴보았듯, 네트워크에 참여하는 사람이 많아질수록 시스템을 공격하거나 조작하기는 점점 더 어려워진다.

초창기 비트코인이 아직 작고 잘 알려지지 않았을 때는 취약한 부분이 존재했을 수도 있다. 하지만 지금은 네트워크의 규모와 분산 정도, 그리고 연산 능력이 비트코인을 문자 그대로 '암호화된 에너지의 장벽'으로 바꾸어 놓았다. 그럼에도 사람들은 비트코인을 알아가기 시작할 때 늘 비슷한 질문을 던진다. "디지털화된 뭔가가 어떻게 진짜로 조작 불가능할 수 있을까요?", "정부든, 나쁜 의도를 가진 누군가든 시스템을 장악하거나 멈추게 하지 않을 것이라고 어떻게 확신할 수 있습니까?"

이에 대한 답은 또다시 우리를 비트코인의 탈중앙화된 설계로 이끈다. 전 세계에 흩어져 있는 수많은 참여자들이 함께 유지하는 구조 덕분에, 비트코인은 공격에 대해 타의 추종을 불허하는 회복력을 갖는다. 어느 누구도 시스템을 통제하지 않기에, 공격당하면 전체가 무너지는 '약한 고리(취약 지점)'가 없다. 또한 누군가 블록체인을 조작하거나 침해하려 시도하면, 네트워크에 의해 곧바로 거부되거나 아니면 블록체인이 스스로 문제를 우회하고 조정해 버리면서 무의미한 시도가 된다. 이러한 자기 교정 메커니즘 덕분에 체인에 추가되는 모든 블록은 암호학적으로 검증되고, 네트워크 참여자의 다수가 동의한 기록이다.

이제 전문가들 사이에서는 이런 점에 대해 상당한 합의가 이뤄졌다. 비트코인 네트워크는 이미 어마어마한 수준의 연산 밀도와 분산된 합의에 도달했기 때문에, 대규모 공격이 성공할 가능성은 사실상 0%에 가깝다. 한마디로 말해, 비트코인을 가진 사람들은 밤에 걱정 없이 잘 잔다. 린 올든은 네트워크 효과를 설명하기 위해, 그리고 어떤 것이 일정 수준의 보편성을 갖게 되면 경쟁자가 따라잡는 것이 거의 불가능해지는 이유를 보여 주기 위해 위키피디아를 예로 들었다.

기술적으로는 위키피디아 전체를 복사해서(모든 데이터는 엄지손가락만 한 저장 장치 하나에 넣을 수 있다) 내 웹사이트에 '린피디아(Lynpedia)'라는 이름으로 띄울 수 있다. 그렇다고 해서 내가 진짜로 위키피디아의 조회수에 위협이 될 수 있을까? 물론 아니다. 설령 텍스트를 몽땅 복사한다 해도 수없이 많은 웹사이트에 퍼져 있는 수억 개의 링크(진짜 위키피디아를 가리키고 있는 링크들)를 복사할 수는 없다. 검색 결과 최상단 노출이나 위키피디아가 가진 방대한 서버 용량, 끊임없이 내용을 수정하고 보완하는 커뮤니티도 복사할 수 없다. 애초에 경쟁이 불가능하다.[4]

린과 마찬가지로 나 역시 '나탈리북(NatalieBook)'이라는 회사를 차려, 새로운 소셜 플랫폼을 만들고 사용자들을 끌어모을 수 있을 것이다. 엄마와 절친한 친구 정도는 분명 가입해 줄 것이다. 하지만 그걸 본 마크 저커버그가 눈 하나 깜빡할까? 네트워크 효과 때문에 린피디아와 나탈리북은 결국 참담하게 실패할 수밖에 없다. 마찬가지로, 지구상에서 가장 뛰어난 천재가 완전히 새로운 인터넷 프로토콜을 발명한다고 해서 기존 인터넷 인프라를 대체할 수는 없을 것이다. 아무리 기술적으로 우월한 프로토콜을 만든다 해도 이미 TCP/IP가 되돌릴 수 없는 지배력을 구축해 버렸기 때문이다.

인터넷의 프로토콜(IP)은 정보를 잘게 나눈 데이터 조각을 전 세계 어디로든 전달할 수 있게 해 준다. 이른바 '인터넷을 통한 정보 전송'이다. 이 프로토콜은 통신은 물론 사회 전반을 완전히 바꾸어 놓았다. 비록 우편 배달부나 자전거 심부름꾼들에게는 반가운 소식만은 아니었겠지만. 이와 거의 같은 방식으로, 비트코인의 프로토콜은 우리로 하여금 가치의 조각을 서로에게 직접 보낼 수 있게 한다. 다시 말해, '인터넷을 통한 가치 전송'이다. 이는 오픈소스 네트워크를 통해 이루어지며, 여러 면에서 우리가 거의 잃어버릴 뻔한 어떤 중요한 것을 되살려 준다.

아주 오래전, 교환은 단순하고 직관적이었다. 사람들은 누군가의 허락을 구할 필요 없이 직접 물건이나 돈을 주고받았다. 중간에 끼어드는 사람도, 통행세를 받는 사람도 없었다. 그저 두 사람이 있었을 뿐이다. 구슬이든, 조개껍데기든, 초기 형태의 동전이든 서로 가치 있다고 여기는 무언가를 주고받으며 동등한 입장에서 거래를 했다. 오늘날 거래는 훨씬 복잡해졌다. 우리는 온라인에서 누군가에게 돈을 그냥 바로 보낼 수 없다. 대신 은행, 결제 대행사, 각종 금융기관들이 뒤엉킨 복잡한 미로를 통과해야 한다.

각 단계마다 감독과 승인 절차, 그리고 수수료가 뒤따른다. 계좌를 하나 개설하는 일조차 승인을 받아야 한다. 모든 거래는 감시 대상이며, 금융 데이터는 수집되고, 분석되고, 팔려 나간다. 그 과정에서 수많은 '요금소'들이 줄줄이 자기 몫을 떼어 간다. 도대체 왜 이런 식으로 돌아가야 하는 걸까? 내 소유의 돈을 내가 쓰겠다는 결정이 왜 하나의 산업 전체가 돈을 버는 기회가 되어야 하는 걸까?

지금 우리는 마치 자기 돈을 쓰기 위해서조차 매번 허가를 구하는 사람들처럼 살고 있다. 돈을 쓸 때마다 각종 절차를 거치고, 추가 비용을 내고, 개인 정보를 넘기는 식으로 대가를 치른다. 여기서 비트코인이 등장한다. 비트코인은 송신자에게서 수신자로 직접 흐르는 돈이다. 눈에 보이지 않는 수수료도, 승인을 기다리는 시간도 없다. 사람과 사람 사이를 곧장 잇는다.

오늘날의 금융 거래에는 말도 안 될 만큼 복잡한 중개자들이 얽혀 있다. 신용카드를 긁거나, 휴대폰으로 결제하거나, 송금 버튼을 누르는 그 순간부터 각종 중개자들이 줄지어 움직이기 시작한다. 거래 한 건을 둘러싸고 결제 생태계의 다양한 플레이어들이 겹겹이 포진해 있다. 카드 발급 은행, 가맹점 거래를 처리해 주는 은행, 카드 네트워크, 결제 처리업체, 사기 탐지 서비스, 데이터 분석 회사까지 모든 다양한 결제 관련 중개자들이 거래가 성사될 때마다 자기 몫의 고기 한 점을 떼어 간다.

지난 50년 동안 현금에서 수표로, 다시 신용카드로, 이어 ACH(Automated Clearing House) 이체*, 벤모, 페이팔, 애플페이로 결제 방식이 바뀌어 오면서 겉으로 보이는 '고객 경험'은 점점 더 효율적이고 편리하게 변해 온 것처럼 느껴진다. 하지만 21 캐피털(21 Capital)의 CEO 잭 말러스(Jack Mallers)가 지적하듯, 실제로 세련되고 매끄러워진 것은 사용자가 마주하는 겉모습뿐이다. 뒤에서 돌아가는 시스템은 여전히 믿기 어려울 정도로 느리고 복잡하며, 더 비싸졌다. 다시 말해서 겉으로 보기엔 새로 포장된 고속도로를 달리는 것 같지만, 실제로는 진흙탕을 헤치고 있는 셈이다.

카페에서 커피를 사는 익숙한 장면을 떠올려 보자. 동네 카페에서 신용카드를 긁고, 라테 한 잔을 받아 나와 길을 나선다. 인플레이션 덕에 커피값으로 5달러쯤 지불할 지도 모르겠다. 그다음 당신은 가던 길을 간다. 간단하지 않은가?

하지만 짧은 결제 행위 뒤에는 훨씬 더 복잡한 과정이 숨어 있다. 수많은 결제 처리업체와 은행, 정산 시스템이 얽힌 복잡한 네트워크가 당신의 거래를 서로 맞춰 보고 정산하기 위해 쉼 없이 작동한다. 이처럼 전 세계적으로 얽혀 있는 금융

---

* 미국의 은행 간 계좌 이체 시스템으로, 급여 입금, 자동 납부, 온라인 계좌 이체 등에 사용된다.

인프라 덕분에, 우리는 로마의 카페에서든 고향 동네의 카페에서든 똑같이 카드를 한 번 긁는 것만으로 결제를 할 수 있다. 그러나 이런 편의에는 치러야 할 비용이 감춰져 있다.

여러분은 아마도 결제가 즉시 이루어진 것처럼 느낄지도 모른다. 카드를 집어넣거나 긁으면 끝이다. 하지만 뒤에서 벌어지는 현실은 훨씬 느리다. 은행과 결제 처리업체가 이러한 거래를 완전히 정산하기까지 며칠씩 걸리기도 한다. 각 기관의 장부를 하나하나 맞춰 보고 결제를 청산해야 하기 때문이다. 카운터에서 누리는 원활한 결제 경험은 그 이면에 숨어 있는 느리고 비효율적인 금융 시스템 전체를 감추고 있을 뿐이다.

만약 문제가 단지 속도에 그쳤다면, 그건 어쩌면 그들만의 문제였을지도 모른다. 하지만 문제는 거기서 끝나지 않는다. 모든 단계에는 가격표가 붙어 있다. 우리는 연회비를 내고, 은행 계좌 유지 수수료를 낸다. 그리고 무엇보다도 카페 같은 가맹점은 비자나 마스터 카드 등에 결제 수수료를 낸다. 이런 비용은 공중으로 사라지지 않는다. 대부분 결국 상품 가격에 반영되어 소비자가 부담하게 된다.

한 번의 결제 뒤에는 수많은 중개자들이 얽혀 있다. 당신의 은행, 카페의 은행, 복수의 결제 네트워크가 각자 몫을 챙겨 간다. 마치 진흙탕 때문에 자전거가 느려져서 페달을 더 세게 밟아야 하는 것처럼 이러한 시스템을 굴리기 위해 더 많은 돈이 필요해진다. 2004년 한 해에만 가맹점들이 부담한 카드 수수료 총액이 1,870억 달러에 달했다. 전년 대비 거의 9% 증가한 이 비용은 평균적인 미국 가정에 약 1,450달러의 부담을 안겼다.[5]

비영리 단체에 기부를 해 본 적 있다면 "카드 수수료 3%를 대신 부담하시겠습니까?"라는 문구를 본 적이 있을 것이다. 기부액이 커질수록 수수료 비용도 눈에 띄게 커진다. 수수료를 줄이려는 시도들이 없었던 것은 아니다. 하지만 비판자들은 이런 노력들이 결국 가맹점과 소비자의 부담을 눈에 띄게 줄이지는 못할 것이라고 말한다. 솔직히 말해서 그다지 놀랍지도 않다.

카페와 카드 수수료 너거에는 훨씬 더 심각한 문제가 있다. 매년 수백만 명의 사람들이 국경을 넘어 가족들에게 돈을 보낸다. 사랑과 희생의 표현이지만, 거기에 뒤따르는 수수료는 상당하다. 글로벌 송금 시장의 규모는 자그마치 연간 8,000억 달러에 달하는데, 은행과 송금 서비스 같은 중개자들이 거래 1건당 5~10%에 이르는 수수료를 떼어 간다. 소액을 보내는 사람들에게 이런 수수료는 일주일, 혹은 몇 주 동안 힘들게 일한 노동의 대가에 해당할 수도 있다. 얼마나 가슴 아픈 낭비인가?

비트코인은 이 역학 관계를 완전히 바꾸어 놓는다. 비트코인 거래는 빠르고 안전하며, 비용도 훨씬 적게 든다. 덕분에 송금하는 사람의 노력이 낭비되지 않고, 진짜로 도움을 필요로 하는 사람에게 더 온전히 닿을 수 있다. 비트코인을 사용할 때 여러분이 해외에 있는 가족에게 돈을 보내든, 카페에서 커피값을 내든, 집을 사든, 네트워크는 거래의 금액과 목적을 신경 쓰지 않는다. 그저 중개자나, 불필요한 비용이나, 어떠한 복잡성도 없이 비트코인이 곧바로 상대방에게 도달하도록 전송할 뿐이다.

비트코인 이전에는 금융 중개자들에게 의존하는 것 말고는 선택의 여지가 없었다. 우리는 그들이 부과하는 수수료와 지연, 그리고 비용이 반영된 높은 물가를 떠안아야 했다. 디지털 결제와 송금은 항상 제3자를 끼워 넣는 구조였다. 그들은 자기 몫을 떼고, 각종 제한을 걸고, 우리를 사기에 노출시켜 왔다.

이제 많은 사람이 기업의 상시적인 감시와 데이터 수익화라는 문제가 얼마나 심각한지를 깨닫고 있지만, 사회 전체로 보면 여전히 권한의 남용에 꽤 무감각해져 있다. 기업은 우리의 데이터를 추적하고 분석한 다음, 누구인지 알 수도 없는 구매자에게 팔아넘긴다. 이 모든 일이 너무나 일상적으로 벌어지는 탓에, 더 나은 시스템이 가능할지조차 의심하지 않게 된 것이다.

이러한 시스템은 금융 서비스 회사들이 돈을 버는 방식에서 비롯된다. 먼저, 이들은 돈을 빌려주고 이자로 이익을 낸

다. 신용카드 이자, 대출 이자, 때로는 '빌릴 수 있는 권리'에
대한 연회비까지 받는다. 그다음, 결제 과정에서 돈을 번다.
가맹점이 부담하는 결제 수수료를 통해 거래가 이뤄질 때마
다 자기 몫을 떼어 간다. 마지막으로, 이들은 거래가 끝난 뒤
에도 돈을 번다. 바로 우리의 거래 데이터를 팔아치우는 방식
인데, 심지어 대개 우리의 명시적인 동의 없이 이루어진다.

비트코인은 이 판을 통째로 뒤집는다. 비트코인은 회사가
아니다. CEO도, 본사 건물도, 분기별 실적 발표도 없다. 이
사회 회의실에서 어떻게 하면 고객에게서 더 많은 가치를 뽑
아낼지 고민하는 경영진도 없다. 비트코인에는 그저 당신과
나만 있다. 당신과 나. 이것이 이렇게 단순할 수 있다는 사실
이 오히려 낯설게 느껴질지도 모르겠다. 당신이 뭔가를 만든
다고 가정해 보자. 손으로 만든 물건일 수도, 예술 작품일 수
도, 혹은 어떤 서비스를 제공하는 것일 수도 있다. 그리고 내
가 그것을 사고 싶다고 하자. 만약 이 세상에 위에서 설명한
겹겹이 쌓여 있는 불필요한 복잡성이 없다면, 그 거래는 그저
당신과 나 사이에서 직접, 자연스럽게, 아무런 방해 없이 이
루어질 수 있을 것이다.

정치·경제 인류학자 나탈리 스몰렌스키(Natalie Smolenski)
는 의회 관계자들을 대상으로 한 2024년 비트코인 정책 서밋
(Bitcoin Policy Summit) 기조연설에서 이렇게 말했다. "모든 위
대한 프로젝트, 모든 위대한 제도, 모든 위대한 발견, 모든 위

대한 회사, 모든 위대한 나라는 언제나 당신과 나에서 시작합니다. 우리가 '허락을 구하는 것을 깜빡한' 누군가는 존재하지 않습니다. 우리에게는 허락을 해 주고 말고 할 누군가가 없습니다. 신분증이 필요 없습니다. 제3자는 없습니다. 그저 당신과 나뿐입니다."

이렇게 단순한 개념이 생각을 완전히 뒤흔들 수 있다는 사실이 실로 놀랍다. 스몰렌스키는 '사람 대 사람'이 인간의 권리라고 주장한다. 쓸데없는 것들을 모두 걷어 내고 보면 서로 거래할 자유, 즉 서로에게 직접 다가갈 자유만큼 근본적인 권리가 또 어디 있을까?

우리는 여전히 세상을 살아가면서 많은 중요한 순간들을 '사람 대 사람' 방식으로 해결한다. 예를 들어 보자. 친구가 아기를 낳았거나, 건강 문제로 고생하고 있거나, 사랑하는 사람을 잃었다는 소식을 들으면 어떻게 할까? 여러분은 보통 도와줄 방법을 찾을 것이다. 식사를 챙겨 보내거나, 장을 대신 보거나, 아이를 돌봐 주는 식으로 말이다. 이런 행동들은 모두 사람과 사람 사이에서 직접 이루어진다. 우리의 배려를 관리하고, 승인하고, 그 과정으로 돈을 버는 외부 중개자는 필요치 않다.

이런 상호작용은 신뢰와 연결, 그리고 공유된 인간성 위에 세워져 있다. 여기에 제3의 기관을 끼워 넣는 것은 불필요할 뿐만 아니라, 순간의 친밀함을 깎아내리고 관계를 차갑고 관료적이고 계산적인 것으로 만들어 버릴 것이다. 우리는 사람과 사람 사이 관계가 지닌 힘과 아름다움을 본능적으로 이해한다. 다소 아이러니하게도, 기술적으로 아주 복잡한 비트코인이 우리를 다시 그 단순함으로 데려다 놓는다. 비트코인은 요금소나 문지기, 위에서 내려다보는 감시자를 치워 준다. 이제는 당신과 나뿐이다. 현재 금융 시스템 속에서 집요하게 우리의 가치에 빨대를 꽂는 존재들로부터 벗어날 수 있다.

물론 자유를 잘못된 목적으로 사용하는 사람도 있을 것이다. 하지만 금융 범죄는 지금의 전통 금융 시스템 안에서도 얼마든지 벌어지고 있다(실제로 비트코인의 공개적이고 투명한 블록체인 덕분에, 전통 은행 시스템처럼 불투명한 네트워크에 비해 범죄 행위를 추적하고 적발하기 더 쉬운 경우도 많다). 어떤 시스템이 악용될 가능성이 있다는 사실만으로, 직접 교환에 기반한 안전한 시스템이 지닌 엄청난 가치를 부정할 수는 없다.

우리가 서로를 향해 점점 더 의심의 눈초리를 보내기 시작하면, 사회는 서서히 균열을 일으킨다. 신뢰는 무너지고, 창의성은 위축되고, 사회 전체가 공유하는 유대감은 약해진다. 한번 주위를 둘러보자. 지금 우리의 금융 시스템이 정말 신뢰와 혁신, 인간의 번영을 촉진하고 있는가? 아니면 냉소와 문턱 높이기, 분열을 낳고 있는가? 이제 우리는 인류 역사상 처음으로 누구든, 어디에 있든(어떤 사람인지, 어느 나라 출신인지와 상관없이) 은행이나 정브, 중개자의 허락 없이 글로벌 금융 네트워크에 참여할 수 있게 되었다.

이는 단지 기술 측면의 돌파구가 아니다. 이것은 근본적으로 인본주의적 돌파구다. 기존 금융 시스템이 오랫동안 제공하지 못했던 것, 즉 동등한 접근과 진정한 금융 주권을 제공하기 때문이다. 내가 비트코인에 흥분하는 이유가 바로 이것이다. 비트코인은 단지 금융 거래를 위한 도구가 아니다. 비트코인은 더 개방적이고, 더 포용적이며, 더 공정한 글로벌 경제로 이어지는 문이다.

13장 요약

다른 많은 새로운 기술들처럼,
비트코인도 초기에는 의심과 비판을 넘치도록 받았다.
하지만 비트코인은 단순히 새로운 결제 수단이 아니다.
우리가 세상에서 가치를 이동시키는 방식을 통째로
바꾸는 전환점이다. 중간에서 각자 몫을 떼어 가는 숱한
중개자들을 걷어 내면서 비트코인은 인간 교환의 본래
형태, 즉 사람과 사람 사이 교환을 되살린다.
우리는 더 이상 은행과 결제 대행사, 카드 네트워크,
각종 문지기들의 '허락'을 필요로 하지 않는다.
이는 특히, 기존 시스템에서 배제되기 쉽고 부담을
가장 크게 떠안아야 했던 취약한 이들에게 의미가 크다.
비트코인 네트워크를 사용하는 사람이 많아질수록,
네트워크는 더 강하고, 더 안전하고, 더 회복력 있게
성장한다.
접근성이 넓어질수록 강해지는 선순환 구조다.
비트코인은 단지 가치 저장 수단이 아니라,
금융적 자유를 구현하는 네트워크다.
비트코인은 곧 '돈의 인터넷(Internet of Money)'이다.

14장

모두 희망이
필요하다

---

*"어디에서 벌어지든, 모든 불의는 모든 곳의 정의를 위협한다.
우리는 서로 피할 수 없는 상호성의 그물망에 붙잡혀,
운명이라는 하나의 옷으로 함께 묶여 있다."*

— 마틴 루터 킹 주니어(Martin Luther King Jr.)

희망에는 근본적으로 인간적인 무엇인가가 있다. 희망이 있기에 우리는 고난을 견디고, 가정을 꾸리고, 더 나은 무언가를 꿈꾼다. 부모들이 자녀에게 더 나은 미래를 물려주기 위해 긴 시간 일하는 것은 희망이다. 공동체가 어려운 시기에도 흩어지지 않고 버텨 내게 하고, 내일은 오늘보다 나을 것이라는 믿음에 연료를 공급하는 것도 희망이다. 희망은 공허한 약속이 아니라, 견고한 토대 위에서만 성립한다. 그러나 전 세계 수십억 명에게 그 토대는 차츰 침식되어 왔다. 우리가 좀처럼 의심하지 않았던 것, 바로 돈의 건전성이다.

금융 시스템이 마비된 곳에서 돈은 단순한 도구가 아니라 그것은 생명줄이다. 그리고 그 생명줄이 초인플레이션, 정부의 부패, 제멋대로인 통화와 자본 통제와 같은 것들에 의해 끊어져 버리면, 단지 은행 계좌의 숫자만 영향을 받지 않는다. 사람들의 삶 전체가 파괴된다. 어느 날 아침 눈을 떴는데, 평생을 바쳐 모아 온 돈이 순식간에 휴지 조각이 되어 있는 상황을 상상해 보자. 돈이 없어서가 아니라, 여러분이 가진 돈을 아무도 받으려 하지 않기 때문에 가족들을 먹일 식료품조차 살 수 없는 상황을 상상해 보자.

이것은 단순히 극단적이고 추상적인 가정이 아니다. 베네수엘라, 레바논, 짐바브웨, 터키 같은 나라 사람들에게는 매일의 현실이다. 이런 곳에서는 자국 통화에 대한 신뢰가 완전히 무너진 곳에서 저축은 하룻밤 사이에 사라지고, 임금은 아무 의미도 없어진다. 사람들은 단지 살아남기 위해서 도저히 감당하기 힘든 선택들로 내몰린다. 이런 상황에서 화폐가치의 붕괴는 단순한 경제 문제가 아니다. 그것은 인권 문제다.

한편 이런 극단적인 사례만 문제가 되는 것은 아니다. 경제적으로 안정된 나라들에서도 금융 시스템의 균열이 곳곳에서 드러나고 있다. 정치적 이유로 은행 계좌가 동결되거나, 물가 상승이 해마다 조금씩 저측을 갉아먹을 때, 그 결과는 아주 극적이지 않을지 몰라도 결코 덜 심각하지 않다. 전 세계에서 수백만 명이 점차로 불편한 진실을 깨닫고 있다. 평생 가장 신뢰할 수 있다고 배워 온 제도들이 실제로는 나의 이익을 우선해 주지는 않는다는 사실을 말이다.

바로 여기에서 비트코인이 '금융의 자유'를 위한 도구로 등장한다. 비트코인의 본질은 투기성 투자상품도, 빠르게 부를 쌓아 가는 수단도 아니다. 비트코인은 사실 훨씬 더 근본적인 의미를 갖는다. 어떤 정부도 조작할 수 없고, 어떤 중앙은행도 무제한으로 찍어 내서 가치를 없애 버릴 수 없으며, 어떤 권위도 멈출 수 없는 통화 시스템을 뜻한다. 비트코인은 자국의 금융 시스템으로부터 버림받았거나, 경제적 기회에서 배제되었거나, 억압적인 정권에 의해 입을 틀어막힌 사람들을 위한 돈이다.

권위주의 국가에서 검열을 우회하기 위해 비트코인을 사용하는 활동가에서부터 초인플레이션에 시달리는 나라에서 디지털 형태로나마 저축하고 자산을 지키려는 가정에 이르기까지, 비트코인은 이미 수백만 명에게 새로운 가능성의 문을 열어 주고 있다. 믿음이 너무 자주 깨지는 세상에서 비트코인은 흔치 않고 소중한 무언가, 바로 '희망'을 제공해 준다.

물론 미국 역시 나름의 어려움을 겪고 있다. 그러나 기회를 추구하고, 자신의 생각을 표현하며, 스스로 삶의 길을 선택할 수 있는 미국의 상징과도 같은 자유는 오랫동안 전 세계를 비추는 등대 역할을 해 왔다. 한편에서는 아메리칸드림이 빛이 바래 간다는 우려 속에서 인플레이션과 싸우고 있지만, 다른 한편으로는 '생명', '자유', '행복 추구'를 보장하는 헌법적 권리를 소중히 여기며 자부심을 느낀다. 헌법은 인류 역사에서 유례를 찾기 힘든 놀라운 성취이다. 비록 아직 완벽하거나 완성된 것이 아닐지라도 충분히 기념할 만한 위업이다.

조금 더 시야를 넓혀 지구 곳곳의 이웃들을 바라보면, 우리가 누리는 상대적 풍요가 얼마나 대단한 것인지 금세 깨닫게 된다. 인권을 위한 싸움은 오늘날 그 어느 때보다 생생하고 치열하다. 우리는 기본적인 권리와 자유에 대해 많이 이야기하지만, 이런 모든 권리를 지켜 내는 데 핵심이 되는 한 가지를 종종 간과한다. 바로 자신의 돈과 재산을 소유하고 통제할 권리이다. 이 권리가 없으면 다른 권리들을 지키는 일도 훨씬 더 어려워진다. 이 권리가 없으면 우리 삶의 자유 자체가 위협받는다.

정부가 마음만 먹으면 누군가의 은행 계좌를 동결하거나 몰수할 수 있는 상황이라면, 그 사람은 자신의 생계를 스스로 통제할 수 없게 된다. 공과금을 내지 못하고, 의료 서비스를 받지 못하며, 가족을 부양하지 못하게 될 수도 있다. 자신의 삶이 다른 이의 손아귀에 놓여 있는 셈이다. 세계에서 가장 영향력 있는 민주주의 전문 학술 저널 중 하나인 〈저널 오브 데모크러시(Journal of Democracy)〉가 지적했듯, "거의 모든 독재 체제에서 금융 시스템은 무기화된다."[1] 전 세계 국가의 3분의 1이 넘는 곳에서, 여성들에게 이런 자율성의 부재는 일상의 현실이다.[2] 그들은 재산을 소유하거나 사업을 꾸리거나 심지어 폭력적인 관계에서 벗어나는 일조차 금지당한다. 이는 당연히 여성들의 경제에만 영향을 미치는 문제가 아니다. 경제적 자유가 없다는 것은 다른 형태의 폭력과도 깊이 연결되는 경우가 많다. 세계 곳곳의 이런 사례들 가운데 63%에서 그 여성들은 이미 아이를 둔 어머니이다.[3] 이런 상태에서는 피해의 굴레를 끊어 내는 것이 거의 불가능하다.

정부가 농민의 경작물을 규정하는 순간, 농민은 자율성을 잃고 땅과의 관계에서도 멀어진다. 그 결과는 파괴적일 수 있다. 예를 들어 방글라데시에서는 정부가 국제 대출 조건을 맞추기 위해 세계에서 가장 큰 맹그로브 숲의 절반을 양식용 새우 농장으로 전환해 버렸다. 결국 정부의 결정은 심각한 홍수와 비옥한 농지의 파괴, 그리고 광범위한 빈곤과 굶주림으로 이어졌다.[4]

이런 조건에서는 사람들이 다른 필수적인 권리와 자유를 요구할 길조차 막혀 버린다. 예를 들어, 부패를 폭로하려는 비판적 언론인은 사무실을 급습당하거나 장비를 빼앗기기도 한다. 재정적 자유 없이는 표현의 자유 역시 지키기 어렵다. 어떤 사회에서든 재산권은 자유롭게 살고 자신의 미래를 스스로 형성해 나가는 데 핵심적이다.

전 미국 대통령 존 애덤스(John Adams)의 말처럼, "재산이 보호되지 않으면 자유는 존재할 수 없다." 우리 가운데 많은 이들이 아직 비트코인의 절실한 필요성을 피부로 느끼지 못한다는 사실은, 역설적으로 우리가 얼마나 많은 자유와 특권을 누리고 있는지를 보여 주는 강력한 증거일지도 모른다.

나는 그런 특권의 의미를 깊이 인식하며 자랐다. 부모님이 폴란드에 살던 시절, 돈을 고으기 위해 무슨 수를 써야 했는지 자주 이야기해 주셨다. 그곳에서는 월급을 모아 저축을 한다는 것이 거의 불가능했다. 의사이든 교사이든 상관없이 모두가 비슷한 수준의 국가 급여를 받았기 때문이다. 그래서 사람들은 금 장신구와 동전, 심지어 미국 달러에 이르기까지 가치 있는 물건을 손에 넣기 위해 갖은 수를 다 썼다. 그런 것들이야말로 최고의 '저축 수단'으로 통했기 때문이다.

어머니는 외할머니가 번 돈을 받아 폴란드 화폐인 즈워티(złotych)를 인근 동유럽 국가의 통화로 바꾸고, 구하기 힘든 물건들을 그 나라로 가져가서 팔곤 했다. 대금을 받은 뒤에는, 다시 돈을 즈워티로 바꿔 줄 여행자들을 찾아다녔다. 이렇게 해서 환전한 돈을 폴란드로 가져오셨다.

폴란드 사람들은 몇 세대에 걸쳐 이런 험난한 물살을 헤쳐 나와야 했다. 조부모님이 서른 살 무렵, 극심한 인플레이션이 항상 목을 죄던 시절에 폴란드 정부의 비밀경찰 조직이 미 달러를 숨겨 두었을 것으로 의심되는 집들을 수색하곤 했다. 조부모님과 가까웠던 한 여성은 남편이 폴란드에서 탈출해 해외에서 일하며 돈을 보내오고 있었는데, 어느 날 이웃의 밀고로 경찰 조직의 표적이 되었다. 요원들이 문을 쾅쾅 두드리자, 그녀는 급히 현금을 몽땅 아기 기저귀 안에 밀어 넣었다. 요원들이 집안을 샅샅이 뒤지는 동안 그녀는 공포에 떨면서도 아이를 안고 살살 흔들어 달랬다.

아직도 아이 기저귀 안에 현금을 숨겨야만 했던 여성이 종종 떠오르곤 한다. 전 세계 인구의 54%가 권위주의 체제 아래 살아간다는[5] 말을 들을 때, 우리는 숫자 뒤에 숨어 있는 구체적인 인간의 이야기를 놓치기 쉽다. 그날 그녀가 느꼈을 순전한 공포는 어떤 통계로도 온전히 전해질 수 없다.

'인권'이라는 포괄적인 말(표현의 자유, 노예 상태에서 벗어날 자유, 음식과 물, 주거, 의료 같은 기본적인 필요에 접근할 권리) 뒤에는 셀 수 없이 많은 이야기가 있다. 실제로 수많은 사람들이 상상하기도 힘든 환경 속에서 하루하루 생존을 위해 분투하고 있다. 이들의 삶은 인권이라는 이상이 추상적인 원칙이 아니라, 존엄과 기회를 향한 지극히 개인적인 싸움이라는 사실을 일깨워 준다.

오늘날처럼 복잡한 세상에서 완전히 자급자족하며 사는 사람은 거의 없다. 돈줄이 끊긴다는 것은 우리가 살아가는 데 필요한 가장 기본적인 것들을 손에 넣지 못한다는 말과 같다.[6] 그러나 서구 사회에 사는 사람들은 대개 이런 금융적 자유를 너무도 당연한 것으로 여긴다. 경제적으로 힘들다고 느낄 때도, 나의 은행 계좌에 언제든 자유롭게 접근할 수 있을 것이라는 사실은 의심하지 않는다. 예외적인 사태가 일어나

더라도, 적어도 지금까지는 극히 드물어서 뉴스에서나 나올 정도의 사건으로 취급되었다.

우리는 아침에 눈을 떴을 때 가진 돈이 휴지 조각이 되어 있을지에 대해 크게 걱정하지 않는다. 이 책 전체를 통해 살펴본 인플레이션이라는 '숨겨진 도둑'은 매우 실질적이고 파괴적인 것이 분명하지만, 대개는 머리 위에 금방이라도 떨어질 듯 매달려 있는 칼이라기보다는 보이지 않게 조금씩 새어 나가는 구멍에 가깝다.

창업을 하거나 어떤 정치적 비전을 가지고 공동체를 조직하려 할 때, 우리는 주로 성공으로 가는 길과 그 과정에서 마주칠 장애물에 관해 걱정한다. 그런 시도가 생명을 위협할지 여부는 생각조차 하지 않는다. 그러나 세계 곳곳에서는 이런 위협들이 한꺼번에 덮쳐 오는 일이 흔하다. 기업가 윈 코 코 아웅(Win Ko Ko Aung)이 겪은 끔찍한 경험이 바로 그 예다.

윈 코 코 아웅, 미얀마

윈 코 코 아웅은 미얀마(옛 버마)에서 태어나 자란 인권 운동가다. 그는 어릴 때부터 자국 화폐 취약성을 몸으로 체득할 수밖에 없었다. 그가 태어나기 다섯 해 전, 군부 독재 정권은 돌연 화폐를 무효화하는 조치를 실행했다. 시중에 돌고 있던 지폐의 약 80%를 없애겠다는 칙령이었다.[7] 사람들이 힘들게 아끼고 모아서 작은 금고에 넣어 두거나, 침대 밑에 숨겨 두거나, 집 안 깊숙한 곳에 감춰 두었던 돈들이 하룻밤 사이에 휴지 조각이 되었다. 문제는 거기서 끝이 아니었다.

권력과 연결된 사람들은 이런 일이 일어날 것을 미리 알고 있었다. 그들은 앞다투어 아파트, 금, 땅 등 손에 잡히는 모든 실물 자산을 사들였다. 평범한 사람들은 자신의 소유물을 종이 쪼가리에 불과해질 화폐와 맞바꾸고 있다는 사실을 전혀 알지 못했다. 이것은 경제적 학살과 다름없었다. 이후 한 세대 전체가 가난 속에 태어났다. 윈은 자라면서 법정화폐라는 것이 본질적으로 사기에 불과하다는 사실을 뼛속 깊이 새겼다.

청년이 되었을 무렵, 윈은 인기 있는 작가가 되었고 상당한 수입을 올렸다. 하지만 그는 언제든 정부가 계좌를 동결할 수 있다는 사실을 늘 염두에 두고, 벌어들인 돈을 여섯 개의 서로 다른 은행에 나누어 넣어 두었다. 그러나 소용없었다. 2021년 무렵 그의 페이스북 팔로워 수가 50만 명을 넘어섰을 때, 버마는 또 한 번의 군부 쿠데타 위기에 빠져들고 있었다. 윈은 거리에서 벌어지는 평화 시위에 동참해 줄 것을 호소하면서, 민중이 주도하는 운동과 정치범 석방을 요구했다.

얼마 지나지 않아 그는 지명 수배자가 되었다. 그의 얼굴은 TV와 국영 언론에 공개되었고, 여섯 개의 은행 계좌는 모두 정부에 의해 동결되었다. 하지만 정부가 몰랐던 것이 하나 있었다. 윈은 그보다 앞서 친구의 권유로 비트코인을 조금 사

두었다. 그 친구는 곧 그의 삶을 완전히 바꾸고, 나아가 목숨을 구해 줄 한 마디를 덧붙였다. "트레이드하지(사고팔지) 말고 장기 보유해."

투옥과 고문 위협이 짙게 드리운 상황에서 윈은 이주 노동자로 위장한 뒤, 가지고 있던 비트코인 일부를 현금으로 바꾸어 밀입국 브로커에게 지불했다. 그는 마침내 태국으로 탈출하는 데 성공했다. 손에 쥔 서류는 아무것도 없었고, 오직 머릿속에 기억해 둔 시드 문구(Seed phrase, 이는 비트코인 지갑을 복구하는 암호 문구로, 곧 배우게 될 것이다)만이 그의 전 재산이었다. 태국에 도착한 뒤 그는 생계를 위해 비트코인을 조금씩 팔며 버텼다. 결국 미국으로 건너간 윈은 현재 인권재단과 함께 일하며, 전 세계 억압받는 이들의 자유와 번영을 지원하는 수단으로서 비트코인의 가능성을 넓히는 데 힘쓰고 있다.

사람들이 비트코인을 이해하기 시작하면, 흔히 "오렌지 필을 먹었다"*라고 말한다. 윈이 오렌지 필을 먹게 된 계기는 책을 읽거나 팟캐스트를 들어서가 아니었다. 그의 말을 그대로 옮기자면 "나에게 오렌지 필을 먹인 것은 버마 군부였다." 그래서 활동가들은 종종 이렇게 말한다. "비트코인은 독재자에

---

* 영화 〈매트릭스〉에 등장하는 '빨간 약' 밈에서 파생된 표현이다. 빨간 약이 '진실을 깨닫는 선택'을 의미하듯, 비트코인 커뮤니티에서는 비트코인의 원리와 철학을 이해하고 가치에 눈뜨는 순간을 비유적으로 '오렌지 필을 먹었다(orange-pilled)'고 표현한다. 비트코인의 로고가 주황색인 데서 따온 것이다.

게 나쁜 소식이다." 국민이 억압받는 상태는 꼭 부패한 지도자나 정치적 갈등에서만 비롯되는 것이 아니다. 어떤 경우에 억압은 국제 통화 및 금융 시스템 자체에 깊이 박혀 있다. 이 시스템은 국가 전체를 빚의 굴레에 가두고, 결국 평범한 시민들이 가장 큰 고통을 겪게 한다.

많은 저소득 국가는 브레턴우즈 체제에서 확립된 달러의 기축통화 역할 때문에, 국제 무역과 대출에서 미국 달러에 크게 의존하게 되었다. 이 나라들은 자국 내 거래에 달러를 쓰지 않는다 해도 다른 나라에서 식량, 의약품, 연료 같은 필수 물자를 사들이려면 달러가 필요하다. 하지만 결정적인 문제가 있다. 이 나라들은 스스로 달러를 찍어 낼 수 없기 때문에 국제 금융기관들로부터 달러를 빌리는 수밖에 없다.

그리고 그 빚을 갚기 위해, 이들은 종종 극단적인 선택을 강요받는다. 자국 화폐를 더 찍어 내거나(당연히 인플레이션을 야기한다), 값비싼 천연자원을 외국 자본에 헐값으로 넘기거나, 기존 빚을 갚으려고 또 다른 빚을 진다. 이런 악순환에서 빠져나오는 일은 거의 불가능에 가까울 만큼 어렵다. 이 맥락에서 빠져나올 수 없는 가혹한 악순환의 덫인 통화 가치 절하를 다시 한번 살펴보자.

여러분이 달러를 좀 들고 어떤 저소득 국가를 방문한다고 상상해 보자. 편의상 그 나라를 X라고 부르자. 여러분은 아마도 그 나라에서 달러가 얼마나 융숭한 대접을 받는지 금방 눈치챌 것이다. 그곳에서는 식사, 호텔, 기념품이 본국에 비해 훨씬 싸게 느껴질 것이다. 그곳에 머무는 동안 현지 통화가 갑자기 평가 절하라도 된다면, 여러분 지갑 속의 달러는 한층 더 귀한 존재가 된다. 잠깐이나마 왕이 된 기분이 들지도 모른다. 이 관점을 조금 더 확대해, 국가 전체의 경제에 적용해 보자. X라는 나라가 10억 달러의 부채를 가지고 있다고 가정해 보자. 여기서 빚은 달러로 상환해야 한다.

표면적으로는 해법이 아주 간단해 보인다. 간단한 회계 기법과 몇 번의 서명으로 X라는 나라의 정부는 자국 통화 가치를 반으로 떨어뜨릴 수 있다. 손쉬운 해결책이다. 이 목적을 위해 정부는 자국 화폐를 대량으로 발행한다. 예를 들어 이전에는 1달러가 현지 통화 10단위였다면, 통화 발행을 늘리면 환율은 1달러당 20단위로 치솟는다. 정부는 사실상 자국 통화 공급을 두 배로 늘린 셈이다.

이렇게 새로 찍어 낸 통화는 공무원 임금 지급, 각종 정부 사업, 국내 지출을 충당하는 데 쓰이고, 그동안 아껴 둔 귀한 달러는 외채 상환용으로 따로 확보해 둔다. 그러나 세상에 공짜는 없다. 돈을 마구 찍어 내면 자국 화폐가치는 떨어지고, 그 결과 평범한 시민들은 예전보다 훨씬 더 비싼 값에 물건과 서비스를 사야 한다. 같은 돈으로 살 수 있는 것이 예전의 절반으로 줄어드는 것이다.

실제 비용은 결국 이 사람들이 떠안는다. 이들이 저축한 돈

은 녹아 버리고 월급으로 살 수 있는 음식의 양마저 줄어든
다. 삶은 하룻밤 사이에 몇 배나 더 힘들어진다. 여기에 더해,
부채에 쫓기는 정부는 종종 외국 자본을 끌어들이고 빚을 갚
기 위해 토지와 자원, 노동력을 헐값에 내다 팔기 시작한다.
그 대가는 결국 시민들이 감당해야 한다. 국가 밖에서는 아무
가치도 없는 통화에 갇혀 살아야 하는 사람들에게 돈의 가치
는 완전히 권력자들의 손에 달려 있다. 그들은 TV 채널을 돌
리듯 화폐의 구매력을 올렸다 내렸다 할 수 있다. 일반 시민
들에게는 사실상 아무런 대응 수단이 없다. 그저 어제까지 사
먹던 쌀, 커피, 콩을 오늘은 반만 사들이며 버티는 것 외에는.

이런 현실 때문에 수십억 명이 빈곤의 악순환에 갇혀, 부패
하거나 억압적인 정부에 생계를 전적으로 의존해야 한다.《비
트코인, 초제국의 종말》의 저자인 알렉스 글래드스타인은 그
의 저서에서 이런 구조적 불의를 수없이 들려준다. 그는 여
러 나라가 외채를 갚기 위해 자국민의 삶을 희생시키는 사례
들을 묘사했는데, 그와 같은 결정에는 종종 심각한 대가가 따
른다.

너무 많은 경우에 고착화된 경제적 의존의 악순환은 부패
한 엘리트들에 의해 더욱 악화된다. 그들은 거래에서 직접적
인 이익을 얻고, 힘없는 대다수 시민은 끝없는 인플레이션과
실업, 공공 서비스의 방치와 붕괴를 겪어야 한다. 아프리카
중서부에 위치한 적도기니공화국에서는 어린이 네 명 중 한

명이 영양실조에 시달리고, 선불로 병원비를 낼 수 없는 사람들은 치료를 거부당한다. 초등학교 취학률은 세계 최하위권이다.[8]

반면, 통치 엘리트들은 국가 자금을 빼돌려 개인적 이득을 취한 사실이 여러 차례 확인되었다. 그들은 여러 대륙에 걸쳐 호화 부동산을 구입하고, 340만 달러짜리 한정판 람보르기니 베네노 로드스터를 비롯한 스포츠카, 값비싼 보석, 심지어 마이클 잭슨의 기념품까지 사들이는 데 국가 자금을 동원했다.[9] 이런 이야기는 너무나 흔하다. 그리고 수백 년 동안, 이런 체제에 태어난 사람들에게는 그저 살아남는 것 말고는 다른 선택지가 없었다. 억압에 맞서 싸우려면 자원이 필요하지만, 정부의 감시 아래서는 자원을 모으는 일 자체가 거의 불가능했다. 그러다간 폭력, 투옥, 심지어 죽음을 각오해야 했다.

하지만 이제는 이야기가 조금 달라졌다. 이런 구조를 뚫고 새로운 가능성을 찾아내는 비전형 활동가들이 등장했기 때문이다. 그 가운데 한 사람이 바로 파리다 나부레마(Farida Nabourema)다.

파리다 나부레마, 토고

서아프리카의 작은 나라 토고는 아름다운 풍광과는 달리 뿌리 깊은 부패에 시달려 왔다. 정부 지도자들은 국민을 희생시키며 자신들의 부를 축적해 왔고, 군사 정권에 반대 목소리를 내는 사람은 누구든 감옥에 갇히거나 고문당할 위험에 처한다. 파리다 나부레마의 할아버지는 반정부 전단을 돌린 죄로 왕의 명령에 따라 심하게 구타당했고, 그의 활동은 가족에게도 치명적인 결과를 가져왔다. 보복으로 의료 서비스 제공을 거부당해, 그의 두 아들(살아남았다면 파리다의 삼촌이 되었을 아이들)이 영아기 때 사망한 것이다.

파리다의 아버지 역시 싸움을 이어 갔고, 그녀가 자라던 시절 내내 감옥을 들락거렸다. 어린 시절의 파리다는 한 나라와 국민을 통제하는 가장 효과적인 수단이 그들의 돈을 통제하는 것이라는 사실을 뼈아프게 깨달았다. 아프리카 역사상 가장 오래된 군사 독재 정권인 토고 정부가 국민에게 끝없는 범죄를 저지르며 그들의 존엄과 생계, 자립의 꿈을 빼앗는 동안 파리다는 자신의 나라와 부패의 역사를 공부하는 데 삶을 바치기로 결심했다. 그녀는 가족의 유산을 계속 이어서 독재 정권의 붕괴에 기여하고, 국민에게 진정한 자기 통치를 돌려주겠다는 목표를 세웠다.

원과 마찬가지로, 파리다의 강력한 반정부 활동은 결국 그녀를 망명길로 내몰았다. 망명 이후에도 그녀는 여전히 표적이 될 수 있다는 사실을 잘 알면서도 활동을 멈추지 않고 있다. 존스홉킨스 대학교의 한 기사는 이렇게 전한다. "파리다 나부레마는 토고 정부에 대한 항거의 상징이 되었다. 대통령에게 비판적인 인사들이 종종 체포되거나, 납치되거나, 살해

되기까지 하는 현실을 고려하면 이는 대단히 위험한 역할이다."[10]

파리다는 민주주의를 위해 싸우는 사람들을 지원하기 위해 종종 고국으로 돈을 보내야 했다. 하지만 정부의 눈에 띄지 않는 방법이어야 했다. 토고 정부는 활동가들에게 흘러가는 자금 흐름을 추적해 '국가 테러 자금 지원'이라는 명목으로 사람들을 처벌해 왔다. 그 과정에서 그녀가 발견한 것이 바로 비트코인이었다. 파리다는 "비트코인을 공부하기 시작했을 때, 뭔가를 도둑맞은 기분이었다"라고 말한다.[11] 나 역시 그랬듯, 그녀도 대학까지 다니면서도 돈이 실제로 어떻게 작동하는지 제대로 배워 본 적이 없었던 것이다.

그 뒤로 파리다는 '돈의 탈식민화'를 지지하는 세계적 목소리로 떠올랐다. 사람들은 종종 그녀에게 아프리카 대륙에서 가장 오래된 군사 독재 정권을 무너뜨리기 위해 싸우던 정치 활동가가 어떻게 전 세계 비트코인 옹호자가 되었는지 묻는다. 그녀의 대답은 간단하다. "돈이 정치를 결정하기 때문입니다."

파리다는 토고 국민을 짓누르고 있는 '무기화된 돈'으로부터 국민을 해방시키는 길이 정치적 승리 하나만은 아니라는 사실을 깨달았다. 정치적 승리도 반드시 이루어야 하지만, 그 결과가 제도 속에 뿌리내리기까지는 수십 년이 걸릴 수도 있다. 그래서 지금 파리다의 목표는 분명하다. "우리는 우리가 누구인지 자각하게 해 주는 화폐를 원합니다. 인간을 위한 화폐를요."[12]

나는 비트코인이 진정한 자립 수단이 될 수 있다고 믿으며, 여성들에게 비트코인을 가르치는 일을 중요한 사명으로 삼고 있다. 어떤 나라에 살든, 정부와 문화가 얼마나 억압적이든, 비트코인은 모든 여성이 자신의 삶에서 금융적 안전과 주체성을 얻을 수 있는 길을 제시한다. 그리고 거의 불가능해 보이는 조건 속에서 여성들이 어떻게 승리를 거둘 수 있는지를 보여 주는 가장 강력한 사례 가운데 하나가 바로 로야 마흐부브(Roya Mahboob)다.

로야 마흐부브, 아프가니스탄

로야 마흐부브는 아프가니스탄 최초의 여성 테크 CEO일 뿐 아니라, 아프가니스탄의 여성들을 코딩과 로봇공학의 세계로 이끄는 동시에 세계를 그들에게 연결해 주고 있다. 그녀의 이야기는 점점 더 많은 사람에게 알려지고 있으며, 〈타임〉은 그녀를 '세계에서 가장 영향력 있는 인물 100인' 가운데 한 명으로 선정했다.[13] 탈레반 치하의 아프가니스탄에서 로야 마흐부브가 여성으로 이루어진 팀을 이끌고 국제 로보틱스 대회에서 수상하기까지의 여정은 2025년 영화 〈룰 브레이커스(Rule Breakers)〉의 소재가 되었다.

로야는 꺾이지 않는 인간 정신을 상징하는 인물일 뿐만 아니라 노력, 결의, 그리고 희망이야말로 가장 억압적인 조건 아래에서도 변화를 만드는 동력이라는 사실을 몸소 증명한다. 로야가 컴퓨터와 사랑에 빠진 것은 '서로 소통할 수 있는 작은 상자들'을 파는 상점에 대한 이야기를 처음 들었을 때였다.[14] 여성은 인터넷 카페에 출입할 수 없었다. 하지만 정보의 바다에 접속할 수 있다는 가능성에 사로잡힌 로야는 사촌 오빠의 도움을 받아 몰래 인터넷 카페에 들어갔고, 그곳에서 그녀는 자신의 매우 제한된 경험을 훌쩍 뛰어넘는 새로운 세계를 맛보고 완전히 매료되었다.

그 이후 로야의 행보는 눈부셨다. 코딩을 배우면서 대학과 아프가니스탄 정부에서 여러 기회를 얻었다. 그리고 결국 열심히 모은 돈으로 회사를 설립했다. 그녀가 고용한 직원의 85%가 여성이었는데 그들 대부분은 한 번도 집 밖에서 일해 본 경험이 없었다. 그리고 여기에서 비트코인이 등장한다. 여성 직원들에게 급여를 지급하는 일은 생각보다 간단하지 않았다. 현금으로 지급하는 것은 문제가 있었다. 아버지나 남편, 남자 형제들이 빼앗아 갈 수 있기 때문이었다. 계좌 송금도 마찬가지였다. 아프가니스탄에서 여성들은 남성 가족의 허락 없이는 은행 계좌조차 만들 수 없었다.

2013년, 로야는 비트코인에 대해 알게 되었다. 그때만 해도 비트코인 가격이 100달러도 하지 않을 때였다.[15] 비트코인은 그녀가 찾던 조건을 모두 충족했다.[16] 로야는 여성 직원들에게 비트코인으로 급여를 지급하기 시작했다. 이들 중 상당수는 블로그에 글을 써서 자신의 이야기를 들려주는 일로 수입을 올렸다. 직원들의 불안을 덜어 주기 위해 로야는 한 가지 약속을 더 했다. 언제든 원한다면 자신에게 비트코인을 다시 팔 수 있도록 하겠다고. 가격이 폭락한다 해도 비트코인으로는 절대 손해를 보지 않게 해 주겠다고.

이 지급 시스템은 성공적이었다. 여성들은 난생처음 자신의 금융 생활을 스스로 책임지는 주체적 존재가 되었다. 그들의 돈은 처음으로 그들만의 사적인 소유물이 되었다. 로야는 그 뒤 수천 명의 여성에게 비트코인을 가르쳐 왔다. 그녀는 비트코인이 "인터넷 이후 가장 크게 세상을 바꿀 발명품"이라고 믿는다.[17] 그녀는 이렇게 말한다. "비트코인은 여성들에게 힘을 줍니다. 그들은 비트코인을 채굴하는 법, 코딩하는 법, 거래하는 법을 배울 수 있습니다. 돈을 벌게 되면, 그 돈은 아프간 여성에게 전통적으로 기대되던 집 안에서의 역할에서 벗어날 수 있도록 해 주는 독립성과 힘으로 바꿀 수 있습니다."[18] 로야는 덧붙인다. "비트코인은 단순한 투자 대상을 넘어섭니다. 비트코인은 혁명입니다."[19]

여기까지 이야기한 사례들은 시작에 불과하다. 세상에는 아직 기록되지 않은 수천수만 가지 이야기가 있다. 기존 금융 시스템 밖으로 밀려난 수십억 명에게 비트코인은 단순히 새로운 기술에 그치지 않는다. 비트코인은 세대를 거듭해 인류를 괴롭혀 온 빚과 의존의 굴레에서 벗어날 수 있는 기회를 제공한다. 이런 곳에서 비트코인은 이익을 가져다주는 일종의 선한 트로이 목마가 된다. 오랫동안 자유를 가로막아 온 성벽 아래로 아무도 눈치채지 못하는 사이에 조용히 파고든다.

휴대폰 한 대와 인터넷 연결만 있으면 비트코인은 수십억 명에게 굳게 닫혀 있던 경제적 기회의 문을 열어 준다. 그것이야말로 진정 희망적인 이야기다.

14장 요약

세계 곳곳에서 많은 사람들이 아침에 눈을 떴을 때
자신의 저축이 아무 가치도 없거나,
아예 되찾을 수 없다는 사실을 마주한다.
그들이 잃은 것은 단지 돈만이 아니다.
그들은 자신의 삶을 스스로 결정할 수 있는
권한 자체를 잃는다.
비트코인은 그들에게 생명줄을 던져 준다.
비트코인은 독재 정권에서 탈출하고,
저항 운동을 지원하고, 은행 계좌 소유조차 금지된
여성들에게 대가를 지불하는 수단으로
이미 사용되어 왔다.
비트코인은 누구도 마음대로 조작하거나, 몰수하거나,
무제한 발행해 휴지 조각으로 만들어 버릴 수 없는
돈이다. 그런 의미에서 비트코인은 전 세계 수백만 명에
게 존엄과 자기 결정권을 되찾을 수 있는 길을 제공한다.
비트코인은 단순한 투자 자산이 아니다.
비트코인은 빼앗길 수 없는 재산권을 상징하며,
가장 적대적인 정권 아래에서도
개인에게 힘을 부여하는 도구다.

15장

모두 자신의 은행이
될 수 있다

비트코인의 여정에 첫발을 내딛는 일은 누구에게나 쉽지만은 않을 것이다. 많은 경우 비트코인을 시작하는 계기는 어떤 종류의 고통이다. 생활이 버거운 현실일 수도 있고, 세상이 나만 빼고 돌아가는 것 같은 불공정함에 대한 분노일 수도 있다. 과연 이런 상태를 고칠 방법이 있기는 한 걸까? 그때 누군가 비트코인을 한번 알아보라고 권한다. 하지만 첫 반응은 대개 회의적이다. 곧바로 거절해 버리는 경우도 많다. '너무 복잡해 보이는데?' 또는 '혹시 사기는 아닐까?' 하는 생각이 먼저 든다. 그리고 하루하루 바쁜 삶을 보내다 보면 비트코인을 더 알아보자는 생각은 일단 머릿속 서랍 한구석에 넣어 두고 지나친다.

그런데 이상하게 비트코인이 자꾸 눈앞에 다시 나타난다. 뉴스 기사에서, 가격 급등 소식에서, 친구의 한마디에서. 그래도 우리는 망설인다. 어디서부터 어떻게 시작해야 할지 모르겠다. 그러다 이렇게 생각하기도 한다. '이제 너무 늦었어.' 그러고는 처음 들었을 때 제대로 알아보지 않은 자신을 탓한다. 비트코인에 관해 처음 들었을 때보다 가격이 어마어마하게 올라 있기 때문이다. 하지만 사실은 지금도 늦지 않았다. 아니, 오히려 이른 편이다. 우리 모두 아직 초기에 있다.

여기서 흔한 오해 한 가지를 여기서 분명히 짚고 넘어가자. 비트코인을 살 때 반드시 1비트코인 전체를 살 필요는 없다. 앞에서 이야기했듯 비트코인은 1억 단위로 쪼개질 수 있고, 그 최소 단위를 '사토시'라고 부른다. 즉 아주 적은 금액으로도 시작할 수 있고, 비트코인을 공부하면서 천천히 자신만의 속도로 나아가면 된다.

여기에서 비트코인의 핵심 잠재력이 드러난다. 비트코인은 누구나 자기 자신의 은행이 될 수 있게 해 준다. 제도에 대한 신뢰가 약해지고, 금융 서비스 접근권이 모두에게 보장되지 않는 세상에서 비트코인은 금융 독립과 주권을 위한 전례 없는 기회를 제공한다. 조금만 배울 의지가 있다면 돈에 대한 통제권을 다시 여러분의 손으로 되돌려줄 수 있는 것이다. 이제 하나씩 살펴보자.

현재 비트코인에 접근하는 방식은 크게 네 가지로 나눌 수 있다. 첫째는 개인키를 직접 보관하며 스스로 비트코인을 관리하는 방식이다. 말 그대로 내가 자신의 은행이 되는 방법으로, 자산에 대한 완전한 주권을 확보하는 방법이다. 둘째는 거래소나 수탁 서비스 같은 제3자에게 비트코인을 맡기는 방식이다. 현금 대부분을 상업은행 계좌에 예치하는 것과 비슷한 개념이다. 셋째는 ETF와 신탁이다. 전통 금융회사가 만든 비트코인 관련 금융상품에 투자하는 방법으로 간접적으로 비트코인에 투자하는 방식이다. 401(k)나 IRA 같은 연금 계좌 안에서 보유할 수 있는 형태다. 마지막으로 비트코인을 대량 보유한 기업의 주식을 매수하는 방식으로, 기업을 통해 간접적으로 비트코인의 성장에 참여하는 방법이다.

각각의 길은 비트코인에 접근하는 서로 다른 방식이다. 직접 여러 옵션을 둘러보고 지금의 자신에게 가장 어울리는 방식을 고르면 된다. 그리고 이것은 시작일 뿐이다. 여러분이 비트코인을 더 알아 가면서 언제든 접근 방식을 바꾸거나 수정할 수 있다.

경험이 많고 열정적인 비트코인 사용자들은 직접 보관하는 첫 번째 방식에 매우 강한 신념을 갖고 있다. 이들이 자주 되뇌는 구호가 있다. "키가 내 것이 아니면, 코인도 내 것이 아니다(Not your keys, not your coins)." 이 방식은 분명히 비트코인의 정신을 가장 잘 구현하는 길이다. 직접 보관을 선택한다는 것은 프라이버시를 최대화하고, 상대방(수탁기관)에 대한 신용 리스크와 거래 비용 등 각종 제약과 비효율을 피하며, 돈을 원하는 방식대로 사용하고 관리할 수 있게 된다.

지갑과 개인키에 대한 통제권을 손에 쥐고 있는 한, 누군가에게 보관을 맡겼을 때 생길 수 있는 모든 문제로부터 자유로워진다. 그 문제에는 자산의 분실이나 도난, 그리고 규제 변화로 인해 제3자 수탁 플랫폼과의 계약 조건이 일방적으로 바뀌는 일까지 포함된다. 또 하나 기억해야 할 중요한 점은 비트코인이 '소지인 자산'이라는 사실이다. 지폐와 마찬가지로 비트코인은 그 순간 그것을 가지고 있는 사람이 곧 소유자다. 1달러짜리 지폐에는 내 이름이 쓰여 있지 않다. 내가 바닥에 지폐를 떨어뜨리면 그걸 주운 사람이 얼마든지 마음대로 쓸 수 있다. 비트코인을 보호하는 것은 결국 현금을 안전하게 지키는 일과 크게 다르지 않다.

비트코인은 애초에 탈중앙화를 목표로 설계되었다. 제네시스 블록에 새겨져 있던 "은행들에 대한 두 번째 구제금융을 앞둔 재무장관"이라는 문구를 떠올려 보자. 돈이 중앙집중화되면 통제권은 인맥으로 서로 연결된 소수의 권력자 손에 넘어간다. 그들이 마음대로 우리의 거래를 승인할 수도 있고, 거부할 수도 있다. 또한 인플레이션이 어떤 결과를 낳든 상관없이 정치적 필요에 따라 통화를 더 찍어 낼 수 있다. 그래서 탈중앙화는 비트코인의 핵심이며, 수백 수천만(언젠가 수억 수십억) 명의 사람들이 외부의 간섭이나 조작 없이 자신이 직접 관리하는 것만큼 탈중앙화의 이상을 완벽하게 실현하는 것은 없을 것이다.

물론 이런 자유에는 책임이 따라온다. 비트코인을 완전히 직접 보관하기로 했다면 그 구조를 차근차근 이해해야 하고, 무엇보다 지갑의 키를 잃어버리지 않도록 극도로 조심해야 한다. 키를 잃어버리면 여러분을 도와주거나 접근을 되살려 줄 기관이 없기 때문이다. 이 말은 상당히 무섭게 들릴 수도 있다. 하지만 겉보기에 안전해 보이는 기존 은행 시스템에도 우리가 미처 인식하지 못하는 숨은 비용과 위험이 널려 있다. 그 모든 것을 감안하면 비트코인을 직접 관리하는 책임을 떠안는 것은 충분히 노력을 기울일 만한 가치가 있는 선택이라는 점을 깨닫게 될 것이다.

직접 보관을 단숨에 뛰어오르는 도약이 아니라 천천히 한 걸음씩 걸어가는 여정이라고 생각하는 것이 좋다. 한 번에 전부를 맡길 필요는 없다. 아주 작은 금액부터 시작해서 한 단계씩 천천히 직접 보관을 시도해 보자. 그리고 그 과정에서 자신감과 이해를 함께 키워 나갈 것이다. 이렇게 점진적으로 접근하면 부담이 과도하게 커지지 않고, 배움 자체가 보람 있고 힘이 되는 경험이 된다. 자, 이제 한 걸음 더 들어가서 본격적으로 비트코인을 준비하기 전에 알아 두면 좋을 것들을 정리해 보자.

비트코인을 소유한다는 것은 사실상 블록체인이라는 공개 원장 위에서 나의 자리를 갖는 것을 뜻한다. 비트코인은 컴퓨터 안 어딘가에 저장되어 있거나, USB에 담아 옮길 수 있는 파일이나 물체가 아니다. 비트코인은 특정 블록체인 주소에 연결된 소유권 기록이다. 블록체인은 탈중앙화된 공개 원장으로, 지금까지 이루어진 모든 비트코인 거래를 기록한다. 각 주소는 계좌번호처럼 작동하면서 그 주소에 얼마나 많은 비트코인이 연결되어 있는지를 보여 준다. 하지만 주소를 통제하는 사람의 신원은 드러나지 않는다.

여기서 '지갑(Wallet)'이 등장한다. 지갑은 개인키(Private key), 즉 블록체인 위에 있는 비트코인이 기록된 주소를 통제할 수 있게 해 주는 암호학적 비밀번호를 안전하게 관리하는 도구다. 개인키는 주소에 기록된 비트코인을 잠금 해제하고 전송할 수 있도록 해 주는 '디지털 서명 도구'라고 할 수 있다. 개인키가 없으면 여러분 자신조차 비트코인에 접근할 수 없다.

11장에서 비트코인이 '디지털 사서함'에 들어 있다고 상상해 본 적이 있다. 이 비유는 지갑의 작동 방식을 이해하는 데에도 도움이 된다. '공개 주소(Public Address)'는 사서함 번호처럼 누구에게나 알려 줄 수 있는 정보다. 당신이 번호를 상대에게 주면 그는 이 주소로 비트코인을 보낼 수 있다. 개인키는 사서함을 여는 실제 열쇠에 해당하므로, 절대 남과 공유해서는 안 된다. 오직 열쇠를 가진 사람만이 주소에 들어 있는 비트코인을 꺼내 쓸 수 있다.

여기에서 비트코인 자체가 '지갑 안에' 들어 있는 것이 아니라는 점을 이해하는 것이 중요하다. 지갑은 단지 블록체인 위 당신이 소유한 비트코인의 주소와 연결된 개인키를 보관하고 관리해 주는 도구일 뿐이다. 이 점이 비트코인 보관을 이해하는 데 있어서 가장 까다로운 부분 중 하나다. "비트코인이 정확히 무엇인가요?"라든가, "비트코인은 손으로 만져볼 수 있는 물리적 실체가 있나요?"와 같은 질문을 던지는 사람들은 대답을 듣고 약간 실망할지도 모른다.

수천만 원, 수억 원의 가치를 지니는데 겨우 주소 하나라고? 그에 대한 답은 그렇기도 하고, 아니기도 하다. 비트코인은 블록체인 위 특정 주소에 연결되어 있다. 하지만 그보다 본질적으로는 2,100만 개로 고정된 비트코인 공급량 가운데 당신이 갖고 있는 '몫'을 의미한다. 당신이 전적으로 통제할 수 있는 개인키는 어느 순간이든 비트코인의 총공급량 중 얼만큼을 소유하고 있는지를 증명해 준다.

이렇게 생각해 보자. 당신이 어떤 땅의 일부를 소유하고 있다고 치자. 그 땅에는 당신 또는 당신이 허락한 사람만 건물을 지을 수 있다. 비트코인을 땅에 비유하자면 개인키는 땅에 대한 모든 권리를 주장할 수 있는 소유권 등기증에 가깝다. 전체 땅 가운데에서 당신에게 할당된 지분을 나타내는 소유권 증서 말이다. 누구도 물리적으로 새로운 땅을 만들어 낼 수는 없으므로, 전체 땅의 양은 항상 일정하고 그중 당신의 몫은 항상 같은 비율(영구히 고정된 공급량 중 특정 비율)을 유지할 것이다.

이제 우리는 소중한 '열쇠'를 어딘가에 보관해야 한다. 우리가 돈을 넣고 다니는 보통 지갑을 고를 때와 마찬가지로, 비트코인 지갑도 다양한 유형이 있어서 기호에 따라 고를 수 있다. 각 지갑은 보안, 편의성, 통제권 측면에서 서로 다른 장단점을 가진다. 어떤 사람들은 최고 수준의 보안을 제공하는 하드웨어 지갑을 선호한다. 이것은 흔히 '콜드 스토리지(Cold Storage)'라고 부르며, 개인키를 오프라인 상태로 보관하도록 설계된 물리적 기기다. 어떤 사람들은 휴대폰이나 컴퓨터에 설치해 사용하는 앱 형태의 지갑인 소프트웨어 지갑을 선호한다. 이것은 인터넷에 연결된 상태에서 작동하기 때문에 '핫월렛(Hot Wallet)'이라고 부르며, 보안과 편의성의 균형을 추구하는 방식이다.

핫월렛은 인터넷에 늘 연결되어 있다는 점 때문에 뜨거운 지갑이라고 불린다. 언제든 빠르게 접속하고, 결제하거나 송금하는 데 편리하지만 그만큼 해킹 위험에 더 많이 노출된다. 반면 콜드 스토리지는 지갑을 완전히 오프라인 상태로 유지하다가 필요할 때만 잠깐 온라인에 연결해 서명한다. 이 방식은 온라인 공격으로부터 개인키를 완전히 격리하므로, 비트코인을 가장 안전하게 보관하는 방법 가운데 하나로 꼽힌다.

여러분이 비트코인 여정을 시작할 때 어떤 방식을 선택할지는 각자의 필요와 편안함의 수준에 따라 달라질 수 있다. 또한 '다중키(Multi-Key) 보관' 같은 수탁 방식도 있다. 이것은 말 그대로 거래를 실행하려면 여러 개의 개인키가 함께 필요하도록 설계되어 있어 프라이버시와 보안이 강화되고, 회사나 가족처럼 여러 구성원이 공동으로 자산을 관리하는 데 유용하다.

비트코인을 처음 접하는 사람에게는 대개 핫월렛이 좋은 출발점이다. 다른 앱과 다를 바 없이 쉽게 설치하고 사용할 수 있으며, 비트코인을 사고팔거나 결제에 사용하는 과정도 직관적이다. 또한 비트코인 위에 구축된 더 빠른 결제 네트워크와도 자연스럽게 연동된다. 다만, 다시 강조하지만 핫월렛은 인터넷에 항상 연결되어 있으므로 해킹이나 도난 위험에 노출되어 있다. 콜드 스토리지는 비트코인 보관 방식 가운데 높은 보안 기준으로 널리 인정받는다. 콜드 스토리지 월렛은 거래에 서명할 때를 제외하고는 개인키를 항상 오프라인 상태로 유지하기 때문에 비트코인 보관하는 가장 안전한 방법이라고 할 수 있다.

비트코인을 직접 보관하는 사람들은 대부분 하드웨어 지갑이라고 부르는 작은 기기를 사용한다. 이 기기는 오로지 개인키를 안전하게 저장하고 거래에 서명하는 용도로만 설계되어 있다. 겉모습은 단순한 USB 메모리처럼 생긴 경우가 많고, 비트코인에 접근할 때 패스워드를 입력할 버튼 한두 개 정도만 있는 경우가 대부분이다. 하드웨어 지갑과 시드 문구를 사용하는 사람들은 이 둘을 특히 안전한 장소에 보관해야 한다. 이를 누구보다 뼈아프게 깨달은 사람이 제임스 하우얼스(James Howells)다. 그의 파트너가 실수로 약 8,000BTC가 들어 있던 하드 드라이브를 내다 버리고 말았다. 그가 버린 비트코인의 가치는 이 책을 쓰던 시점 기준으로 약 9억 3,000만 달러에 달한다.[1] 한 번 잃으면 되찾을 길이 없다.

핫월렛이든 콜드월렛이든, 비트코인에 접근하는 핵심은 결국 개인키다. 그리고 이 개인키들은 대체로 '시드 문구'라는 형태로 보호된다. 시드 문구는 지갑을 처음 설정할 때 생성되는 12개 또는 24개의 무작위 단어 목록이다. 이것이 비트코인 지갑에 대한 '마스터키' 역할을 한다. 추측만으로 단어 조합을 맞혀 내는 것은 사실상 불가능하므로, 시드 문구는 매우 강력한 보안 장치다.

시드 문구가 이처럼 중요하기 때문에 극도로 신중하게 다루어야 한다. 종이에 적어서 매우 안전한 장소에 보관하는 것이 일반적이다. 하드웨어 지갑을 사용하는 경우라면 시드 문구는 지갑 본체와 서로 다른 장소에 보관하는 편이 좋다. 더욱 견고하게 보호하기 위해 시드 문구를 금속 플레이트 같은 내구성이 높은 소재에 새겨 두는 사람도 많다. 화재나 홍수

등으로도 훼손되지 않도록 하기 위해서다.

어떤 방식을 택하든 한 가지는 반드시 기억해야 한다. 시드 문구가 유실되거나 노출되면, 비트코인에 대한 통제권을 잃을 수 있다. 진정한 주권은 성숙함과 책임감을 요구한다. 나 자신이 정말 이 정도의 책임을 감당할 준비가 되어 있는지 솔직하게 평가해 보는 것이 성공적인 비트코인 직접 보관의 출발점이다. 정리하자면, 비트코인 보관 방법은 사용하기 쉽지만 신뢰에 의존해야 하는 방식부터 개인의 책임이 크지만 최고 수준의 보안을 제공하는 방식까지, 넓은 범위의 선택을 제공한다. 어떤 방식을 택하든 안심해도 좋다. 비트코인에는 모두를 위한 진입 지점이 존재한다.

자, 이제 여러분이 어떤 식으로든 지갑을 하나 만들었다고 가정해 보자. 비트코인의 경우 실제 돈이 손에서 손으로 건네지는 게 아니므로, 여러분은 아마도 비트코인을 보내거나 받을 때 보이지 않는 곳에서 무슨 일이 벌어지고 있는지 궁금할 것이다. 당신이 비트코인을 처음 시작하려는 친구에게 도움을 주는 상황이라고 가정한다면 이 책부터 한 권 선물하는 것도 좋은 방법일 것이다. 그런 다음, 친구의 스마트폰에 핫월렛 앱을 하나 설치하도록 도와주고, 1달러어치 정도의 사토시를 보내 주려고 한다.

이제 송금 절차를 시작한다. 비트코인을 보낸다는 것은 네트워크에 이렇게 말하는 것과 같다. "이만큼의 비트코인을 내

주소에서 친구 주소로 옮겨 주세요.” 네트워크는 당신의 주소에 이번 거래를 수행할 만큼의 비트코인이 실제로 있는지 확인하고, 이어서 당신이 제공한 고유한 디지털 서명(오직 당신만이 알고 있는 시드 문구로부터 생성되는 개인키를 이용해 만든 서명)이 맞는지도 검증한다.

비트코인은 물리적 실체를 가진 물체가 아니기 때문에 실제로 대상이 오가는 일은 없다. 검증이 끝나면 전 세계에 퍼져 있는 수많은 컴퓨터에 저장되어 있는 원장(블록체인)이 이렇게 업데이트된다. 당신 주소(사서함)에서는 5,000사토시가 빠져나가고, 공개키로 식별되는 친구의 주소로 같은 양의 사토시가 들어갔다는 기록이 남는 것이다. 소유권이 변경되었다는 사실이 전 세계가 공유하는 장부 위에 새겨졌을 뿐이다. 그것이 전부다.[2]

15장의 대부분을 비트코인의 직접 보관 방법의 세부 사항을 다루는 데 썼다는 사실 자체가 이러한 보관 방식이야말로 비트코인의 정신과 가장 잘 맞는다는 점을 다시 한번 확인시켜 준다. 그렇다고 해서 비트코인 생태계에 의미 있게 참여하고 그 혜택을 누릴 수 있는 길이 하나뿐이라는 뜻은 아니다. 이제 다른 방법들도 간단히 살펴보자.

많은 사람이 비트코인을 직접 지키고 관리하는 일을 버겁게 여긴다. 이런 경우, 거래소와 같은 형태의 수탁기관에게 역할을 위임하는 것도 인기 있는 선택이다. 비트코인을 매수하고 보관하는 과정을 매우 간단하게 만들어 주는 서비스를 제공하는 기업들이 많이 있다. 이 중 많은 서비스가 편리하고, 이미 규모도 크며, 규제 당국의 감독을 받는다. 사용자 입장에서 거래소 앱을 쓰는 경험은 벤모나 페이팔 같은 금융 서비스 앱을 사용하는 것과 크게 다르지 않다.

그러나 일부 거래소의 범죄 행위(그중에서도 샘 뱅크먼 프리드와 FTX 사건은 특히 악명이 높다)는 제3자에게 비트코인을 맡겼을 때 발생할 수 있는 위험을 적나라하게 보여 주었다. 특히 역외에서 금융 규제를 제대로 준수하지 않는 기업의 경우 주의해야 한다. 물론 많은 거래소들이 보안을 중시하고 규정을 성실히 지킨다. 그럼에도 해킹이나 각종 사기 위험을 고려하면, 많은 양의 비트코인을 항상 온라인 상태로 두고 보관하는 것은 여전히 최선의 방식으로 여겨지지 않는다.

최근 들어 대형 금융기관들이 고객이 비트코인을 직접 사지 않고도 비트코인에 투자할 수 있는 상품을 속속 내놓고 있다. 미국 증권 거래 위원회(SEC)가 2024년 1월 '현물 비트코인 ETF'를 승인하면서, 그동안 비트코인이라는 고수익 자산에 관심은 있었지만 직접 지갑을 만들고 코인을 구매하는 과정이 부담스러웠던 투자자들 사이에서 새로운 관심이 폭발적으로 일어났다.

현물 비트코인 ETF(상장지수펀드)는 구조상 일반 ETF와 비슷하다. 여러 자산을 한데 모아 운용하는 투자펀드라는 점은 동일하지만, 주식을 담는 대신 실제 비트코인을 기초자산으로 보유한다는 점이 다르다. 투자자는 기존에 쓰던 증권 계좌를 통해 이 펀드의 지분을 매수하면 되므로, 지갑 설정이나 비밀번호 관리 같은 기술적인 과정을 직접 겪지 않고도 비트코인에 투자할 수 있다.

이번 승인은 매우 중요한 이정표로 평가된다. 비트코인 ETF는 출시 직후 수십억 달러의 자금을 끌어모으며 초기 금 ETF의 성장 속도를 앞질렀고, 비트코인이 주류 금융 자산으로 자리 잡았음을 확고히 했다. 이 경로는 확실히 전통적인 투자자들에게 매력적인 선택지로 입증되었다. 현물 ETF 승인 덕분에 비트코인에 대한 대중적 인지도 역시 크게 높아졌다.

하지만 한 가지 유의해야 할 점이 있다. 간접 투자 방식에는 직접 보관 방식에서는 들지 않는 비용들이 따라붙는다. 운용 수수료뿐 아니라 ETF 구조에서 발생하는 거래 비용과 기초자산과의 가격 괴리 등으로 인해 실제 수익이 줄어들 수 있다. 그리고 대형 금융기관 특유의 중앙집중적 구조 또한 비트코인의 탈중앙화 정신과 맞지 않는다는 점도 고려할 만한 요소다.

현재로서는 재무제표에 비트코인을 의미 있게 보유한 상장 기업이 그리 많지 않다. 물론 숫자는 날마다 늘어나고 있다. 그 가운데에서도 마이클 세일러의 비전 있는 리더십으로 운영되는 스트래티지는 두드러지는 예외적 사례다. 세일러의 혁신적인 기업 전략, 그리고 누구보다 먼저 비트코인의 변혁적 힘을 포착할 수 있었던 그의 엔지니어적 사고방식에 관해서는 책 한 권, 아니 여러 권을 써도 모자랄 것이다. 요컨대, 비트코인으로 수익을 얻고 싶지만 보다 익숙한 방식을 선호하는 사람이라면, 비트코인을 '금고 자산(Treasury Asset)*'으로 보유하고 비트코인 채택을 적극적으로 지지하는 기업의 주식을 매수함으로써 간접적으로 비트코인에 노출되는 방식도 하나의 선택지다.

다만 이는 비트코인을 직접 소유하는 것과는 다르다는 점을 잊지 말아야 한다. 개별 기업의 주가에는 비트코인 가격 외에도 수많은 요인이 영향을 미친다. 따라서 회사의 주가 움직임이 특정 시점의 비트코인 가격 흐름을 온전히 반영하지 못할 수도 있다.

비트코인이 계속 성장하고, 진화하고, 성숙해 갈수록 그에 따른 다양한 채택 방식들도 함께 변해 나갈 것이다. 당신이 사 두고 잊어버리는 방식을 택하든, 아니면 앞으로 수년 동안 비트코인을 깊이 공부하든 생태계를 이해하기 위해 들인 시간은 분명 풍부한 보상을 가져다줄 것이다. 그리고 그 보상은

---

[*] 기업이 현금 및 현금성 자산 대신 장기적 가치 보존을 위해 보유하는 비축 자산(Reserve Asset)을 말한다.

단지 재정적인 것에 그치지 않는다. 마지막 장에서 보겠지만
비트코인은 우리가 시간과 삶의 목적을 바라보는 방식에도
깊은 영향을 미친다.

15장 요약

비트코인 여정을 시작하는 방법은 여러 가지가 있다.
거래소에 계정을 만들어 코인을 사서 보유하는
방법도 있고, ETF 같은 금융상품을 통해 간접적으로
투자하는 방법도 있으며, 직접 보관하며
완전한 통제권을 가질 수도 있다.
이 가운데 직접 보관은 금융 주권이라는 비트코인의
핵심 원칙을 가장 온전히 구현하는 방식이다.
키를 직접 관리하고, 자기 자신이 곧 자기 은행이 됨으
로써, 어떤 중개자도 거치지 않고 고정된 공급량 가운데
나에게 속한 몫의 비트코인을 직접 통제할 수 있다.
또한 비트코인은 한 개의 코인이 1억 사토시로 나뉘는
높은 분할성을 지닌 덕분에 예산이나 배경과 무관하게
누구나, 어디에서든, 작은 금액으로도 비트코인에
접근할 수 있다.
비트코인은 누구나, 언제, 어디서든 소유할 수 있다.
직접 보관에서 기관 투자에 이르기까지
비트코인으로 이어지는 길은 각자에게 맞는 형태로
다양하게 존재한다. 그리고 그 모든 길은 우리 각자가
자기 돈을 스스로 통제할 수 있는 권한을 선사한다.

모두
가치 있는 삶을 원한다

"시간은 사람이 쓸 수 있는 것 가운데
가장 값진 것이다."

— 디오게네스 라에르티오스(*Diogenes Laertios*)

나이가 들수록 우리는 시간과 맺고 있는 관계를 다시 평가하게 된다. 한때는 무한하게 느껴졌던 느긋한 여름이나 끝나지 않을 것 같던 주말이 어느 순간 유한하게, 심지어는 귀중하게 느껴지기 시작한다. 많은 경우 시간의 지평이 의사결정을 좌우한다. 저축할지 쓸지, 쌓아 갈지 소비할지, 미래에 투자할지 당장의 만족을 좇을지를 결정하는 것이다.

일상에서 우리는 시간을 달력, 약속, 마감일 같은 것으로 생각한다. 오늘 해야 할 것들, 내일로 미뤄도 되는 것들 말이다. 여행이나 행사 준비, 아이들 교육처럼 더 큰 계획을 위해서는 조금 더 멀리 내다보기도 하지만, 대체로 시간을 잘게 나누어 관리 가능한 단위로 쪼개고, 그래야 삶이 정돈되고 굴러간다고 느낀다. 시간은 우리가 삶을 조율하는 도구다.

하지만 한 걸음 더 물러서 보면 시간에 관한 가장 기본적인 진실이 드러난다. 시간은 우리가 지구에서 살아갈 유한한 날수를 재는 눈금이다. 어떤 일을 하며 살지, 가족, 친구, 여가 등의 우선순위를 어떻게 정할지는 결국 우리가 시간의 희소성과 맺는 관계의 함수다. 그리고 희소성과의 관계에서 재정적 안정과 자유만큼 직접적으로 영향을 미치는 것도 드물다. 돈이 전부는 아니지만 우리가 내리는 결정에 엄청난 영향을 준다. '복권에 당첨된다면 무엇을 할까?'를 한 번이라도 상상해 본 사람이라면 돈이 삶을 바꾸는 힘을 인정할 수밖에 없다.

나는 엄청난 부를 목표로 했던 적은 없다. 미국과 세계 곳곳의 사람들과 마찬가지로, 나는 평생(고등학교 시절 부모님이 타운하우스를 샀던 아주 짧은 순간을 제외하면) 작은 아파트에서 살아왔다. 불평하는 것은 아니다. 미국에서 자라며 누려 온 것들에 엄청나게 감사한 마음을 갖고 있다. 그럼에도 아주 어릴 때부터 늘 '내 집'을 갖는 꿈을 꾸어 왔다. 벽과 바닥과 천장을 이웃과 공유하지 않는 독립된 집, 가족의 소중한 추억을 쌓아 갈 수 있는 온전히 나의 공간을. 그런 의미에서 나에게 집은 희망을 의미한다.

희망이란 결국 미래에 대한 감정의 표현이다. 나 자신의 미래, 사랑하는 사람들의 미래, 사회와 세계의 미래에 대한 감정이다. 다시 말해서 우리는 희망을 지금 느끼지만, 희망 자체는 본질적으로 미래 지향적 감정이다. 내가 꿈꾸는 집을 가질 가능성은 현재를 바라보는 관점에도 큰 영향을 준다. 내가 나의 미래를 소중히 여기지도, 믿지도 않는다면 아마 지금과는 다른 선택들을 할 것이다. 어차피 큰 꿈을 위해 저축하는 게 무의미하다면 오늘의 찰나적 쾌락에 돈을 쓰지 않을 이유가 있을까?

물론 이것은 정확한 과학이 아니다. 우리는 모두 어느 정도 현재의 요구에 끌려가기 마련이다. 매 순간 현재를 미래의 모든 가능성과 일일이 저울질하며 선택하는 사람은 없다. 하지만 이것은 분명 존재하는 현상이고, 경제학에는 이를 지칭하는 용어가 있다. 현재의 이익을 미래의 이익보다 얼마나 더 중요하게 여기는지의 비율을 '시간 선호(Time Preference)'라고 한다.[1]

십 대 청소년은 종종 시간 선호가 매우 높은 것으로 묘사된다. 욜로(YOLO)*와 같은 말에는 성숙한 어른의 눈에는 무모하거나 무책임해 보일 수 있는 행동을 정당화하는 정서가 담겨 있다. 미래의 자신을 크게 고려하지 않는 청소년이라면 여름에 번 돈을 대학 학비를 마련하기 위해 저축하는 대신 자

---

*   "You only live once"의 머리글자로, 인생은 한 번뿐이니 현재에 충실하라는 구호.

동차에 써 버리거나, 훗날의 건강을 걱정하지 않은 채 흡연을 시작할 수도 있다. 높은 시간 선호란 미래의 만족보다 현재의 만족을 우선하는 태도다.

반대로 낮은 시간 선호를 가진 사람은 미래의 자신이 거둘 수확을 위해 지금 씨앗을 심는 가치를 안다. 고대 사회라면 시간 선호 현상은 하루 먹을 만큼만 물고기를 잡는 데 시간을 쓰는 것과 장차 생산성을 높여 줄 도구(낚싯대나 배 같은 것)를 만드는 데 시간을 투자하는 것 사이의 선택으로 나타났을 것이다. 그런 노력은 당장 효용을 주지는 않지만 미래의 자신은 그 선택을 분명 고마워할 것이다. 현재의 삶에서 예를 들자면 값비싼 외식을 하는 것보다 거기에 쓸 돈을 아껴 집에서 먹고 차액을 차곡차곡 모아 언젠가 집을 마련하는 것의 차이가 될 수 있다.

두 경우 모두 현재의 현재(말 그대로 지금)보다 미래의 현재(언젠가 우리가 실제로 도달했을 때 비로소 '지금'이 될 시간)가 우선시 된다. 그리고 흔히 간과되지만, 화폐의 건전성은 우리의 시간 선호에 막대한 영향을 미친다.

이 대목은 미묘하다. 흔히 돈이 없으니까 싼 걸 산다고 생각하지만 만약 돈이 가치를 유지한다면(오늘의 5달러가 내일도 최소 5달러이고, 시간이 지나면 어쩌면 10달러쯤의 구매력을 가질 수도 있다는 확신이 있다면) 오늘 6달러짜리 라테나 금방 쓰고 버릴 불필요한 물건들을 살 대 한 번 더 생각하지 않을까? 대신

시간이 지나도 오래 버티고, 내 취향에 더 잘 맞고, 어디인지
도 모를 곳의 공장에서 대량으로 찍어 낸 물건이 아니라 정성
과 장인정신으로 만들어진 좋은 것을 사기 위해 돈을 모으며
기다리지 않을까?

돈이 강하다면, 시간이 지나도 가치를 유지하거나 오히려
가치가 늘어나는 돈이라면 자연스럽게 저축으로 유인할 수
있다. 지금의 작은 욕망(오늘 밤의 비싼 외식)을 조금 희생함으
로써, 미래의 내가 더 큰 만족(언젠가의 제대로 된 휴가)을 얻을
수 있음을 알기 때문이다. 하지만 그 반대도 진실이다. 통화
량이 계속 팽창해서 우리가 벌어 보충하는 속도보다 구매력
이 더욱 빠르게 깎여 나간다면, 나중에는 이만큼도 사지 못할
돈이니 지금 빨리 써 버리는 게 낫다는 아주 현실적인 압력을
받는다. 이러한 조건이 낳는 파괴적인 결과는 일상에서부터
세계사에 이르기까지 곳곳에서 확인된다.

강한 화폐는 이 긴장을 해소한다. 인플레이션 경제를 떠받
치는 통화 팽창이 기술 발전으로 인한 자연스러운 물가 하락
효과를 인위적으로 상쇄하지 못하게 하기 때문이다. 인플레
이션이 극단으로 치달으면 초인플레이션(Hyperinflation)이 된
다. 초인플레이션 국가에서는 높은 시간 선호가 생존 문제가
된다. "가격이 기하급수적으로 오르면, 사람들은 가치가 있을
만한 것들을 앞다투어 사들이게 되고, 결국 대규모 품귀가 발
생한다."[2]

그런 상황에서 돈은 말 그대로 뜨거운 감자가 된다. 가능한 한 빨리 무엇이든 값어치가 있는 것으로 바꾸기 위해 손에서 손으로 던져진다. 사이페딘 아모스가 지적하듯, 초인플레이션 국면에서는 과일나무에서 해마다 열매를 수확하기보다, 지금 당장 나무를 베어 땔감으로 쓰는 편이 더 유용해지는 비극이 벌어진다.[3] 다행히 우리 대부분은 비극적 경제 상황을 직접 겪어 보지 않았다. 하지만 자신의 행동 속에서 비슷한 절박함의 조짐을 발견할 때, '왜 나는 더 나은 결정을 하지 못할까?'라는 자기 비난은 어쩌면 시간이 지날수록 가치가 사라지는 돈이 만들어 내는, 미묘하지만 실제적인 영향의 결과는 아닌지 되물을 필요가 있다.

높은 시간 선호로 끌리는 힘(돈이 나중에 더 가치가 떨어질 테니 지금 써야 한다는 압력)은 개인의 행동에만 국한되지 않는다. 이러한 경향은 기업 운영 방식에도 막대한 영향을 미치며, 이사회 회의실을 넘어 우리의 일상 전체로 번져 나온다. 기업도 우리와 마찬가지로 높은 시간 선호의 패러다임에 갇혀 있다. 다만 규모가 다를 뿐이다. 기업은 장기적 이익과 지속 가능성보다 단기 이익과 주주 가치를 극대화하도록 유발된다.

지난 수십 년 사이 기업 문화가 크게 변했다고 느낀 적이 있다면, 이 설명이 도움이 될 것이다. 아주 오래전 이야기도 아니다. 한때 기업은 더 낮은 시간 선호를 가졌고, 직원에게 더 많이 투자했다. 연금을 제공하고 안정적인 경력 경로를 마련해 충성심과 소속감을 키웠다. 이런 기업들은 오래 지속될 진짜 가치를 창출한다는 자부심이 있었다.

이제는 먼 옛이야기처럼 들릴지 모르지만 부모님 세대에는 한 회사에서 수십 년, 심지어 평생을 보내는 사람이 많았다. 그때는 헌신이 재정적 안정과 개인적 보상으로 돌아올 것이라는 믿음이 있었다. 평생 가는 관계가 생겼고, 일터는 하나의 공동체였다. 하지만 지금은 반대다. 상승하는 인플레이션의 환경에서 주주에게 계속 수익을 안겨 주어야 한다는 압력은 단기 이익을 무엇보다 우선하는 문화를 만들었다. 그 결과 남은 것은 일시적이고 거래적인 관계뿐이다. 얼굴 없는 대체 가능 노동자로 구성된 거대한 긱 이코노미(Gig Economy)[*]처럼 일자리는 더 이상 삶의 터전이 아닌 소모품에 가까워졌다.

높은 시간 선호가 낳는 파괴적 결과는 우리 주변 어디에나 넘쳐 난다. 가급적 많은 사람들에게 즉각적 소비를 유도하려고 만들어진 패스트패션, 패스트푸드, 패스트엔터테인먼트는 돈이 가치를 유지하지 못할 때 어떤 세상이 되는지를 매우 선명하게 보여 준다. 이를테면 창의적 모험은 감수하지 않은 채

---

*　필요에 따라 임시로 사람을 고용하는 경제 방식을 의미한다. 단기 계약 근로자를 '긱 워커(Gig Worker)'라고 하는데, 미국 재즈 음악가들이 공연을 위해 즉석에서 섭외되었던 긱(Gig) 문화에서 유래한 표현이다.

빠른 수익을 위해 오래된 시리즈물을 계속 우려먹기만 하는 영화 스튜디오들을 떠올려 보라.

높은 시간 선호의 사고방식에 갇히면 우리는 눈앞의 일에만 집중하게 된다. 지금 당장의 필요에 비하면 미래는 거의 의미가 없다. 예를 들어, 어떤 기업의 임원이 단기적으로만 생각한다면 유독성 폐기물을 강에 버리는 일이 빠른 해결책으로 보일 수도 있다. 당장 오늘 제품을 출하하고, 오늘 직원에게 급여를 주고, 기업이 하루 더 살아남는 것이 급선무일 테니까.

하지만 압력이 완화되어 현재의 돈이 가치를 유지하고, 우리가 늘 시계와 경쟁하는 느낌에서 벗어나면 모든 것이 달라진다. 강과 공원, 농지를 다른 사람들이 손에 넣기 전에 선점해야 할 재산으로 보기보다, 다시 장기적 안목으로 바라볼 수 있게 된다. 우리 자신뿐 아니라 미래 세대를 위해 자원들을 지킬 수 있다.

시간 선호가 낮아지면 서로를 대하는 방식도 달라진다. 잠깐의 거래적 이익을 얻기 위해 모든 기회를 쥐어짜는 대신, 우리는 신뢰와 상호 이익에 기반한 진짜 관계를 쌓게 된다. 이 차이는 위기 속에서 약탈을 일삼는 태도와 오래가는 네트워크를 만들어 가는 태도의 차이와도 같다. 미래를 가치 있게 여길 때, 우리는 더 이상 '빼앗는 사람'이 아니라 '함께 만들어 가는 사람'이 되기 시작한다.

이제 다시 우리 삶에서 가차 없이 흘러가는 시간과 현재 처해 있는 금융 환경이 우리의 선택에 어떤 영향을 주는지로 돌아가 보자. 비트코인을 만나기 전까지, '내 집'이라는 꿈은 거의 상상조차 하기 어려웠다. 수년 동안 온 힘을 쏟아 일했지만, 현실은 꿈에 가까워지지 않았다. 나는 개인적 삶과 가정을 꾸리고 싶은 바람을 뒤로 미뤘다. 어떻게든 저축하려 애썼고, 목표를 이루지 못하는 자신을 탓했다. 내가 무엇을 잘못하고 있는지 도무지 이해할 수가 없었다.

이제는 완전히 이해할 수 있다. 나는 거대한 조류를 거슬러 헤엄치고 있었다. 한 걸음씩 올라갈 때마다 조금씩 더 높아지는 산을 오르고 있었다. 그래서 지금은 "내가 뭘 잘못했나?"라고 묻는 대신, 미래에 대해 전혀 다른 질문을 던진다. 만약 모든 사람이 경제적 자립감을 느낄 수 있다면, 세상은 어떤 모습이 될까? 생계에 대한 걱정을 덜어도 된다면 사람들은 그만큼의 시간을 무엇에 쓸까? 여러분은 어떤가? 시간이 지나도 돈이 가치를 유지하고, 나아가 더 불어날 수도 있다면 우리의 삶은 어떻게 달라질까?

여러분은 지금 하는 일이 정말 좋아서 하는 것인가? 아니면 다른 선택을 할까? 집에서 시간을 더 많이 보내게 될까? 아이를 더 낳을까? 여행은? 기타를 배우고, 야생화를 주워 책갈피를 만들고, 동네 보호소에서 봉사하는 것은 어떨까? 책을 더 읽지 않을까? 어쩌면, 책을 한 권 쓰는 것은 어떨까?

살아남기 위해 그렇게까지 고군분투하지 않아도 된다면 진짜 만족과 기쁨을 주는 목표를 향해 일할 수 있지 않을까? 비트코인은 내게 돈을 완전히 다른 관점에서 보게 했고, 우리가 시간에 대한 통제권을 되찾을 수 있음을 증명했다. 시간 이야기가 나왔으니 다시 한번 말해 두고 싶다. 지금 비트코인 공부를 시작한다면 충분히 이르다. 우리 모두 그렇다.

아래의 글로벌 자산 지형을 보면 알 수 있듯, 비트코인은 아직 태동기다. 이 책을 쓰는 지금 세계 전체의 부가 약 900조 달러인데 비트코인은 그중 고작 2조 달러 미만을 차지할 뿐이다. 반면 부동산(약 330조 달러), 채권(약 300조 달러), 주식(약 115조 달러)은 여전히 중요한 부의 저장 수단으로 압도

글로벌 자산 가치

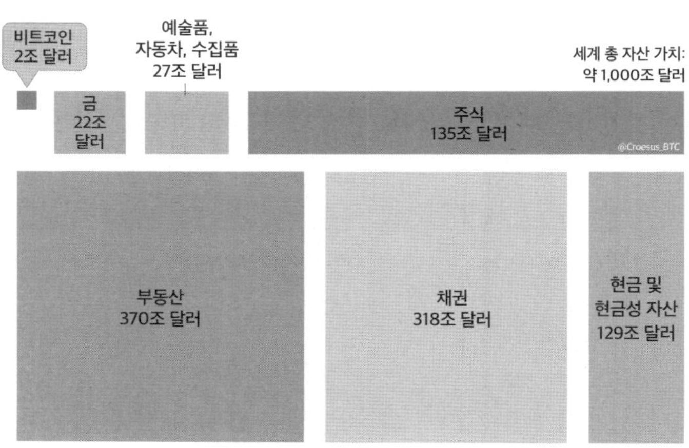

출처: 제시 마기어스(Jesse Myers), "Once-in-a-Species," www.onceinaspecies.com

적인 비중을 차지한다. 하지만 점점 더 많은 사람이 비트코인을 채택할수록, 상당한 자본이 전통 자산군에서 비트코인으로 이동할 것이라는 전망도 나온다.

그렇게 된다면 부동산은 돈을 저장해 두는 저금통이 아니라 다시 사람이 실제로 사는 공간으로 기능할 수 있을 것이다. 예술품과 수집품도 인플레이션 헤지 수단이라기보다 본래의 문화적 가치로 평가받는 자리로 돌아갈 수 있을 것이다.

비트코인과 같은 통화 자산이 세계적 가치의 기준점이 된다면 인류는 마침내 미래를 중심에 둔 사고방식으로 전환하는 근본적인 변화를 이룰 수 있다. 그와 같은 자각이 도덕적 당위가 아니라 경제적 현실로서 미래 세대에게 어떤 의미가 될지 상상해 보자. 통화 가치 훼손에 대한 불안에서 해방된 사람들은 시간과 에너지와 자원을 장기적 번영이 가능할 뿐만 아니라, 필연적인 세계를 건설하는 데 쓸 수 있을 것이다.

비트코인이 바로잡는 것은 돈만이 아니다. 비트코인은 우리가 시간과 맺는 관계도 바로잡는다. 이런 의미에서 비트코인은 단순한 '돈'이 아니라, 돈이 우리의 삶을 규정해 온 방식을 완전히 다시 바라보게 만드는 틀의 전환이다. 비트코인은 우리의 노동이 담아낸 에너지를 저장하기 위해 인간이 고안한 가장 뛰어난 형태의 돈이다. 생존하기 위해 돈을 좇도록 우리를 몰아세우는 대신, 비트코인은 인간이 인간답게 살아갈 수 있도록 우리를 해방한다.

16장 요약

시간과의 관계는 우리가 하는 거의 모든 일을 좌우한다.
미래보다 현재를 얼마나 중시하는가를 뜻하는
'시간 선호'는 모든 의사결정에 큰 영향을 미치지만,
종종 과소평가된다.
법정화폐 체제에서는 단기적 사고로 기울기 쉽다.
시간이 지날수록 돈의 가치가 떨어지니,
지금 쓰는 쪽이 합리적으로 보이기 때문이다.
이는 개인의 삶뿐 아니라 사회 전체에 큰 영향을 미친다.
반면 비트코인은 단기적 사고의 논리를 뒤집는다.
희소하고 디플레이션 특성을 지닌 비트코인은
자연스럽게 우리가 미래를 위해
저축하고 계획하도록 이끈다.
비트코인은 시간에 대한 관계를 새롭게 형성한다.
세대를 넘어 가치를 저장하도록 만들어서
인내와 장기적 계획을 보상한다.

비트코인은
모두의 것이다

*"'왜 지금인가?'에 대한 첫 번째 답은
그저 '이제 때가 되었기 때문'이다."*

— *클레이 셔키*(Clay Shirky)

비트코인이라는 아이디어는 마침내 때가 되었다. 이 디지털 자산은 암호학자들의 게시판에 올라온 한 편의 모호한 글에서 출발했을지 모른다. 그러나 이제는 전 세계 어디에서나 통하는 이름이 되었다. 비트코인은 분명 어렵고 복잡하다. 이 책의 각 장을 가지고도 제각기 한 권의 책을 쓸 수 있을 것이다. 그러나 한편으로 비트코인의 영향은 우리가 함께 써 나가는 이야기이기도 하다.

내가 비트코인에 열정을 갖는 이유는 비트코인이 모든 해답을 가지고 있다고 믿기 때문이 아니다. 오히려 비트코인은 우리로 하여금 매우 중요한 질문들과 씨름하게 만든다. 우리는 어떻게 살고 싶은가? 우리는 어떻게 공존하고 싶은가? 건전한 디지털 화폐가 그 이상을 이루는 데 어떤 도움을 줄 수 있는가? 우리는 누구이며, 어떤 존재가 되고 싶은가? 우리는 왜 분주하고 산만한 문화 속에 멈춰서 이러한 본질적인 질문을 던지기가 그토록 어려운가?

자유의 여신상과 그것이 상징하는 아메리칸드림은 오랫동안 세계의 등대였다. 그 횃불은 미국인뿐 아니라, 세계의 많은 사람에게 빛을 비추고 길잡이가 되어 주었다. 미국은 적절한 조건에서 사람들이 열심히 일하고, 자유롭게 살며, 번영할 수 있다는 믿음의 살아 있는 증거였다. 미국의 유산이 오랫동안 지속된 이유가 단순히 미국이 번영하는 국가였기 때문은 아니었다(물론 그것도 중요했다). 더 중요한 것은 번영을 가능하게 한 것들이었다. 혁신과 창의성, 공동체의 건설, 시민의 참여, 가족이나 친구와 보내는 여가, 무엇을 할지 스스로 결정할 자유, 실제로 그것을 해낼 기회와 같은 것들 말이다.

오늘날의 미국은 어떤 지표로 보아도 여전히 대단히 번영한 나라다. 그러나 열심히 일하고 절제한다면 가능했던 상향 이동의 사다리는 점차로 무너지고 있다. 사람들이 근본적으로 달라져서가 아니다. 고장 난 화폐 시스템이 미국의 약속을 짓눌러 왔기 때문이다. 비트코인은 아메리칸드림을 되살릴 뿐 아니라, 전 세계 경제와 사회 전반에 새로운 활력을 주었다. 비트코인과 함께라면 인플레이션 통화를 앞지르기 위해 숨 가쁘게 달릴 필요가 없다. 속도를 늦추고, 상상하고, 더 인간적이고 생기 있는 세계를 만들어 나갈 수 있다.

비트코인은 자유의 횃불을 가리고 있던 장막을 걷어 내며 기회의 빛을 더 멀리, 더 넓게 비추게 한다. 소수에게 집중되어 있던 빛은 이제 장벽이 일상이었고 접근이 엄격히 제한되던 곳까지 닿을 수 있다. 개인의 주권을 강조하는 새로운 화폐가 오히려 우리를 더욱 큰 사회적 의식과 직접 마주하도록 이끈다는 점은 어떤 의미에서 아이러니하다. 흐릿하고 불투명한 시스템 속에 고립되었던 상태에서 벗어나면 주위의 이웃들과 지구 반대편 사람들까지 얼마나 깊이 연결되어 있는지 더 선명히 보게 된다. 승자와 패자의 제로섬 게임만이 유일한 미래도 아니고, 심지어 가장 가능성 높은 미래도 아님을 깨닫게 된다.

탄탄한 투자 포트폴리오를 더 다변화하고 싶은 사람이든, 다음 달 월세를 어떻게 낼지 고민하는 사람이든 비트코인은 그저 대응만 하는 미래가 아니라 함께 만들어 갈 수 있는 미래에 대한 투자다. 사토시가 겸손하고도 간단히 말했듯이 "언젠가 널리 퍼질지도 모르니 조금쯤 보유하는 게 좋지 않을까?" 비트코인은 밀려오는 조류다. 그리고 역사상 처음으로 모든 배를 띄울 수 있는 힘을 가진 강한 돈이 되려고 하고 있다. 비트코인은 희망이다. 그리고 정말 모두를 위한 것이다.

감사의 글

누구나 길을 가며 도움을 받는다. 《모두를 위한 비트코인》
을 쓰는 일은 내 삶에서 가장 깊고, 가장 큰 변화를 가져온 경
험 중 하나였다. 그리고 이 여정은 내 곁에서 함께 걸어 준 수
많은 사람의 지지와 사랑, 인도 없이는 결코 완성할 수 없었
을 것이다.

무엇보다 내가 이룬 모든 것은 나의 가족 덕분이다. 자녀
들에게 더 나은 삶을 주기 위해 자신들이 알던 모든 것을 뒤
로하고 떠나온 부모님께 영원히 큰 빚을 지고 있다. 모든 것
이 낯선 타국에서 삶을 다시 시작한 부모님의 용기가 오늘의
나를 만들었다. 부모님의 희생, 그들이 묵묵히 감당해야 했던
고난의 무게는 내 마음 깊은 곳에 새겨져 있다.

공산주의 폴란드의 경계를 넘어 더 나은 세상을 꿈꾸었고,
'싸울 용기만 있다면 무엇이든 가능하다'는 믿음을 심어 준

어머니. 어머니의 희생은 나에게 비슷한 싸움을 치르는 이들을 돕고자 하는 열망을 심어 주었다. 아메리칸드림에 대한 부모님의 흔들리지 않는 믿음이 있었기에, 나는 누구든 그 꿈에 접근할 수 있게 만들고자 애쓴다. 우리 가족의 더 나은 삶을 위해 쉬지 않고 일해 온 아버지. 아버지의 조용한 희생과 지금도 매일 내게 보여 주는 사랑과 격려에 깊이 감사드린다.

거의 17세가 다 되어 미국에 와서 수많은 어려움을 겪었고, 내가 꿈을 쫓아 멀리 떠나갔을 때도 늘 응원해 준 사랑하는 오빠에게도 감사를 전한다. 그의 따뜻함과 낙관주의, 재치 있는 유머는 항상 나에게 위로와 영감을 주었다. 다시 그와 그의 아내, 그리고 사랑스러운 조카 곁에 있을 수 있어 정말 감사하다. 철의 장막 너머의 삶을 꿈꾸는 법을 어머니에게 가르쳐 준, 이미 세상을 떠난 외할머니와 외할아버지께도 큰 빚을 지고 있다. 자유와 기회에 대한 내 관점의 뿌리 상당 부분이 그분들에게서 왔다. 사람들이 한계 없이 꿈꿀 수 있는 세상에 대한 그들의 비전은 내 여정뿐 아니라 저널리스트로서 세상에 전해 온 이야기에도 깊이 스며 있다.

가장 힘든 시기에도 변함없이 나를 믿고 지지해 준 남편 샘 캘러핸(Sam Callahan)에게 감사한다. 당신의 인내와 이해, 사랑은 나를 단단하게 지지해 준 닻이었다. 누구나 재정적 자유에 도달할 수 있는 더 밝은 미래에 대한 우리의 공동 비전은 늘 나에게 영감을 주었다.

또한 작가 앨리슨 구스타브슨(Allison Gustavson)과 출판 에이전트 모라 펠런(Maura Phelan)에게도 진심으로 감사한다. 두 사람은 내 생각과 아이디어가 글이 되도록 도와주었다. 그들의 헌신과 전문성은 책을 쓰는 과정 내내 무엇과도 바꿀 수 없을 만큼 소중했다. 특히 앨리슨은 TV 대본을 쓰던 내 목소리가 문학적 텍스트로 자리 잡도록 지치지 않고 애써 주었다. 두 사람은 모든 장, 모든 문장, 모든 단어를 함께 들여다보며 내가 혼자서는 할 수 없었을 방식으로 생각을 다듬게 해 주었다. 그들의 도움과 뛰어난 역량에 평생 감사할 것이다.

나의 비트코인 멘토들에게도 깊이 감사한다. 더 포용적인 금융 세계를 만들고자 하는 그들의 열정과 지식, 헌신은 내가 새로운 세계의 가능성을 이해하는 방식 자체를 바꾸어 놓았다. 비트코인을 단지 투자 대상이 아니라 사람들에게 재정적 독립과 힘을 부여하는 혁명적 도구로 보도록 사고를 흔들고 넓혀 준 데 대해 감사한다. 마이클 세일러(Michael Saylor), 린 올든(Lyn Alden), 제프 부스(Jeff Booth), 브라이언 에스티스와 켈리 에스테스(Brian & Kelly Estes), 프레스턴 파이시(Preston Pysh), 에릭 와이스(Eric Weiss), 로런스 레퍼드(Lawrence Lepard), 사이페딘 아모스(Saifedean Ammous), 피터 맥코맥(Peter McCormack), 로런스 셰이(Lawrence Shea)가 그들이다.

19년 동안 가장 친한 친구였고, 첫 비트코인 콘퍼런스에서 굳건하게 지지해 주어 이 업계에 발을 들이게 해 준 폴라 펜

들리(Paula Pendley)에게 감사한다. 지금 그녀는 비트코인 기업들을 변호하며 정의를 수호하고 지지하는 변호사로 활약하고 있다. 그녀가 그 어느 때보다도 자랑스럽다.

비트코인 여정에서 만날 수 있었던 수많은 업계 친구들, 동료들, 그리고 뛰어난 지성들에게도 감사를 전한다. 그들은 나에게 시간을 나눠 주고, 바로 곁에서 협력하며, 이 놀라운 기술을 세계 곳곳에서 함께 기뻐해 주었다. 처음으로 나를 비트코인에 이끌어 준 친구 라이언 타워(Ryan Tower)에게 가장 깊은 감사를 전한다. 그리고 호기심을 행동으로 바꿔 준 래리(Larry)에게도. 그의 격려 덕분에 첫 비트코인 책을 읽고 팟캐스트를 시작할 수 있었다.

내 삶의 모든 장면을 함께 지나오며 흔들림 없이 지지해 준 소중한 친구들에게도 진심으로 감사한다. 특히 케이티 뱅크스(Katie Banks), 사만사 코르테세(Samantha Cortese), 케이티 코더(Katie Corder), 켈리 디폴리스(Kelli DePaolis), 리사 마리 그라임스(Lisa Marie Grimes), 새피아 홀(Saphia Hall), 메건 클루스(Meghan Kluth), 로런 샌손(Lauren Sansone), 아리아나 테헤로(Ariana Tejero), 제시카 테파스(Jessica Tepas), 캐시 타이서(Casi Ticer)에게 특별히 고마움을 전한다.

내 콘텐츠와 교육적 활동을 가능하게 해 준 여러 회사와 팀에도 깊이 감사드린다. 여러분의 지원이 나의 작업을 가능하게 해 주었다. 회복력과 희망으로 늘 나에게 영감을 주는 이민자 공동체에게 이 책을 바친다. 여러분에게서 내 가족에게서 보았던 것과 같은 추진력, 한계를 받아들이지 않는 태도를 본다. 우리의 이야기는 인내, 구조적 장벽을 넘어서기 위한 싸움, 그리고 올바른 도구만 있다면 우리가 직접 미래를 만들어 갈 수 있다는 믿음의 이야기다.

이 여정에 영감을 준 비트코인의 개척자들, 그리고 더 포용적인 금융의 미래를 위해 계속해서 밀어붙이는 각계각층의 사람들에게도 감사한다. 시스템에 도전하는 용기, 그리고 금융적 주권이 특권층만이 아니라 모두에게 열려 있어야 한다는 비전을 보여 주어서 고맙다.

당신이 누구이든 사토시에게도 감사한다. 비트코인이라는 선물을 통해 당신은 인류를 한 단계 끌어올렸다. 그리고 마지막으로, 이 글을 읽고 있는 여러분 모두에게 감사한다. 이 책은 여러분을 위한 것이다. 고장 난 시스템 속에서 계속 뒤쳐질 수밖에 없는 현실에 지친 사람들, 새로운 길을 받아들일 준비가 된 수많은 이들을 위한 책이다. 여러분이 희망과 힘을 찾고, 금융적 자유가 먼 꿈이 아니라 모두의 현실이 되는 미래를 만들어 갈 용기를 얻기를 바란다. 이 여정은 나 혼자만의 것이 아니다. 수많은 사람과 함께하는 여정이며, 그 여정에 한 부분이라도 참여한 모든 분께 깊이 감사한다.

용어 해설

- **1913년 연방준비법**(Federal Reserve Act of 1913)

  미국 연방준비제도를 중앙은행으로 설립한 법률. 이 법은 연준에 통화 발행, 은행 규제, 통화정책 운영 권한을 부여하여 금융 안정을 촉진한다는 목적을 명문화했다.

- **가치 저장 수단**(Store of Value)

  시간이 지나도 구매력을 보존해 주는 화폐의 기본 기능 중 하나.

- **강한 화폐**(Hard Money)

  생산하거나 조작하기 어려워 자연적 또는 규칙에 의해 희소성이 강하게 제한된 화폐.

- **개인 간 직접 거래**(P2P; Peer-to-Peer)

  은행이나 기업 같은 중개 기관 없이 사람과 사람 사이에서 가치를 직접 주고받는 방식.

- **개인키**(Private Keys)

  특정 디지털 지갑에 접근할 수 있게 해 주는 암호학적 자격 증명(비밀 코드).

개인키를 가진 사람이 지갑을 완전히 통제하며, 이를 분실하면 해당 자산에
대한 접근 권한은 영구적으로 회복 불가능하다.

- **거래 상대방(Counterparties)**

  금융 거래에 참여하는 양쪽 당사자들. 전통 금융에서는 은행 같은 중개 기
  관이 주요 거래 상대방 역할을 한다. 비트코인은 중개인을 없애고, 서로 직
  접 신뢰 없이도 가치를 교환할 수 있게 한다.

- **거래 상대방 위험(Counterparty Risk)**

  거래의 상대방이 약속을 이행하지 않을 위험을 말한다. 비트코인은 가치를
  블록체인에서 직접 결제하기 때문에 이 위험을 제거한다. 일단 거래가 블록
  체인에 확정되면 취소할 수 없으며, 그 유효성은 네트워크 자체가 보증한다.

- **교환 매개체(Medium of Exchange)**

  화폐가 수행해야 할 핵심 기능 중 하나로, 물물교환 없이 상품과 서비스를
  주고받게 하는 역할을 한다. 교환 매개체로서 성공하기 위해서는 널리 받아
  들여지고, 쉽게 전달되며, 신뢰할 수 있어야 한다.

- **구매력(Purchasing Power)**

  같은 돈으로 얼마만큼의 상품과 서비스를 구매할 수 있는지를 나타내는 돈
  의 실제 가치. 인플레이션이 심해지거나 통화 가치가 하락하면 구매력은 감
  소한다.

- **금본위제(Gold Standard)**

  한 나라의 통화를 정해진 양의 금에 직접 연결시켜 통화 가치를 보증하는
  통화 제도.

- **금융화(Financialization)**

  금융기관, 금융시장, 그리고 금융적 동기가 실물 생산보다 우위를 차지하게 되는 현상을 말한다. 금융화된 시스템에서는 상품과 서비스를 생산해서 얻는 이윤보다 자산 가격 상승과 투기에서 발생하는 이익이 더 큰 비중을 차지하게 된다.

- **난이도 조정(Difficulty Adjustment)**

  비트코인 프로토콜에 내장된 기능으로 약 2주마다 채굴 난이도를 자동으로 조정허서 네트워크의 전체 연산 능력이나 참여하는 채굴자의 수에 변화가 생기더라도 블록 생성 속도가 일정하게 유지되도록 보장한다.

- **내구성(Durability)**

  건전한 화폐가 갖추어야 할 핵심 특성 가운데 하나로, 시간이 흐르더라도 물리적으로든 디지털적으로든 쉽게 손상되지 않는 능력을 의미한다. 비트코인은 금과 마찬가지로 내구성이 매우 높아서 부식되거나 닳아 없어지거나 만료되는 일이 없다.

- **네트워크 효과(Network Effect)**

  어떤 제품이나 시스템을 사용하는 사람이 많아질수록 가치가 더 커지는 현상. 비트코인의 보안성과 유용성도 참여자 증가와 함께 비약적으로 강화된다.

- **노드(Node)**

  비트코인 소프트웨어를 실행해 네트워크의 규칙을 준수하고, 거래를 검증하며, 블록체인의 전체 사본을 유지하는 개별 컴퓨터. 노드는 데이터를 서로 전달하고 기록의 무결성을 확인함으로써 비트코인의 탈중앙성과 보안성의 핵심을 이룬다.

- **다중서명 보관(Multi-Signature Custody, Multi-sig)**
  하나의 비트코인 거래를 승인하기 위해 여러 개의 암호학적 서명(여러 개의 개인키)이 필요한 보안 방식. 기관, 단체, 가족 등이 자산을 공동으로 관리할 때 자주 사용되며, 여러 참여자 또는 여러 장치에 권한을 분산해 보안을 한층 강화한다.

- **담보(Collateral)**
  대출을 받을 때 상환을 보장하기 위해 채권자에게 제공을 약속하는 자산. 상환에 실패하면 대출자는 담보를 처분해 빚을 회수할 수 있다. 주택 담보대출의 집, 은행이 중앙은행에 맡기는 국채 등이 대표적 예다.

- **대마불사(Too Big to Fail)**
  파산할 경우 경제 시스템 전체에 중대한 위험을 초래할 정도로 거대한 기관의 상황을 가리키는 표현. 정부는 기관의 붕괴를 막기 위해 구제에 나서곤 하는데, 이는 잘못된 인센티브와 도덕적 해이를 유발할 수 있다.

- **대체 가능성(Fungibility)**
  돈의 개별 단위가 서로 완전히 동일해 서로 바꿔 쓸 수 있는 성질. 예를 들어 20달러짜리 지폐 한 장은 다른 20달러짜리 지폐 한 장과 아무런 차이가 없다.

- **도덕적 해이(Moral Hazard)**
  어떤 행동의 결과를 본인이 온전히 감당하지 않아도 되는 상황에서 사람들이 더 큰 위험을 감수하게 되는 현상. 금융에서는 정부 구제금융, 보험, 각종 보증 등이 실패 비용을 타인에게 전가해 무모한 행동을 부추기는 경우에 종종 발생한다.

- **돈의 인터넷(Internet of Money)**
비트코인이 본질적인 디지털 통화로서 수행하는 변혁적 역할을 설명하는 표현. 비트코인은 은행, 국경, 중앙 통제가 없는 환경에서도 인터넷을 통해 가치가 직접 이동할 수 있게 한다. 인터넷이 통신을 탈중앙화했다면, 비트코인은 금융 교환을 탈중앙화하는 것을 목표로 한다.

- **돈 찍어 내는 장치(Money Printer)**
중앙은행이 새 돈을 물리적 또는 디지털 형태로 발행할 수 있는 능력을 가리키는 표현. 경제 부양을 목적으로 사용되지만, 이 힘은 시장 왜곡을 일으키거나 구매력을 훼손하기도 한다.

- **디플레이션(Deflation)**
경제 전반의 물가 수준이 지속적으로 하락하는 현상.

- **반감기(Halving)**
비트코인 프로토콜에 미리 설정된 이벤트로, 약 4년마다 채굴 보상이 절반으로 줄어드는 것을 말한다. 반감기는 새로운 공급 속도를 늦추어 비트코인의 희소성을 더욱 강화하는 역할을 한다

- **법정화폐(Fiat)**
정부가 발행한 화폐로 금이나 은 같은 실물 자산으로 뒷받침되지 않고, 정부의 법적 지위와 신뢰만으로 가치가 유지된다. 오늘날 대부분의 국가 통화는 법정화폐 체제에서 운영된다.

- **법정화폐 표준(Fiat Standard)**

  실물 담보 없이 정부나 중앙은행이 발행하고 관리하는 법정화폐가 세계 통화 시스템을 지배하는 구조. 이 체제에서는 통화정책을 크게 확대할 수 있고 신용이 광범위하게 발행되며, 금융 권력이 중앙집중화되는 경향이 있다. 비트코인은 이러한 모델에 대한 대안으로 개발되었다.

- **부분지급준비 은행제(Fractional Reserve Banking)**

  은행이 예금자의 자금 중 일부만 준비금으로 보유하고, 나머지를 대출해 이익을 창출하는 은행 모델. 이 방식은 예금자가 동시에 대량 인출을 요구할 경우 뱅크런에 취약하며, 통화 공급량이 크게 팽창하는 주요 원인이 되기도 한다.

- **분할 가능성(Divisibility)**

  화폐가 실제 사용을 위해 얼마나 작은 단위로 나누어질 수 있는지를 나타내는 성질. 비트코인은 분할성이 매우 높아서 1비트코인을 1억 개의 더 작은 단위인 사토시로 쪼갤 수 있으며, 이를 통해 어떤 규모의 거래도 정밀하게 수행할 수 있다

- **브레턴우즈 협정(Bretton Wocds Agreement)**

  1944년에 체결된 국제 통화 체제 합의로, 각국 통화를 미국 달러에 고정하고, 달러는 다시 금에 연결되도록 한 협정(이 금 태환 제도는 1971년에 폐지). 이로써 달러는 세계 기축통화의 지위를 공식적으로 얻게 되었다.

- **블록 보상/블록 보조금(Block Reward/Block Subsidy)**

  채굴자가 실제 세상에서 에너지를 써서 암호 퍼즐을 풀고, 새로운 거래 블록을 검증해 블록체인에 추가할 권리를 얻었을 때 새로 발행되어 지급되는

비트코인. 블록 보조금은 새 비트코인이 유입되는 주요 통로이자, 네트워크 보안을 위해 채굴자에게 지급되는 경제적 인센티브다.

- **블록체인(Blockchain)**

  각 거래를 '블록'으로 묶어 기록하고, 각 블록은 암호학적 해시로 바로 앞 블록과 연결된다. 이 구조는 기록이 끊김 없이 이어지도록 하며, 한 번 추가된 정보는 수정할 수 없고 위변조가 발생할 경우 즉시 드러나도록 설계된 분산원장이다. 블록체인은 누구나 참여할 수 있는 승인이 필요하지 않은 방식(비트코인처럼)일 수도 있고, 특정 기관이 관리하는 승인이 필요한 방식일 수도 있다.

- **비트코인 공개 주소(Bitcoin Public Address)**

  비트코인을 받을 때 사용하는 암호학적 식별자. 디지털 사서함에 비유되며, 이 주소를 통해 서로의 신원을 드러내지 않고 송금할 수 있다. 숫자와 문자로 이루어진 문자열이며, 자유롭게 공개해도 된다.

- **비트코인 지갑(Bitcoin Wallet)**

  비트코인을 보내고, 받고, 보관하는 데 필요한 개인키를 생성, 저장, 관리해 주는 소프트웨어 또는 하드웨어 도구. 지갑 안에 비트코인 자체가 들어 있는 것이 아니라, 블록체인에 기록된 비트코인에 접근할 수 있는 자격을 입증해 주는 키가 들어 있다.

- **사토시(Satoshi)**

  비트코인의 가장 작은 단위로, 창시자 사토시 나카모토의 이름에서 따왔다. 달러의 '센트'처럼, 1비트코인은 1억 사토시로 나누어져 정밀한 소액 거래가 가능하다. 줄여서 '샛(Sat)'이라고 부르기도 한다.

- **상장지수펀드(ETF; Exchange-Traded Fund)**

  기초자산의 가격을 추종하며 주식처럼 거래소에서 사고팔 수 있는 투자상품. 비트코인 ETF는 비트코인을 직접 보유하지 않고도 일반 증권 계좌를 통해 간접 투자할 수 있게 해 준다.

- **생활비(Cost of Living)**

  주거, 식비, 의료비, 교통비 등 기본적인 생활을 유지하는 데 필요한 평균 비용.

- **세계 기축통화(Global Reserve Currency)**

  각국 정부와 국제기관이 외환 보유액의 주요 구성으로 보유하고, 국제 무역과 결제에 널리 사용하는 통화. 현재는 미국 달러가 이 역할을 수행하고 있으며, 이는 미국에 상당한 경저적, 지정학적 영향력을 부여한다.

- **소비자 물가 상승률(CPI; Consumer Price Inflation)**

  정부가 산출하는 지표로 식료품, 기름값, 임대료 등 일상적으로 소비하는 품목들의 가격 변화를 추적한다. 고정된 '물가 바스켓'을 기준으로 구매력을 측정하지만, 실제 체감 인플레기션을 과소평가한다는 비판이 많다.

- **소지인 자산(Bearer Asset)**

  자산을 직접 들고 있는 사람에게 완전한 소유권과 통제 권리를 부여하는 자산. 현금은 대표적인 물리적 소지인 자산이고, 비트코인은 디지털 소지인 자산이다.

- **소지인 증권(Bearer Instrument)**

  소지인의 신원 확인 없이, 그것을 들고 있는 사람에게 권리가 귀속되는 증권. 공연 티켓이나 복권처럼 가진 사람이 곧 행사권과 청구권을 갖는다.

- **시간 선호**(Time Preference)

  사람들이 현재의 소비를 미래의 저축, 투자보다 얼마나 우선시하는지를 나
  타내는 경제 개념. 높은 시간 선호는 즉각적인 만족을 추구하며, 낮은 시간
  선호는 장기적 계획과 미래 중심 사고를 선호한다.

- **시장성**(Salability)

  자산을 가치 훼손 없이 얼마나 쉽게, 그리고 안정적으로 현금화할 수 있는
  지 나타내는 척도. 높은 시장성은 건전한 화폐의 핵심 특성으로 화폐는 유
  동적이고, 널리 받아들여지며, 변동성이 낮아야 한다.

- **신용**(Credit)

  지금 빌려 쓰고 나중에 이자를 얹어 갚아야 하는 돈.

- **실물 자산**(Hard Assets)

  부동산, 귀금속, 생산 가능한 토지처럼 오랜 시간 가치가 유지되는 자산을
  의미한다. 이러한 자산은 일반적으로 인플레이션과 통화 가치 하락에 대한
  방어 수단으로 사용된다.

- **암호화**(Cryptography)

  수학을 이용해서 정보를 보호하는 자물쇠와 열쇠를 만드는 기술. 디지털 정
  보를 특정 디지털 키를 가진 사람만 읽을 수 있도록 암호화된 코드로 바꾸
  는 방법을 연구한다.

- **암호화폐(Cryptocurrency)**

  암호기술을 활용해 거래를 보호하고 공급을 조절하는 디지털 형태의 돈. 비트코인은 최초의 암호화폐이자 가장 탈중앙화되어 있고, 발행량이 엄격히 제한된 유일한 암호화폐다.

- **약속어음(Promissory Note)**

  한 당사자가 다른 당사자에게 미래의 특정 시점에 특정 금액을 지급하겠다고 약속하는 서면 계약. 약속어음은 초기 신용 및 통화 시스템의 법적 기반으로 널리 활용되었다.

- **약한 화폐(Easy Money)**

  중앙은행이 대량으로 공급하거나 싼 이자율로 쉽게 빌릴 수 있도록 만든 돈을 말한다. 낮은 금리와 풍부한 신용을 특징으로 하며, 이런 환경에서는 소비와 자산 가격이 상승할 수 있지만 거품과 불평등을 심화시키는 요인이 되기도 한다.

- **양적완화(QE; Quantitative Eas ng)**

  중앙은행이 새로 만든 돈을 은행 시스템을 거쳐 주로 국채 같은 금융자산을 매입하는 데 사용하는 통화정책. 대출과 투자를 활성화하려는 목적이지만, 자산 가격을 부풀리고 부의 불평등을 확대하는 결과를 초래하는 경우가 많다.

- **에이식(ASICs; Application-Specific Integrated Circuits)**

  한 가지 단순한 기능, 즉 비트코인 채굴만 하도록 설계된 특수 목적용 컴퓨터. 에이식은 비트코인 네트워크를 보호하고 거래를 검증하는 암호학적 퍼즐을 푸는 역할을 한다.

- **연방기금금리(Federal Funds Rate)**

  미국 상업은행들이 초과지준(Reserves)을 서로 하루짜리 단기 대출로 빌려 줄 때 적용되는 기준 금리. 이 금리는 미국 연방준비제도가 설정하며, 주택 담보 대출부터 신용카드 금리(APR)에 이르기까지 미국 경제 전반의 이자율을 규정하는 핵심 기준 금리로 작용한다.

- **연방준비제도(Fed; Federal Reserve)**

  미국의 중앙은행 시스템. 통화 공급을 관리하고 기준 금리를 설정하며, 금융 위기 시 최종 대부자로 기능한다. 경제적 안정이라는 목표로 설계되었으나, 최근에는 정책이 자산 인플레이션과 부의 불평등을 심화시켰다는 비판을 받고 있다.

- **연평균 성장률(Compound Annual Growth Rate, CAGR)**

  투자 자산이 일정 기간 동안 매년 얼마나 성장하는지를 보여 주는 지표. 장기 성과를 한눈에 보기 쉽게 만든 연평균 복리 수익률이다.

- **오픈소스(Open-Source)**

  소프트웨어의 소스 코드를 누구나 자유롭게 열람하고, 수정하고, 개선할 수 있도록 공개하는 개발 방식.

- **원장(Ledger)**

  거래 내역을 체계적으로 기록한 구조화된 장부. 비트코인 네트워크에서 원장은 공개되고, 분산되어 있으며, 암호학적으로 보호된다. 수천 개의 노드가 이를 공동으로 유지해 투명성을 확보하고 사기나 조작을 방지한다.

- **이자율(Interest Rate)**

  돈을 빌릴 때 지불해야 하는 비용이자 저축에 대해 받는 보상. 중앙은행은 이자율에 강하게 영향을 미치며, 이 금리는 경제 전반에 영향을 주어 사람들이 얼마를 빌리고, 투자하고, 소비하는지를 결정짓는 중요한 요인이 된다.

- **자기자본(Equity)**

  집, 주식, 사업체와 같은 하나의 자산에 대해 부채를 제외하고 실제로 소유자가 보유하는 순수한 가치를 의미한다. 자기자본은 자산 가치를 측정하는 핵심 지표다.

- **자본(Capital)**

  기업이나 개인이 제품과 서비스를 생산하기 위해 투자하는 건물, 기계, 도구와 이를 구입하고 운영하는 데 쓰이는 돈을 말한다. 또한 미래의 소득을 얻기 위해 기업이나 생산 능력을 키우려고 따로 떼어 두는 축적된 저축을 포함한다.

- **자본주의(Capitalism)**

  사람들이 자신의 저축을 바탕으로 사업을 시작하고, 시장 안에서 자유롭게 경쟁하는 경제 시스템. 자본주의 시스템 안에서 이윤은 가치 있는 아이디어와 노력에 대한 보상이고, 손실은 덜 성공적인 시도에서 자원이 자연스럽게 빠져나가게 하는 장치 역할을 한다.

- **자산(Asset)**

  부동산, 주식, 금, 비트코인처럼 경제적 가치를 지니고 있으며, 사람들이 그 가치가 유지되거나 증가할 것으로 기대하고서 소유하거나 통제하는 자원.

- **자산 인플레이션(Asset Inflation)**

  주택, 주식, 미술품 같은 금융 및 부동산 자산의 가격이 실제 효용이나 생산성이 높아져서가 아니라, 너무 많은 자금이 시장으로 몰려들어 상승하는 현상. 새로 찍어 낸 돈이 실물 경제 대신 투자시장으로 흘러 들어갈 때 주로 발생한다.

- **자유은행제(Free Banking)**

  중앙은행이 존재하지 않고 민간 은행들이 보유한 준비금(주로 금이나 은)을 바탕으로 자체적으로 통화를 발행하던 시기를 가리킨다. 이러한 탈중앙적 시스템에서는 시장 기반의 견제와 균형에 따라 은행의 건전성이 자연스럽게 유지되었다.

- **작업증명(Proof-of-Work)**

  비트코인이 네트워크를 보호하기 위해 사용하는 탈중앙 합의 메커니즘. 채굴자들은 에너지를 사용해 암호학적 퍼즐을 풀어 거래를 검증하고, 블록체인에 새 블록을 추가할 기회를 얻는다. 승리한 채굴자는 새로 발행된 비트코인과 거래 수수료를 받고, 이런 작업증명을 통해 네트워크는 안전하게 유지된다.

- **재정적자(Deficit)**

  정부가 한 해 동안 벌어들인 돈(세수 및 기타 수입)보다 쓴 돈이 더 많을 때 발생하는 차이. 예를 들어 한 해에 3조 달러를 거두고 3.5조 달러를 썼다면, 그 해의 재정적자는 5,000억 달러다.

- **정부 부채(Government Debt)**

  정부가 발행한 국채 등을 통해 채권자들에게 갚아야 할 금액의 누적 합계.

매년 세수보다 많은 지출을 하면 그만큼 적자가 쌓이고, 연간 재정적자가
모여 전체 국가부채를 이룬다.

- **준비금(Reserves)**

  은행이 고객 예금 중 일부를 중앙은행 계정에 보유해 두는 몫. 준비금은 고
  객의 인출 요구에 대비하고 유동성을 유지하기 위한 것으로, 뱅크런을 방지
  하는 최소한의 장치 역할을 한다.

- **직접 보관(Self-Custody)**

  제3자 수탁기관을 거치지 않고 본인이 직접 자신의 디지털 자산을 완전한
  통제하에 보관하고 관리하는 것. 비트코인의 핵심 철학인 자기 주권의 실천
  방식이다.

- **채굴(Mining)**

  비트코인 거래를 검증하고 블록체인에 기록하는 경쟁적 과정을 말한다. 채
  굴자는 컴퓨팅 파워를 사용해 암호학적 퍼즐을 풀고, 성공하면 새로운 비트
  코인과 거래 수수료를 받으며, 네트워크 보안을 유지하는 역할을 한다.

- **초인플레이션(Hyperinflation)**

  한 달에 50% 이상 물가가 치솟는 등[1] 가격이 통제 불능 상태로 뛰어오르는
  상황. 초인플레이션 상황에서는 화폐가 사실상 가치 없는 수준으로 붕괴된
  다. 이는 과도한 통화 발행, 통화에 대한 신뢰 상실, 정치경제적 불안이 복합
  적으로 작용해 발생한다.

- **최종 대부자(Lender of Last Resort)**

  금융 시스템이 위기나 스트레스 상황에 놓였을 때, 중앙은행이 금융기관에

긴급 유동성을 공급하는 기능을 말한다. 이는 시스템 붕괴를 막기 위한 목적이지만 위험한 선택을 해도 구제받을 수 있다는 도덕적 해이를 유발할 수 있다.

- **출력 제한(Curtailment)**

  풍력이나 태양광처럼 생산된 전기가 수요보다 많아서, 또는 송전 인프라가 부족해서 발전량을 줄이거나 과잉 생산된 전기를 버려야 하는 상황.

- **캉티용 효과(Cantillon Effect)**

  경제학자 리처드 캉티용의 이름에서 나온 개념으로, 돈을 새로 발행할 경우 '돈 찍어 내는 장치'에 가장 가까운 개인이나 기관이 누구보다 큰 이익을 얻게 되는 현상을 설명한 이론. 이들은 물가가 오르기 전에 새 돈을 쓸 수 있지만, 나머지 사람들은 이미 오른 물가의 타격을 입게 된다.

- **콜드 스토리지(Cold Storage)**

  USB 형태의 하드웨어 지갑처럼 인터넷에 연결되지 않은(오프라인) 장치를 통해 비트코인을 보관하고 관리하는 방식. 자기 주권을 가장 강하게 실현하는 비트코인 보관 방법이자, 금을 금고에 넣어 두는 것처럼 가장 안전한 방식으로 여겨진다.

- **탈중앙화(Decentralized)**

  통제와 의사결정이 단일한 중앙 당국이나 특정 지점에 집중되지 않고, 여러 참여자에게 분산되어 이루어지는 시스템을 말한다.

- **통화 인플레이션(Monetary Inflation)**

  경제 안에 존재하는 전체 통화량이 증가하는 현상. 통화 인플레이션은 기존

화폐의 가치를 희석하고, 자산 거품 형성 및 장기적인 물가 불안정으로 이
어질 수 있다.

- **통화 총량**(Total Money Supply)
한 경제에서 유통되는 전체 돈의 규모를 말하며, 일반적으로 광의 통화(M2)
지표로 측정된다. 여기에는 현금, 예금, 기타 유동성이 높은 자산이 포함된
다. 경제 규모 대비 통화 공급이 빠르게 확대되면 흔히 인플레이션을 유발
하는 요인이 된다.

- **트리핀의 딜레마**(Triffin Dilemma)
자국 통화가 세계 기축통화 역할을 수행하는 국가가 겪는 구조적 문제를 말
한다. 통화에 대한 세계 수요를 충족시키기 위해 국가는 지속적인 무역적자
를 감수해야 한다. 그러나 이런 상태가 장기화되면 해당 통화의 장기적 안
정성에 대한 신뢰가 약화된다. 브레턴우즈 체제 이후, 이 딜레마는 사실상
미국 달러를 지칭하는 개념으로 사용되어 왔다.

- **합의 메커니즘**(Consensus-Based Mechanism)
중앙기관 없이도 분산된 참여자들이 동일한 데이터 상태(예를 들어 거래의 유
효성)에 동의하도록 만드는 방법. 비트코인은 작업증명을 합의 메커니즘으
로 이용한다.

- **핫월렛**(Hot Wallet)
인터넷에 연결된 디지털 지갑. 접근성과 사용 편의성이 좋아 자주 사용하는
소액 비트코인을 보관하는 데 적합하지만, 해킹 위험이 상대적으로 높아 큰
금액 보관용으로는 권장되지 않는다.

- **회계 단위(Unit of Account)**

  가격과 부채를 측정하고 비교할 수 있게 해 주는 화폐의 기능. 유효한 회계
  단위가 되기 위해서는 가치가 안정적이고, 널리 인식되며, 시간이 지나도
  일관성 있게 유지되어야 한다.

- **휴대성(Portability)**

  돈을 얼마나 쉽게 옮기거나 전달할 수 있는지를 나타내는 특성.

- **희소성(Scarcity)**

  공급이 엄격히 제한된 상태를 의미한다. 비트코인의 경우 총발행량이
  2,100만 개로 고정되어 있고, 예측 가능한 희소성이 가치 저장 수단으로서
  의 역할을 뒷받침한다.

주

서문

1 John M. Griffina, Samuel Kruger, Gonzalo Maturana, "What Drove the 2003-2006 House Price Boom and Subsequent Collapse?," Journal of Financial Economics (September, 2021), www.sciencedirect.com.

2 Natalie Brunell, "Bitcoin ATMs in Sacramento! Wait, What's Bitcoin?," KCRA(November 19, 2017), www.kcra.com.

1장

1 Inequality.org, "Wealth Inequality in the United States," www.inequality.org.

2 Madelin Brown et al., "Nine Charts about Wealth and Inequality in America," www. apps.urban.org.

3 United States Census Bureau, "National Poverty in America Awareness Month," www. census.gov.

4 Inequality.org, "Wealth Inequality in the United States," www.inequality.org.

5 HBO, "Icahn: The Restless Billionaire," www.hbo.com.

6 Oyin Adedoyin, "Gen Z Sinks Deeper into Debt," The Wall Street Journal(May 7, 2024),www.wsj.com.

7 Mike Winters, "Over Half of Americans Have Medical Debt, Even Those with Health Insurance—Here's Why," CNBC (March 11, 2022).

8 Claire Thornton, "Food Banks are Struggling this Holiday Season as Inflation Creates 'Perfect Storm'," USA Today News (November 33, 2022), www.eu.usatoday.com.

9 NAHB, "Nearly Half of U.S. Households Can't afford a $250,000 Home" (May, 2024), www.nahb.org.

10 Tim Kephart, "25% of Millennials Currently Live with Parents, Survey Finds," ABC Action News (December 7, 2022), www.abcactionnews.com.

11 Dylan Sloan, "Larry Fink says Gen Z, Millennials Distrust Boomers on the Economy," Fortune (March 36, 2024), www.fortune.com.

12 Anthony Pompliano, "The Income Needed to Purchase a Typical U.S. Home has Increased by 79% in just 11 Years," The Pomp Letter (March 25, 2025), www.pomp. substack.com.

2장

1 Aimee Picchi, "Retiring in America Increasingly Means Working into Old Age, New Book Finds," CBS News (April 18, 2024).

2 Michael Saylor, post in X, www.x.com.

3 Rufas Kamau, "Bitcoin's Philosophy and Political Promise of Borderlessness and Solving Inefficiencies," Forbes (October 6, 2022), www.forbes.com.

4 Bureau of Labor Statistics, "Consumer Prices Up 9.1% Over the Year Ended June 2022, Largest Increase in 40 Years," The Economics Daily (July 18, 2022), www.bls.gov.

5 National Center for Education Statistics, "Tuition Costs of Colleges and Universities," www.nces.ed.gov.

6 KFF, "2024 Employer health Benefits Survey" (October 9, 2024), www.kff.org.

7 Paul H. Keckley, "Analysis of Healthcare Spending Since 3000," Healthcare Executive, www.healthcareexecutive.org.

8 Federal Reserve Bank of St. Louis, "Median Sales Price of Houses Sold for the United States" (April 33, 2025), www.fred.stlouisfed.org.

9 Bureau of Labor Statistics, "Median Usual Weekly Earnings of Full-time Wage and Salary Workers by Sex," www.bls.gov.

3장

1 Federal Reserve Bank of St. Louis, "Table data—M3," www.fred.stlouisfed.org.

2 Mike Winters, Gabriel Cortés, "28-year-old made иц offers, went $65,000 over asking price and still got rejected," CNBC (September 17, 2024), www.cnbc.com.

3 Julia Carpenter, "Why Young Adults Are Delaying Parenthood," The Wall Street Journal (January 7, 2022), www.wsj.com.

4 Sabrina Karl, "New Zillow Data Shows 'Typical Mortgage Payment' Has More Than Doubled in Just 11 Years," Investopedia (January 31, 2025), www.investopedia.com.

4장

1   Board of Governors of the Federal Reserve System, "What is the Purpose of the Federal Reserve System," www.federalreserve.gov.

2   Christopher Leonard, The Lords of Easy Money: How the Federal Reserve Broke the American Economy (Simon & Schuster, 2022), p26.

3   Christopher Leonard, The Lords of Easy Money: How the Federal Reserve Broke the American Economy (Simon & Schuster, 2022), p26.

5장

1   American Numismatic Association, "The History of Money," www.money.org.

2   Saifedean Ammous, The Bitcoin Standard: The Decentralized Alternative to Central Banking (Wiley, 2018), p13.

3   Christopher Leonard, Lords of Easy Money: How the Federal Reserve Broke the American Economy (Simon & Schuster, 2022), p13.

4   Govmint, "Who Invented Ridges on Coins" (December 5, 2024), www.govmint.com.

5   Lyn Alden, Broken Money: Why Our Financial System is Failing Us and How We Can Make it Better (Timestamp Press, 2022), pp38-9.

6장

1   Murray N. Rothbard, "Fractional Reserve Banking," Mises Institute (January 17, 2024), www.mises.org.

2   Lyn Alden, Broken Money: Why Our Financial System is Failing Us and How We Can Make it Better (Timestamp Press, 2022), pvii.

3   Lyn Alden, "Banks, QE, and Money-Printing," Lyn Alden Investment Strategy (November 2020), www.lynalden.com.

4   Christopher Leonard, The Lords of Easy Money: How the Federal Reserve Broke the American Economy (Simon & Schuster, 2022), p46.

5   Jon R. Moen and Ellis W. Tallman, "The Panic of 1907," Federal Reserve History (December 4, 2015), www.federalreservehistory.org.

6   Benjamin Wallace-Wells, "Loaded" The New Yorker (May 30, 2024).

7   David J. Erickson, "Before the Fed: The Historical Precedents of the Federal Reserve System," Federal Reserve History (December 4, 2015), www.federalreservehistory.org.

8   G. Edward Griffin, The Creature from Jekyll Island: A Second Look at the Federal Reserve (American Media, 1994), p5

7장

1   Phil Davies, "The Federal Reserve's Role During WWI," Federal Reserve History (November 22, 2013), www.federalreservehistory.org.

2   Hugh Rockoff, "Until It's Over, Over There: The U.S. Economy in World War I," National Bureau of Economic Research, www.nber.org.

3   Richard H. Timberlake, "Federal Reserve System," EconLib, www.econlib.org.

4   "Consumer Price Index, 1800-" Federal Reserve Bank of Minneapolis, www.minneapolisfed.org.

5   Christopher Leonard, The Lords of Easy Money: How the Federal Reserve Broke the American Economy (Simon & Schuster, 2022), p100.

6   "Trade and Gold Reserves after the Demise of the Classical Gold Standard," Federal Reserve Bank of St. Louis (September 1, 2020), www.stlouisfed.org.

7   "Bank Holiday of 1933," Federal Reserve History, www.federalreservehistory.org.

8   Franklin D. Roosevelt, "Executive Order 6102—Forbidding the Hoarding of Gold Coin, Gold Bullion and Gold Certificates," The American Presidency Project, www.presidency.ucsb.edu/node/208042.

9   "World War II," High Point Museum, www.highpointnc.gov.

10   World Bank Group, "Bretton Woods Monetary Conference, July 1-22, 1944," www.worldbank.org.

8장

1   Lyn Alden, Broken Money: Why Our Financial System is Failing Us and How We Can Make it Better (Timestamp Press, 2022), p123.

2   "The Post World War II Boom: How America Got into Gear," History, www.history.com.

3   Levi Strauss & Co., "The Fall of the Wall: Jeans as a Symbol of Freedom in Eastern Europe" (November 6, 30i4), www.levistrauss.com.

4   Tam Harbert, "Here's How Much the 2008 Bailouts Really Cost," MIT Management (February 21, 2019), www.mitsloan.mit.edu.

9장

1   Josh Bivens, Elise Gould, and Jori Kandra, "CEO Pay Declined in 2023," Economic Policy Institute (September 19, 2024), www.epi.org.

2   Gaurang Dholakia, "Global Stock Buybacks Hit Record High In 2022; North America Drives Activity," S&P Global (May 25, 2023), www.spglobal.com.

3   Pallavi Rao, "Visualizing the $105 Trillion World Economy in One Chart," Visual Capitalist (August 9, 2023), www.visualcapitalist.com.

4   Jorgelina Do Rosario, "Global Debt Hits New Record High at $313 trillion," Reuters (February 21, 2024), www.reuters.com.

5   Fiscal Affairs Department, "Globa Debt Monitor" (December 2024), www.imf.org.

6   Benn Steil and Elisabeth Harding, "For the First Time, the U.S. is Spending More on Debt Interest than Defense," Council on Foreign Relations (May 23, 2024), www.cfr.org.

7   Jeff Booth, The Price of Tomorrow (Stanley Press, 2020), pp2-3.

8   Aerospace, "A Brief History of GPS," www.aerospace.org.

9   Kate Ashford, "What is Deflation? Why is it Bad for the Economy?" Forbes (February 14, 2023), www.forbes.com.

10장

1   Bitcoin, "Bitcoin is an Innovative Payment Network and a New Kind of Money," www.bitcoin.org.

2   Tim Ferriss, "The Tim Ferriss Show Transcripts: Nick Szabo (#244)," Tim Ferriss (June 1, 2018), www.tim.blog.

11장

1   Rebekah Carter, "How Many Bitcoins Are There in 2024?" Bankless Times (May 6, 2025), www.banklesstimes.com.

12장

1   Hass McCook, "Bitcoin's Energy Use Compared to Other Major Industries," Bitcoin Magazine (August 10, 2021), www.bitcoinmagazine.com.

2   Lyn Alden, "Bitcoin's Energy Usage Isn't a Problem. Here's Why," Lyn Alden Investment Strategy (August, 2021), www.lynalden.com.

3   Lyn Alden, "Bitcoin's Energy Usage Isn't a Problem. Here's Why," Lyn Alden Investment Strategy (August, 2021), www.lynalden.com.

4   Robert B. Jackson et al., "Human Well-being and Per Capita Energy Use," Ecosphere (April 12, 2022), www.esajournals.onlinelibrary.wiley.com.

5   Gianna Lorenzato et al., Financing Solutions to Reduce Natural Gas Flaring and Methane Emissions, (World Bank, 2022), www.openknowledge.worldbank.org.

6   James Larsen "Storage is the Key to the Renewable Energy Revolution," World Economic Forum (August 30, 2023), www.weforum.org.

7   Susie Violet Ward, "Bitcoin Mining Catalyzes Growth in Renewable Energy and Infrastructure," Forbes (October 18, 2022), www.forbes.com.

8   Stephen Alpher, "Marathon Teams Up with Abu Dhabi's Zero Two for Middle East's First Large-scale Immersion-cooled Bitcoin Mining," CoinDesk (May 9, 2023), www.coindesk.com.

9   Christian Sefrin, "Energy Transition and Bitcoin Mining: an Efficient Way to Stabilise the Grid?" Adesso (August 9, 2024), www.adesso.de.

10 Climate & Clean Air Coalition, "Methane," www.ccacoalition.org.

11 UN Environment Programme, "Methan Emissions are Driving Climate Change. Here's How to Reduce Them" (August 20, 2021), www.unep.org.

12 Robert B. Jackson et al., "Human Well-being and per Capita Energy Use," Ecosphere (April 12, 2022), www.esajournals.onlinelibrary.wiley.com.

13 Mogomotsi Magome, "'What Can We Do?': Millions in African Countries Need Power," AP News (March 25, 2023), www.apnews.com.

14 Habitat for Humanity, "Energy Poverty: Effects on Development, Society, and Environment," www.habitat.org.

15 Alex Gladstein, "Stranded: How Bitcoin is Saving Wasted Energy and Expanding Financial Freedom in Africa," Bitcoin Magazine (January 24, 2024), www.bitcoinmagazine.com.

16 Liz Mills, "Bhutan's Bitcoin Mining Reveals Wider Interest in Digital Assets," Crypto Council for Innovation (October 2, 2024), www.cryptoforinnovation.org.

17 Daniel Ramirez-Escudero, "Bhutan's $750M Revenue from Bitcoin Mining Sets Model for Developing Nations," CoinTelegraph (September 30, 2024), www.cointelegraph.com.

18 Natalie Brunell, "The Untold Story of Bitcoin Data Centers Transforming Local Economies," YouTube (May 1, 2025), www.youtube.com.

19 World Economic Forum, "This Chocolate Factory is Powered by a Net-zero Bitcoin Mine," www.weforum.org.

20 World Bank Group, "The World Bank will Help Increase and Improve Access to Sustainable Electric Power in Rural Communities of Bolivia" (November 20, 2023), www.worldbank.org.

21 Alex Epstein, Fossil Future: Why Global Human Flourishing Requires More Oil, Coal, and Natural Gas—Not Less (Portfolio, 2022).

22 Rina Herzl, "Oxpeckers: The Rhino's Guard," Rhino Recovery Fund (December 29, 2021), www.rhinorecoveryfund.org.

13장

1	Today, "'What is Internet?' Kate Couric, Bryant Gumbel are Puzzled," (June 20, 2019), www.today.com.

2	David Emery, "Did Paul Krugman Say the Internet's Effect on the World Economy Would Be 'No Greater Than the Fax Machine's'?" Snopes (June 7, 2018), www.snopes.com.

3	Zia Hayat, "Digital trust: How to Unleash the Trillion-dollar Opportunity for Our Global Economy," World Economic Forum (August 17, 2022), www.weforum.org.

4	Lyn Alden, "Analyzing Bitcoin's Network Effect," Lyn Alden Investment Strategy (March, 2021), www.lynalden.com.

5	J. Craig Shearman, "Credit and Debit Card 'Swipe' Fees Hit New Record of $187.2 Billion," Merchant Payments Coalition (March 18, 2025), www.merchantspaymentscoalition.com.

14장

1	Alex Gladstein, "How to Dictator-Proof Your Money," Journal of Democracy (April, 2024), www.journalofdemocracy.org.

2	Roya Rahmani, "Ensuring Women have Equal Rights to Inheritance and Property is Key to Tackling Climate Change," Equality Now (June 23, 2022), www.equalitynow.org.

3	Alexandra Arévalo, "Economic Violence, a Silent Aggression," Friedrich Naumann Foundation (November 25, 2023), www.freiheit.org.

4	Alex Gladstein, "Structural Adjustment: How the IMF and World Bank Repress Poor Countries and Funnel their Resources to Rich Ones," Bitcoin Magazine (November 30, 2022), www.bitcoinmagazine.com.

5	Human Rights Foundation, "The Time for Democracy is Now" (September 15, 2022), www.hrf.org.

6	Michael Albertus, "How Authoritarians Turn Rural Areas into their Strongholds," The Atlantic (April 11, 2021), www.theatlantic.com.

7	The Irrawaddy, "The Day Three Myanmar Banknotes Suddenly Became Worthless" (September 5, 2019), www.irrawaddy.com.

8	"'Manna from Heaven?' How Health and Education Pay the Price for Self-Dealing in Equatorial Guinea," Human Rights Watch (June 15, 2017), www.hrw.org.

9	Katarina Hoije and Alonso Soto, "To Get IMF Bailout, Equatorial Guinea's Ruler Must Reveal Assets," Aljazeera (December 21, 2019), www.aljazeera.com.

10	Jacob deNobel, "Fighting for the Right to have Rights," Johns Hopkins University (November 21, 2019), www.hub.jhu.edu.

11	Block, Inc., "Currency of Freedom: Farida Nabourema and Jack Dorsey," YouTube

(December 15, 2022), www.youtube.com.

12 Block, Inc., "Currency of Freedom: Farida Nabourema and Jack Dorsey," YouTube (December 15, 2022), www.youtube.com.

13 Sheryl Sandberg, "Roya Mahboob," Time (April i8, 30i3), www.time.com.

14 Alex Gladstein, "Finding Financial Freedom in Afghanistan," Bitcoin Magazine (August 26, 2021), www.bitcoinmagazine.com.

15 Natalie Brunell, "Roya Mahboob: One of Afghanistan's First Female Tech CEOs on Bitcoin and Freedom in her Country," YouTube (October 19, 2021), www.youtube.com.

16 Alex Gladstein, "Finding Financial Freedom in Afghanistan," Bitcoin Magazine (August 26, 2021), www.bitcoinmagazine.com.

17 Alex Gladstein, "Finding Financial Freedom in Afghanistan," Bitcoin Magazine (August 26, 2021), www.bitcoinmagazine.com.

18 FIRST Staff, "Afghanistan's First Female Tech CEO on the Importance of Digital Literacy," FIRST (April 17, 2018), www.firstinspires.org.

19 Alex Gladstein, "Finding Financial Freedom in Afghanistan," Bitcoin Magazine (August 26, 2021), www.bitcoinmagazine.com.

15장

1 Ryan Leston, "Man Says his Binned Bitcoin Fortune now Worth £500m," BBC (November 19, 2024), www.bbc.com.

2 For more information and up-to-date tutorials about how to begin your self- custody journey or purchase bitcoin on regulated, compliant exchanges, see my YouTube videos at www.shorturl.at/SRoWg.

16장

1 Saifedean Ammous, The Bitcoin Standard: The Decentralized Alternative to Central Banking (Wiley, 2018), p74.

2 Jameson Lopp, "How to Prepare For Hyperinflation," Forbes (March 6, 2022), www.forbes.com.

3 Saifedean Ammous, Principles of Economics (The Saif House, 2023), p265.

용어 해설

1 Kimberly Amadeo, "Hyperinflation: Its Causes and Effects With Examples," The Balance (December 30, 2021), www.thebalancemoney.com.

BITCOIN

IS

FOR

EVERYONE

모두를 위한 비트코인

초판 1쇄 발행 2026년 1월 14일
초판 2쇄 발행 2026년 2월 10일

지은이 나탈리 브루넬
옮긴이 임지원
펴낸이 김상현

콘텐츠사업본부장 유재선
출판팀장 전수현　**책임편집** 심재헌　**편집** 조예원 윤정기 이경미　**디자인** 권성민 김예리
마케팅팀 엄재욱 이영섭 남소현 최문실 배성경
미디어사업팀 김진형 김예은 정선영 정영원 정수아
경영지원 이관행 김준하 안지선 김지우 장사랑

펴낸곳 (주)필름
등록번호 제2019-000002호　**등록일자** 2019년 01월 08일
주소 서울시 영등포구 영등포로 150, 생각공장 당산 A1409
전화 070-4141-8210　**팩스** 070-7614-8226
이메일 book@feelmgroup.com

필름출판사 '우리의 이야기는 영화다'

우리는 작가의 문체와 색을 온전하게 담아낼 수 있는 방법을 고민하며 책을 펴내고 있습니다.
스쳐가는 일상을 기록하는 당신의 시선 그리고 시선 속 삶의 풍경을 책에 상영하고 싶습니다.

홈페이지 feelmgroup.com　**인스타그램** instagram.com/feelmbook

ⓒ나탈리 브루넬, 2026

ISBN 979-11-93262-89-4 (03320)

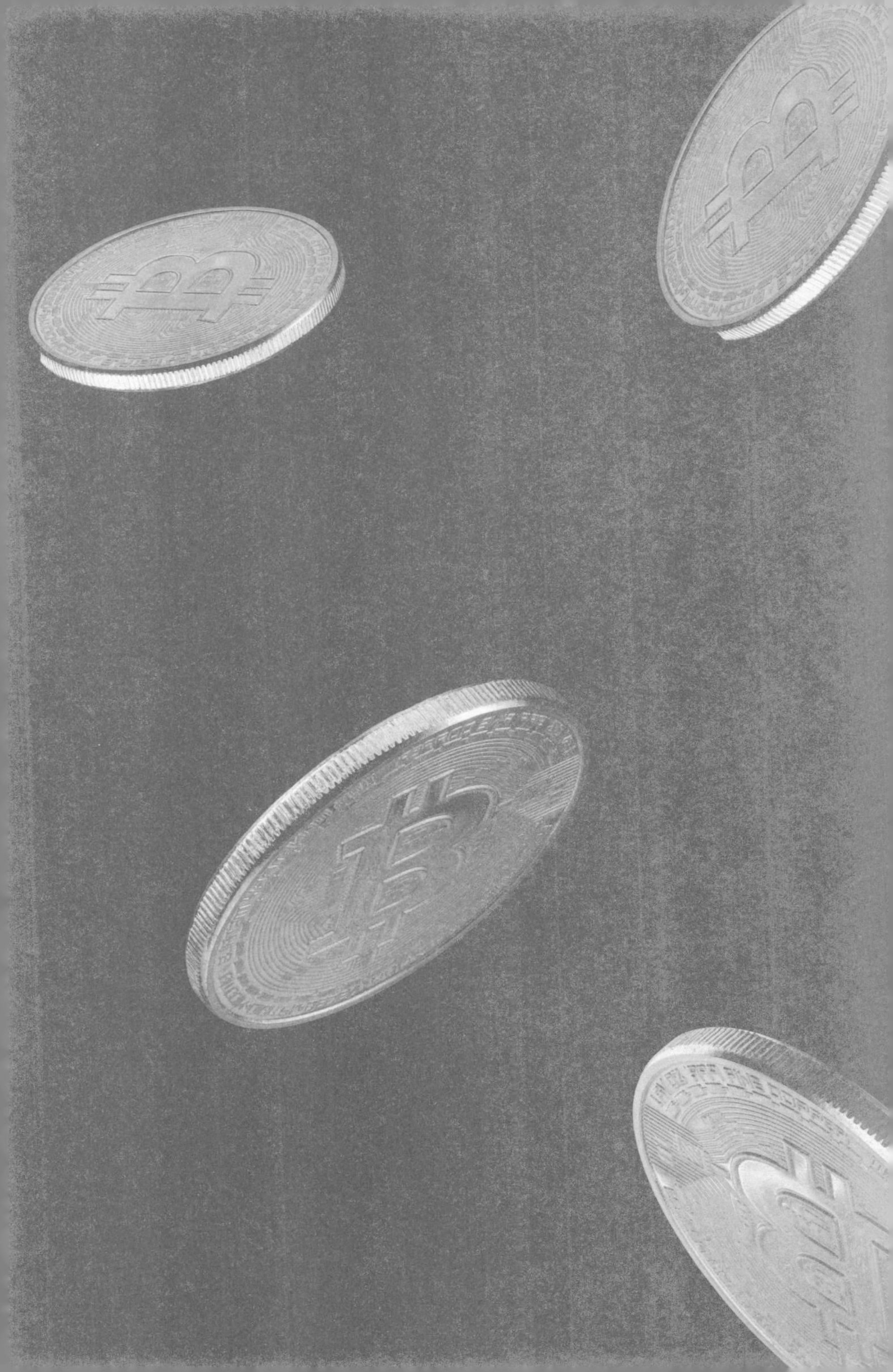